"互联网+"新形态电子商务专业精品教材

电子商务网页
设计与制作

袁 鑫 杨 蓉 李 娜 主编
皮 卫 饶小华 副主编

电子工业出版社
Publishing House of Electronics Industry
北京·BEIJING

内 容 简 介

本书全面贯彻《国家职业教育改革实施方案》中强调的"三教"改革精神，注重产学研深度融合。编者与行业领先企业合作，共同进行课程开发，在书中融入新规范、新工艺与新技术，从职业教育实际出发，在内容设置上紧密对接电子商务网站建设岗位工作流程，依托真实项目，由浅入深，融"教、析、学、做、评、创"为一体，以"强化职业技能、引导创新能力"为目标，按照"课前自学""课中任务""课后提升"等学习过程进行编排。编者精心设计了"走进网页设计""CSS 基础""CSS 实现网页美化""综合案例"四个项目，每个项目根据知识点设置了若干任务，以项目任务为主导，引导学生逐步进入任务描述、任务实施环节，最终达到完全掌握网页设计与制作相关知识和技能的目标。

本书配有微课、动画等数字化教学资源，可有效攻破教学重难点。使用本书时，还可借助本书配有的网络教学平台实现全程智能教学管理，适时采集数据，依据平台记录，实现个性化学习和差异化指导。

本书适合作为本科院校、职业院校电子商务专业相关课程的教材，也可供 Web 前端设计人员或网页设计初学者学习和参考。

未经许可，不得以任何方式复制或抄袭本书之部分或全部内容。
版权所有，侵权必究。

图书在版编目（CIP）数据

电子商务网页设计与制作 / 袁鑫，杨蓉，李娜主编 . —北京：电子工业出版社，2023.1
ISBN 978-7-121-44889-8

Ⅰ . ①电… Ⅱ . ①袁… ②杨… ③李… Ⅲ . ①电子商务—网页制作工具—高等学校—教材
Ⅳ . ① F713.36 ② TP393.092

中国国家版本馆 CIP 数据核字（2023）第 005430 号

责任编辑：贾瑞敏
印　　刷：北京建宏印刷有限公司
装　　订：北京建宏印刷有限公司
出版发行：电子工业出版社
　　　　　北京市海淀区万寿路 173 信箱　邮编　100036
开　　本：787×1 092　1/16　印张：16.75　字数：428.8 千字
版　　次：2023 年 1 月第 1 版
印　　次：2025 年 7 月第 3 次印刷
定　　价：56.00 元

凡所购买电子工业出版社图书有缺损问题，请向购买书店调换。若书店售缺，请与本社发行部联系，联系及邮购电话：（010）88254888，88258888。
质量投诉请发邮件至 zlts@phei.com.cn，盗版侵权举报请发邮件至 dbqq@phei.com.cn。
本书咨询联系方式：（010）88254019，jrm@phei.com.cn。

前言 PREFACE

在当今互联网时代，随着电子商务的蓬勃发展，网页设计越来越受到企业与个人的重视。制作一个能够符合搜索引擎优化原理的网站，是很多企业与机构的需求。目前，网页制作的方法不再使用传统的表格布局技术，而是采用 CSS+div 的方式实现各种内容的布局。div 是 HTML 语言中的一个常用元素，而 CSS+div 是网页布局的一种方法，这种布局方法区别于传统的 Table 布局方法，可达到内容与代码相分离的效果。使用 CSS+div 方法设计的网站是符合 W3C 标准的，可以更方便搜索引擎的索引。

目前，网页设计与制作能力的培养，已成为以满足社会经济发展对高素质技术技能型人才需要为目标的高职电子商务类专业教育教学的基础性任务。

本书知识点思维导图如图 1 所示。

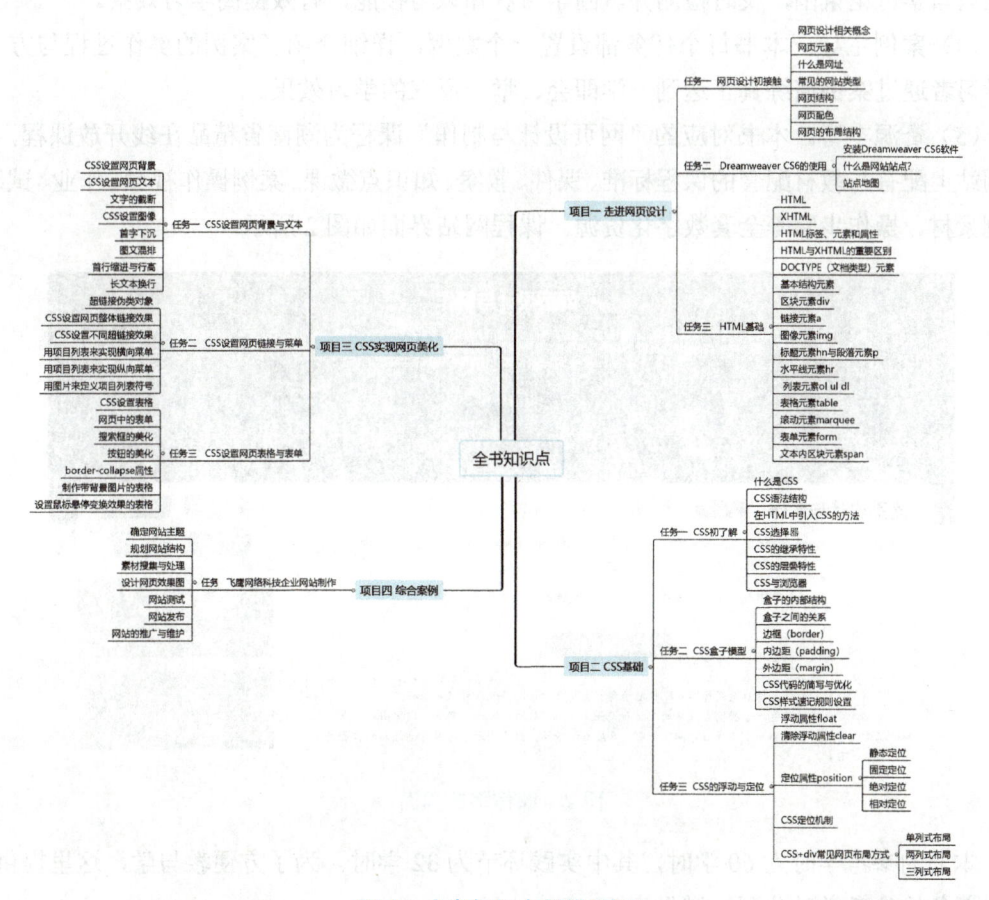

图 1　全书知识点思维导图

本书具有以下特色。

（1）体例新颖。本书包含"走进网页设计"、"CSS 基础"、"CSS 实现网页美化"与"综合案例"四个项目，每个项目根据知识点分解为若干任务，每个任务分"课前自学""课中任务""课后提升"等学习过程，"课中任务"通过"任务导入"引导学生逐步进入"任务描述"、"任务实施"与"任务评价"等环节，并设置"知识加油站"与"学以致用"栏目，逐一攻破知识重难点问题，最终达到完全掌握网页设计与制作相关知识和技能的目标。

（2）产学研融合。本书是"基于 Moodle 的高职学院电子商务专业共享型教学资源库的建设与应用研究"与"基于 MOOC 理念的高职电子商务专业混合式教学模式研究"研究课题的成果之一。研究课题根据高职学生职业能力培养要求和传统教学存在的问题，探索基于职业能力培养的课程改革思路，以职业活动为主线，以学生为主体，以项目为载体，通过工学结合、学以致用进行教学改革。通过分析典型工作任务和职业能力，构建了基于工作过程的"电子商务网页设计与制作"课程，从教学理念、教学模式、教学内容、教学方法、考核方式等方面进行了课程改革。此外，本书严格遵循 Web 标准，结合网页设计岗位对技能的要求，并在进行大量社会调研的基础上，与多位一线网页设计教师一起开发和完善整本书内容。

（3）互动性强。本书设置"学以致用"与"自学自测"板块，可以发散学习者思维，增强教与学讨论氛围，及时检测并巩固学习者知识与技能，有效提高学习效果。

（4）案例主导。本书每个任务都设置一个案例，详细介绍了案例的操作过程与方法，使学习者通过案例演练真正达到一学即会、举一反三的学习效果。

（5）资源丰富。本书对应的"网页设计与制作"课程为湖南省精品在线开放课程，课程网站上配有与教材配套的课程标准、课件、教案、知识点微课、案例操作视频、作业、试题、案例素材、操作步骤等全套数字化资源。课程网站界面如图 2 所示。

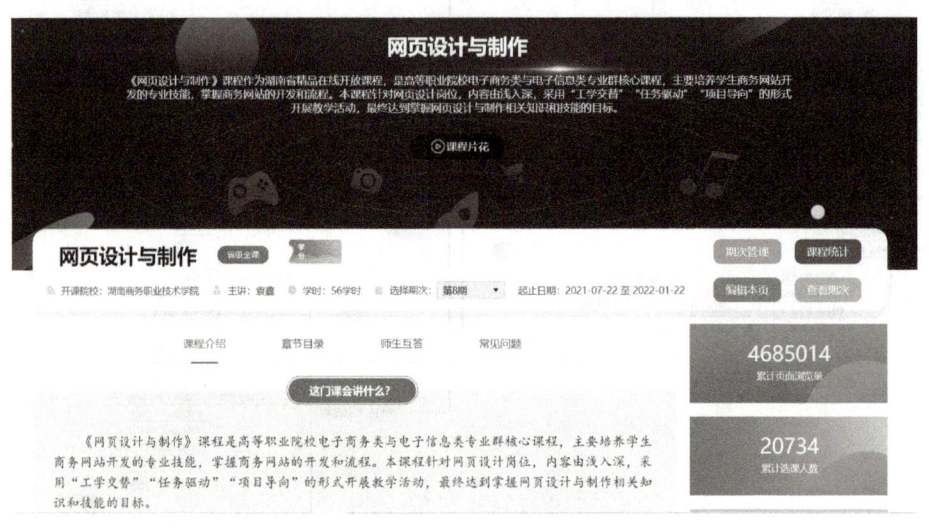

图 2　课程网站界面

本书的参考学时为 60 学时，其中实践环节为 32 学时。为了方便教与学，这里提供各项目任务的参考学时分配，详见表 1。

表 1 学时分配表

项目名称	任务名称	学时分配/学时		
		理论	实践	小计
项目一 走进网页设计	任务一 网页设计初接触	1	1	2
	任务二 Dreamweaver CS6 的使用	1	1	2
	任务三 HTML 基础	4	4	8
项目二 CSS 基础	任务一 CSS 初了解	2	2	4
	任务二 CSS 盒子模型	2	2	4
	任务三 CSS 的浮动与定位	3	3	6
项目三 CSS 实现网页美化	任务一 CSS 设置网页背景与文本	4	4	8
	任务二 CSS 设置网页链接与菜单	4	4	8
	任务三 CSS 设置网页表格与表单	4	4	8
项目四 综合案例	任务 飞鹰网络科技企业网站制作	3	7	10
学时小计		28	32	60
学时总计				60

　　本书由湖南商务职业技术学院与长沙市爱巴森网络科技有限公司联合开发。全书整体设计、初稿撰写与统稿、项目一与项目二的任务一由湖南商务职业技术学院袁鑫完成，项目二的任务二、任务三与项目四由湖南商务职业技术学院杨蓉完成，项目三由湖南商务职业技术学院李娜完成，CSS+div 常见网页布局方式知识点由湖南商务职业技术学院皮卫撰写。各项目任务案例的前期需求调研与分析由长沙市爱巴森网络科技有限公司饶小华负责。

　　在撰写本书过程中，编者参考了很多专家学者的研究成果，同时得到了电子工业出版社编辑的大力支持和热情帮助。在此，谨向各位致以最真挚的谢意。

　　由于编者水平有限，书中难免有不足之处，敬请广大读者批评指正。

编　者

目 录 CONTENTS

项目一　走进网页设计 ·· 01
学习目标 ……………………………………………………………… 01
思维导图 ……………………………………………………………… 02
任务一　网页设计初接触 ·· 03
课前自学 ……………………………………………………………… 03
课中任务 ……………………………………………………………… 08
课后提升 ……………………………………………………………… 26
任务二　Dreamweaver CS6 的使用 ···································· 29
课前自学 ……………………………………………………………… 29
课中任务 ……………………………………………………………… 32
课后提升 ……………………………………………………………… 41
任务三　HTML 基础 ··· 41
课前自学 ……………………………………………………………… 41
课中任务 ……………………………………………………………… 46
课后提升 ……………………………………………………………… 72
项目小结 ……………………………………………………………… 81

项目二　CSS 基础 ·· 82
学习目标 ……………………………………………………………… 82
思维导图 ……………………………………………………………… 83
任务一　CSS 初了解 ··· 84
课前自学 ……………………………………………………………… 84
课中任务 ……………………………………………………………… 85
课后提升 ……………………………………………………………… 100
任务二　CSS 盒子模型 ·· 103
课前自学 ……………………………………………………………… 103
课中任务 ……………………………………………………………… 105
课后提升 ……………………………………………………………… 118
任务三　CSS 的浮动与定位 ··· 121

课前自学 ·· 121
　　　课中任务 ·· 125
　　　课后提升 ·· 138
　　项目小结 ·· 147

项目三　CSS 实现网页美化 ·· 148

　　学习目标 ·· 148
　　思维导图 ·· 149
　　任务一　CSS 设置网页背景与文本 ·· 150
　　　课前自学 ·· 150
　　　课中任务 ·· 153
　　　课后提升 ·· 173
　　任务二　CSS 设置网页链接与菜单 ·· 174
　　　课前自学 ·· 174
　　　课中任务 ·· 180
　　　课后提升 ·· 199
　　任务三　CSS 设置网页表格与表单 ·· 201
　　　课前自学 ·· 201
　　　课中任务 ·· 203
　　　课后提升 ·· 224
　　项目小结 ·· 231

项目四　综合案例 ·· 232

　　学习目标 ·· 232
　　思维导图 ·· 233
　　任务　飞鹰网络科技企业网站制作 ·· 233
　　　课前自学 ·· 233
　　　课中任务 ·· 237
　　　课后提升 ·· 255
　　项目小结 ·· 258

参考文献 ·· 259

千里之行，始于足下——

项目一　走进网页设计

学习目标

知识目标

　　了解有关网页制作的基本知识与网页的构成元素；
　　了解常见的网站类型；
　　理解网页设计配色方法；
　　熟悉Dreamweaver软件的安装与工作环境；
　　掌握站点创建的方法及基本操作；
　　掌握常见HTML标签的含义与使用方法。

能力目标

　　能够快速了解网页设计的基础知识；
　　能够在本地计算机端创建网站站点；
　　能够利用Dreamweaver软件进行简单网页文档的制作；
　　能够熟练使用常见HTML标签进行网页文档的编写。

创新素质目标

　　培养学生清晰、有序的逻辑思维；
　　培养学生数据分析与总结的意识；
　　培养学生系统分析与解决问题的能力。

思政目标

熟悉国家颁布的互联网相关法律法规；

树立正确的网络安全观，树立服务社会与区域经济的理想信念；

弘扬"法治、敬业、诚信"的社会主义核心价值观。

思维导图

项目一 走进网页设计

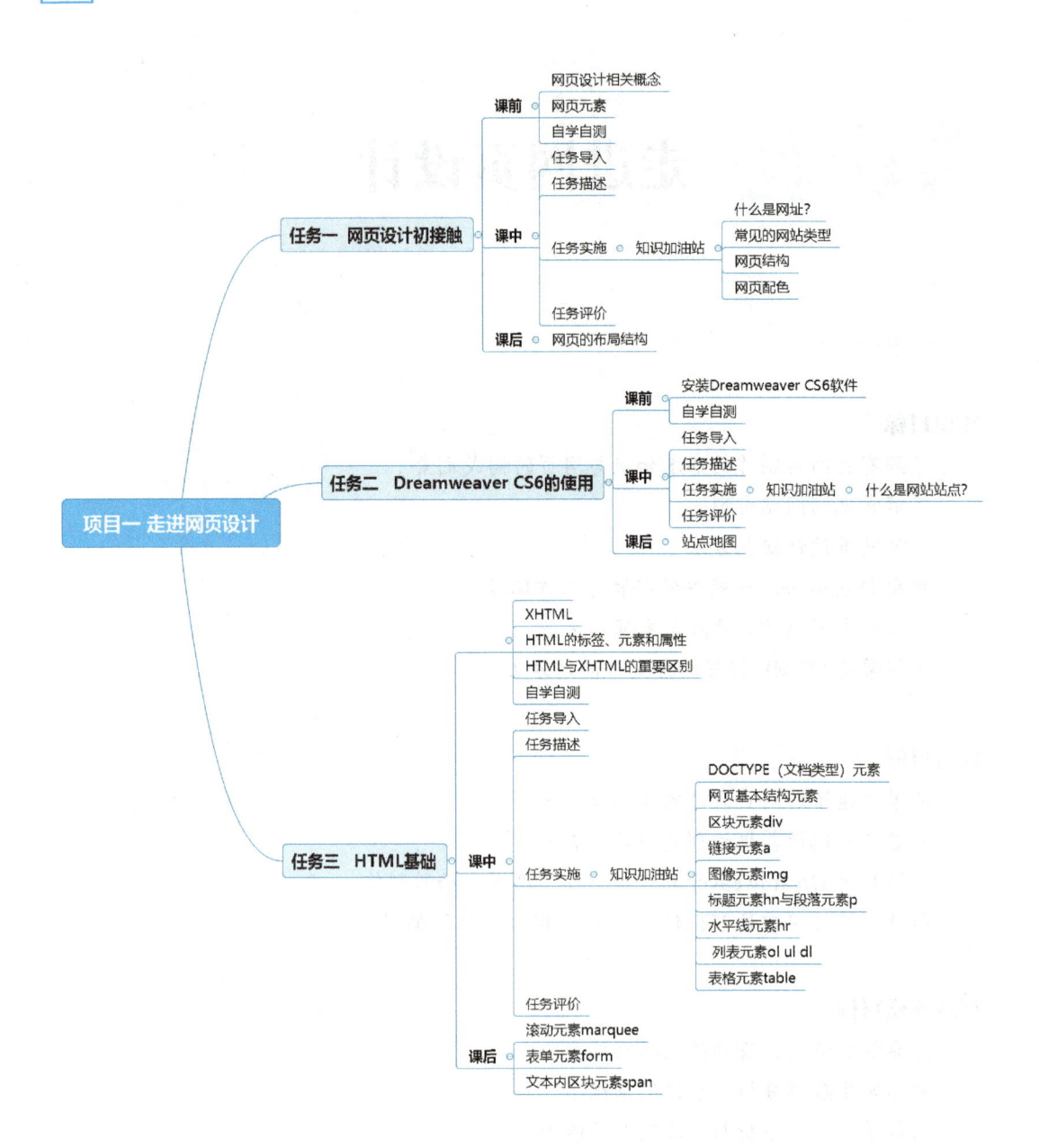

- **任务一 网页设计初接触**
  - 课前
    - 网页设计相关概念
    - 网页元素
    - 自学自测
  - 课中
    - 任务导入
    - 任务描述
    - 任务实施 — 知识加油站
      - 什么是网址？
      - 常见的网站类型
      - 网页结构
      - 网页配色
    - 任务评价
  - 课后
    - 网页的布局结构

- **任务二 Dreamweaver CS6的使用**
  - 课前
    - 安装Dreamweaver CS6软件
    - 自学自测
  - 课中
    - 任务导入
    - 任务描述
    - 任务实施 — 知识加油站 — 什么是网站站点？
    - 任务评价
  - 课后
    - 站点地图

- **任务三 HTML基础**
  - 课中
    - XHTML
    - HTML的标签、元素和属性
    - HTML与XHTML的重要区别
    - 自学自测
    - 任务导入
    - 任务描述
    - 任务实施 — 知识加油站
      - DOCTYPE（文档类型）元素
      - 网页基本结构元素
      - 区块元素div
      - 链接元素a
      - 图像元素img
      - 标题元素hn与段落元素p
      - 水平线元素hr
      - 列表元素ol ul dl
      - 表格元素table
    - 任务评价
  - 课后
    - 滚动元素marquee
    - 表单元素form
    - 文本内区块元素span

项目一 走进网页设计

任务一　网页设计初接触

网站基本概念

课前自学

一、网页设计相关概念

（一）浏览器

用户要打开互联网上的某一个网页文件，必须借助于浏览器工具。浏览器用来显示万维网或局域网上的文字、图像及其他信息。

目前国内用户常用的浏览器有：百度浏览器、傲游浏览器、UC 浏览器、谷歌浏览器、火狐浏览器、搜狗浏览器、QQ 浏览器、360 浏览器等，如图 1-1-1 所示。

图 1-1-1　常见的浏览器

（二）网页

网页是一个文件，当用户在浏览器地址栏中输入一个网址，按回车键后打开的那个页面，我们称之为网页，如图 1-1-2 所示。

图 1-1-2　网页

03

(三）网站

网站是若干个特定内容的网页的集合，它由很多个网页文件构成，各个网页之间通过超链接有序地联系起来。

（四）首页

首页是进入某个网站的第一个页面，即当输入某网站网址后首先呈现在用户眼前的那个网页。服务器会自动默认 index 或 default 加文件扩展名的网页文件为网站首页，所以用户在设计首页时，一定要记得将网站首页文件保存为 index 或 default 加文件扩展名形式，以方便服务器进行自动识别。

> **学以致用**
>
> 请同学们下载 360 浏览器和火狐浏览器，并将其安装至计算机。

二、网页元素

网页中除了有文本和图像，还有其他很多组成元素，如动画、视频、音频等，让网页内容更丰富、更精彩。

网页元素

（一）文本

一般情况下，网页构成中占比最多的是文本，可以根据网页设计需要对文本的字体、字号、颜色、底纹、边框等属性进行设置。网页正文的文字字号一般不要太大，也不要使用过多种字体，中文字体一般可使用宋体，字号一般使用 9 磅或 12 磅即可，行距一般不超过字高的 200%。

（二）图像

丰富多彩的图像是美化网页必不可少的元素，用于制作网页的图像一般为 JPG 格式和 GIF 格式。图像在网页中主要起两个方面的作用：一是装饰作用，可以激发浏览者的想象力，给浏览者留下深刻的印象；二是表达作用，图像比文字更能吸引浏览者的注意力，可以更加直观、形象地传达信息。使用图像不但可以增加视觉效果、提供更多信息与丰富文字的内容，而且可以将文字分为更易操作的小块，更重要的是，能够体现网页的特色。

在网页中使用图像时，主要注意以下几点。

（1）不使用让文字和图形可视性减弱的背景图像。

（2）尽量不使用内存很大的图形文件，以免下载时间过长。最好使用小图标，并将所有小图标都统一放在一张大图中，以减少图像下载次数，提高下载速度。最大的单张图像最好小于 25KB，除非确实需要一幅更高像素的图像。一张网页上所有图像的像素总和最好小于 30KB。

（3）不要使用过多的特殊效果，如闪烁文字、渐淡、渐化和慢移等。许多用户对那些新奇的东西感到厌烦，尤其是页面上的闪烁、缓慢的蠕动和滑动效果等。如果想让用户的注意力集中于文字内容上时，切记不要在文字周围使用跳动的图案，以免用户分心。

（三）超级链接

超级链接是 Web 网页的主要特色，是网站设计中使用比较频繁的网页元素，是指从一个网页指向另一个目的端的链接。这个目的端通常是另一个网页，也可以是下列情况之一：同一网页上的不同位置、一个下载的文件、一张图片、一个 E-mail 地址等。

（四）导航栏

导航栏一般由多个按钮或多个文本超级链接组成，是一个网站所有信息的集合展示，也是帮助用户找到需求信息的最佳通道。导航栏可以放置在网页顶部、页中、侧边或页脚等位置，可以采取一排、两排、多排或图片导航等各种设计；可以使用横排或竖排等排版形式。如果导航栏设计得恰到好处，会给网页增色很多。设计导航栏时需要注意以下几点。

（1）不能太花哨，以防喧宾夺主。

（2）导航链接不多的情况下，通常采取一排，横、竖排都可以；导航栏目数超过 6 个一般考虑两排。

（3）导航栏目很多时，也可以采取多排，甚至不规则地多排（一排个数不同，或者长度不同）。商业网站或门户站点通常都设有很多频道，首先考虑采取横向双排，因为使用竖排会占用太大空间。多排排版时要考虑导航栏的直观和美观。

（4）为了更好地进行网站优化，导航栏中的文本信息可以考虑包含网页关键词。需要注意的是，包含关键词不是堆砌关键字，通常 30 多个字就足够了。

（5）导航链接不多的情况下，可以不改栏目。

（6）导航栏层次的设计。好的导航栏层次不超过四层，以三层为最佳。因为百度在收录网页过程中，比较注重与首页的关联性，与首页层次越近的网页越容易被收录。所以，在设计导航栏时，一定要在网站规模与用户体验中做好平衡。

（7）双排导航栏未必非要挨在一起，可以自由排版，如上排有导航栏，可用图片分隔后另起一排再排。

（8）图片式导航栏，每个图像就是一个单击热点，很漂亮，但占用页面空间比较大。

此外，并非所有的网站都必须设计导航栏，有些内容比较少的网站，就可以不设置导航栏。

（五）动画

动画是网页中最活跃的元素之一，创意出众、制作精致的动画是吸引用户眼球的最有效方法之一。但是如果网页动画太多，也会物极必反，使人眼花缭乱，进而令人视觉疲劳。目前常用的动画形式有 GIF 动画、FLASH 动画与 CSS 动画等形式，其中 FLASH 动画不能很好地被搜索引擎程序识别与抓取，所以现在的网站中越来越少用 FLASH 动画形式。

（六）表格

表格也是 HTML 语言中的一种元素，在 CSS 布局流行前，主要用于网页内容的布局，组织整个网页的外观，精确地控制各网页元素在网页中的位置，现在的表格元素主要用来存放网页数据。

（七）框架

框架是网页的一种组织形式，可将相互关联的多个网页的内容组织在一个浏览器窗口中显示。例如，在一个框架内放置导航栏，另一个框架中的内容可以随单击导航栏中的链接而改变。像用户经常用到的邮箱，以及网站后台管理页面都是采用框架结构进行内容组织的，图1-1-3为某邮箱框架页面。

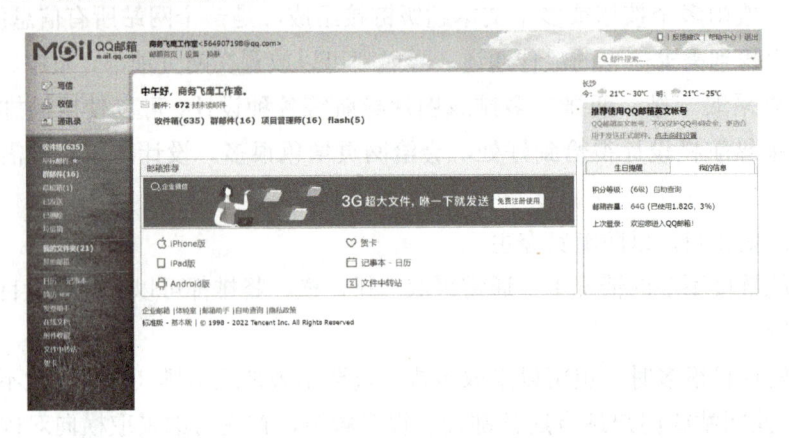

图1-1-3　某邮箱框架页面

（八）表单

表单是用来收集访问者信息和实现一些交互作用的网页元素。浏览者填写表单的方式可以是输入文本、选中单选按钮或复选框、从下拉菜单中选择选项等。图1-1-4为某网站邮箱注册表单页面。

图1-1-4　某网站邮箱注册表单页面

除上述最基本的构成元素外，网页中还有横幅广告、字幕、悬停按钮、时间、计算器、音频、视频、Java Applet 等元素。

学以致用

请在浏览器中打开一个网页，试着分析网页中存在哪些元素？

_____

_____

自学自测

一、单项选择题

1. 关于网页设计的基本原则，下列说法不正确的是（　　）。
   A. 信息量不大的网站，在设计上，最好秉承干净、清爽的原则
   B. 在栏目的分类上，要让用户可以很容易找到目标，分类方法最好尽量保持一致
   C. 使用技术时一定要考虑传输时间，技术要与网站本身的性质及内容相匹配
   D. 没有图片，网站就会失去活力，一个好的网站应该大量使用图片

2. 在网页中最为常用的两种图像格式是（　　）。
   A. JPEG 和 GIF   B. JPEG 和 PSD
   C. GIF 和 BMP   D. BMP 和 PSD

3. 在 RGB 系统中，十六进制数 #000000 表示的颜色是（　　）。
   A. 黑色   B. 红色   C. 黄色   D. 白色

4. 网页其实就是一个个的（　　），它们通过浏览器工具来展示。
   A. 画面   B. 文字   C. 文件   D. 对象

5. （　　）是网站站点简洁的图形化标志。
   A. logo   B. head   C. HTML   D. banner

6. 导航栏是若干（　　）的集合。
   A. 文本   B. 按钮   C. 图像   D. 超链接

7. 使用（　　）可以将网页的显示空间分割为几部分，每部分可以独立显示不同的网页，又能较好地融为一体。
   A. 可视图化助理   B. 框架   C. 表格   D. 层叠式表

8. 在下面的选项中，（　　）不属于网页设计的范围。
   A. 页面内容设计   B. 网页架构设计   C. 服务器设计   D. logo 设计

二、简答题

1. 网页一般包括哪些网页组成元素？

2. 如果要制作一个国庆节期间产品促销网页，你会考虑在网页中放置哪些网页元素呢？

课中任务

任务导入

李小明是湖南商务职业技术学院 2021 级电子商务专业的学生,他在暑假社会实践中接触到了一些电子商务企业,这些电子商务企业除在淘宝、京东等平台销售商品外,还需要在互联网上发布企业网站,从而促进企业品牌形象的推广,加强客户对企业的认知。作为电子商务专业的学生,掌握企业网站的设计与制作是最基本的专业素养要求,对此,小明很困惑,因为他还不知道什么是网页呢?

任务描述

在百度搜索框中输入表 1-1-1 所示的"关键词",找到关键词对应的官方网站,访问这些网站的首页,并分析这 5 个网页的网站类型、网页结构、网页元素、网页配色等相关属性,将其填入表 1-1-1 中。

表 1–1–1 网页类型及相关属性分析

关键词 1:天猫商城	
网站首页 URL	
网站类型	
网页结构	
网页元素	
网页配色	
关键词 2:湖南花木篮	
网站首页 URL	
网站类型	
网页结构	
网页元素	
网页配色	
关键词 3:顺丰速运	
网站首页 URL	
网站类型	
网页结构	
网页元素	
网页配色	
关键词 4:艾瑞网	
网站首页 URL	
网站类型	
网页结构	
网页元素	

续表

网页配色	
关键词5：知乎	
网站首页URL	
网站类型	
网页结构	
网页元素	
网页配色	

任务实施

一、网站首页URL分析

思政园地1-1　熟悉国家颁布的互联网相关法律法规

> **知识加油站**　什么是网址？

网址就是文件在互联网上的地址。互联网是个虚拟的系统，所有文件或网络的位置都用网址表示。在互联网上常用IP地址、域名和URL来表示网址。

为保证整个网络的正常运行，每个网络和每台主机在互联网上都有一个唯一的地址，即IP地址。每个IP地址由地址类型、网络号与主机号3个部分组成，通常用数字与小数点隔开表示。例如：122.12.3.14；62.5.48.3等。由于数字难以记忆，为方便使用，就产生了域名系统。用户使用域名进行相互访问时，服务器自动将域名翻译成IP地址。

域名地址一般由主机名、机构名、网络名和最高层域名组成。例如：清华大学的域名地址为：www.tsinghua.edu.cn，其中主机名为www、机构名为tsinghua（校名）、网络名为edu（教育部门网络）、最高层域名为cn（代表中国）。然而，这还不足以真正确定每个文件在互联网中的具体位置。

要定位某一个文件在互联网上的位置就必须使用URL（Uniform Resource Locator），也就是统一资源定位器。互联网上的每个文件都有一个唯一的URL，它包含的信息包括指出文件的位置及浏览器应该怎么处理它。

URL的格式由下列3个部分组成：

第一部分是文件打开的协议（或称为服务模式）；

第二部分是存有文件的主机IP地址或域名地址（有时也包括端口号）；

第三部分是文件的具体地址，如路径、目录和文件名等。

第一部分和第二部分之间用"://"符号隔开，第二部分和第三部分用"/"符号隔开。第一部分和第二部分是不可缺少的，第三部分有时可以省略。

例如：湖南商务职业技术学院网站中xljk目录下的index.apsx文件的URL地址为：http://www.hnswxy.com/xljk/index.aspx，其中"http"代表超文本传输协议（Hypertext Transfer Protocol），用来告诉浏览器如何处理将要打开的文件；www.hnswxy.com表示文件所在服务器的名称或IP地址；"/xljk/index.aspx"表示xljk目录下的index.aspx文件在服务器上的具体位置。

有时候，URL 以斜杠"/"结尾，而没有给出文件名，在这种情况下，URL 引用路径中最后一个目录中的默认文件（通常对应于主页），这个文件常常被称为 index.html 或 default.htm，或者 index.aspx 等。图 1-1-5 的网址 URL 中就缺省了文件名 index.aspx。

图 1-1-5 网址 URL

学以致用

你能判断什么是完整的 URL 地址吗？以下网址是由哪几个部分构成的呢？
http : //www.hnswxy.com : 80/xuegongchu/jiangli.html

_____

_____

以天猫商城网站首页为例，一起来学习网站的首页是什么吧！

（1）选择任意一款浏览器，在地址栏中输入百度网址后按回车键，在弹出的百度主页搜索框中输入"天猫商城"，会弹出如图 1-1-6 所示的搜索页。

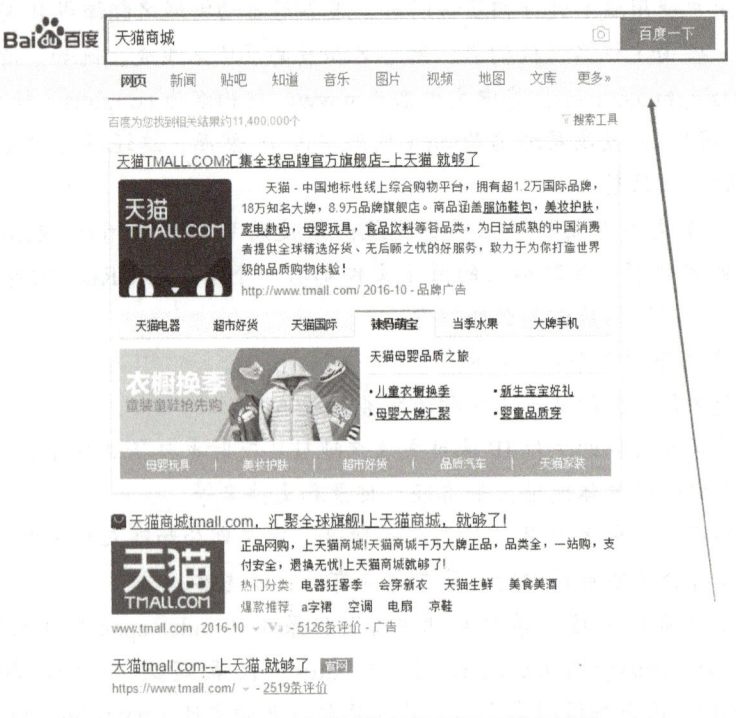

图 1-1-6 "天猫商城"关键词百度搜索结果

（2）从搜索列表中可以看到，前面两个搜索结果是广告，第三个才是天猫商城的官网，单击链接进入天猫商城官网，如图 1-1-7 所示。

图 1-1-7 选择"天猫商城"官网

（3）打开天猫商城官网，其中浏览器顶部地址栏中出现的就是该网站的首页地址，如图 1-1-8 所示。

图 1-1-8 天猫商城网站首页

"湖南花木篮"、"顺丰速运"、"艾瑞网"与"知乎网"网站的首页查找、分析方法相同，不再赘述。

二、网站类型分析

知识加油站 常见的网站类型

不同类型的网站,由于其网站主体与网站功能的不同,需要展示的内容也不一样。按照网站主体性质的不同分为政府网站、企业网站、商业网站、教育科研机构网站、个人网站、其他非营利机构网站及其他类型等。

按照网站功能的不同,常见的网站类型有以下几种。

1. 资讯门户类网站

这类网站是指提供某类综合性互联网信息资源及相关信息服务的网站。较为著名的资讯门户网站代表是谷歌,在中国,资讯门户类网站以新浪、网易、搜狐、腾讯、百度、新华网、人民网、凤凰网等为代表。

2. 企业品牌类网站

这类网站建设要求展示企业综合实力,体现企业形象和品牌理念。企业品牌网站非常重视视觉效果,对美工设计要求较高,精美的动画是常用的表现形式,多使用多媒体交互技术与动态网页技术,针对目标客户进行内容建设,以达到品牌营销传播的目的。

3. 交易类网站

这类网站是以实现交易为目的,以订单为中心。交易的对象可以是企业(B2B),也可以是消费者(B2C与C2C)。这类网站包括三项基本内容:展示商品、生成订单与执行订单。因此,交易类网站一般需要有产品管理、订购管理、订单管理、产品推荐、支付管理、收费管理、送发货管理、会员管理等基本功能系统。功能复杂一点的网站还需要积分管理系统、VIP管理系统、CRM系统、MIS系统、ERP系统、商品销售分析系统等。交易类网站成功与否的关键在于业务模型的优劣。企业为配合自己营销计划搭建的电子商务平台,也属于这类网站。

交易类网站可细分为以下三类。

(1) B2C网站(Business to Consumer),商家对消费者,主要是购物类网站,相当于传统的百货商店、购物广场等,京东商城、天猫商城、唯品会为B2C网站的典型代表,如图1-1-9所示。

(2) B2B网站(Business to Business),商家对商家,相当于传统的原材料市场,如电子元件市场、建材市场等,其中以中国钢铁网、中国建材网等为典型代表,如图1-1-10所示。

(3) C2C网站(Consumer to Consumer),消费者对消费者,相当于传统的集市,以淘宝网为典型代表,如图1-1-11所示。

4. 功能类网站

这类网站提供某一种或几种功能,如站长工具、电话手机号码查询、物流信息查询、火车票购买等功能。功能性网站以实现某一种或几种功能为主要服务内容,用户也是为了实现某一种功能来浏览该网站的。图1-1-12为一快递公司网站。

项目一　走进网页设计

图 1-1-9　京东商城网站部分截图

图 1-1-10　中国钢铁网部分截图

图 1-1-11　淘宝网部分截图

图 1-1-12　快递公司网站

5. 交互类网站

论坛是一个交流的平台，具有发布信息、回复信息等交互功能，如猫扑、天涯、百度贴吧等都是典型的交互类网站。现在很多电子商务平台和企业都有类似的交互类论坛，如淘宝论坛，能够增加客户的黏性，提高客户的访问频度。

（一）天猫商城网站的网站类型分析

在天猫商城网站首页中，可以看到，该网站具有以下功能。

（1）商品展示功能。网站对商品进行了分类，方便用户进行查找，如图 1-1-13 所示。

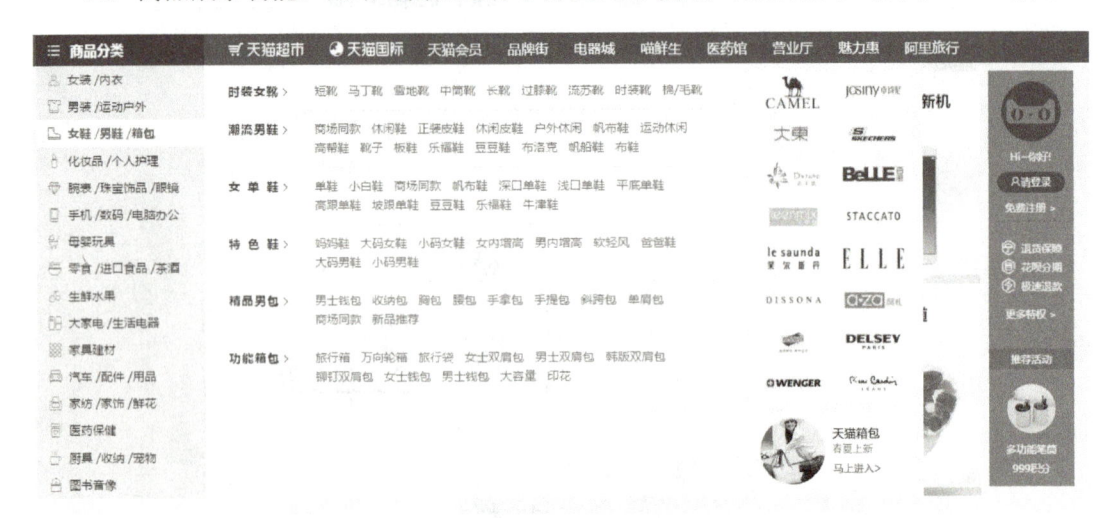

图 1-1-13　商品展示功能

（2）商品或服务的订购功能。用户根据自己的需求选择关键词后，可以搜索到大量与关键字匹配的商品，单击合适的商品即可进入商品的产品详情页，可以实现商品的订购服务，如图 1-1-14 所示。

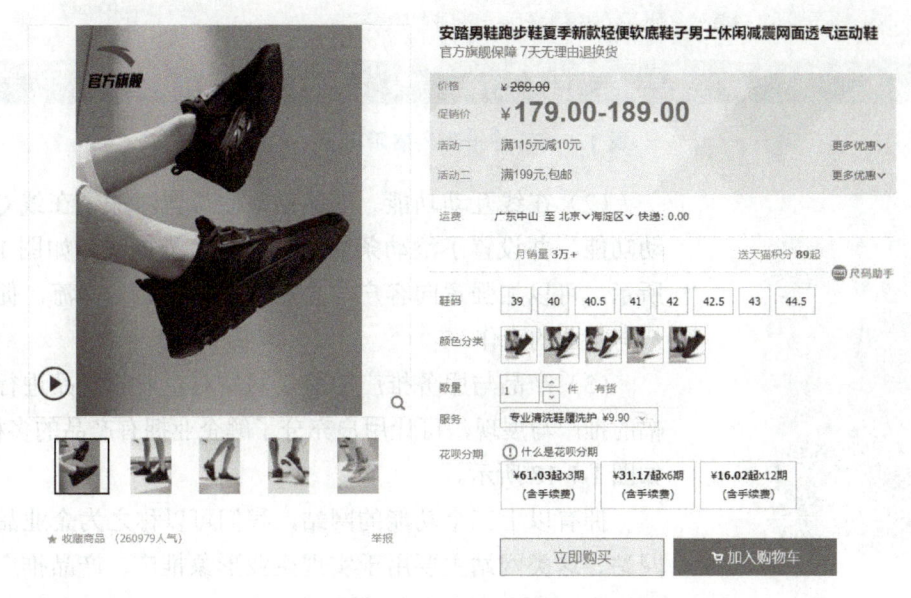

图 1-1-14　商品的订购功能

（3）完备的配送和支付功能。天猫商城网站中每个页面的底部都有如图 1-1-15 所示的导航信息，对网站的售后、配送与支付方式都进行了详细的说明。

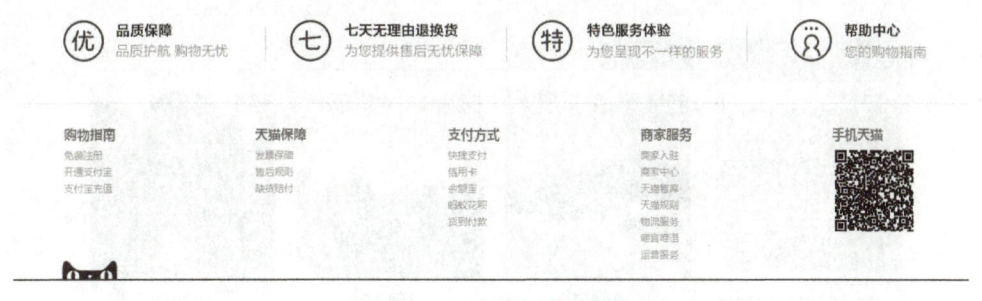

图 1-1-15　配送与支付功能

拥有以上三个功能的网站，我们可以称之为交易类网站。这类网站有 C2C 电子商务网站、B2C 电子商务网站和 B2B 电子商务网站三种常见的类型。天猫商城就是一种企业与消费者进行网络交易的网站，所以它的网站类型为 B2C 电子商务网站。

（二）湖南花木篮网站的网站类型分析

在湖南花木篮网站首页中，我们可以看到，该网站具有以下功能。

（1）企业形象展示功能。网站顶部最显眼的位置放置了企业 logo 与宣传语，有利于客户第一时间记住品牌名称与品牌优势。导航栏设置了包括首页在内的 9 个导航栏目，引导客户全面了解企业及所提供的产品和服务，如图 1-1-16 所示。

图 1-1-16　企业形象展示功能

（2）在线互动功能。在网站显眼位置添加了在线 QQ 互动功能，并设置了滚动条固定的悬挂咨询模块，如图 1-1-17 所示，可以加强意向客户与企业实时的沟通与交流，促进客户与企业的合作。

（3）产品与服务推广功能。网站对企业的产品进行大篇幅的推广与展现，可让用户充分了解企业拥有产品的多样性，如图 1-1-18 所示。

拥有以上三个功能的网站，我们可以称之为企业品牌类网站。这类网站主要用于实现企业形象推广、产品推广、服务推广、与客户沟通与联系等目的，让客户通过网站获取更多的信息，提升客户认知度，增加他们对公司、产品及服务的了解，促成其与公司合作的意愿。

图 1-1-17　在线互动功能

图 1-1-18　产品与服务推广功能部分截图

（三）顺丰速运网站的网站类型分析

在顺丰速运网站首页中，我们可以看到，该网站主要提供快递寄件、运单追踪等服务。功能性网站以实现某一种或几种功能为主要服务内容，用户也是为了实现某一种需求才来浏览网站的，顺丰速运网站就是专为用户提供快递物流服务的，所以属于功能类网站。

图 1-1-19　顺丰速运官网首页部分截图

（四）艾瑞网网站的网站类型分析

在艾瑞网网站首页中，我们可以看到，艾瑞网网站具备以下特点。

（1）信息量大。网站中包含了大量互联网资讯信息，如电子商务、网络营销等方面信息。

（2）信息更新频率高。网站每天都对信息进行更新，如图 1-1-20 所示。

（3）拥有热点专题功能。网站设置了专题栏目，并对不同的专题进行了分类管理，如图 1-1-21 所示。

以上功能符合资讯类网站的基本特征。资讯类网站虽然功能比较单一，但最大的特征是信息量大且聚焦度高，同时实施了有序的信息组织管理，让用户在网站中顺利获取自己需要的信息与资源。

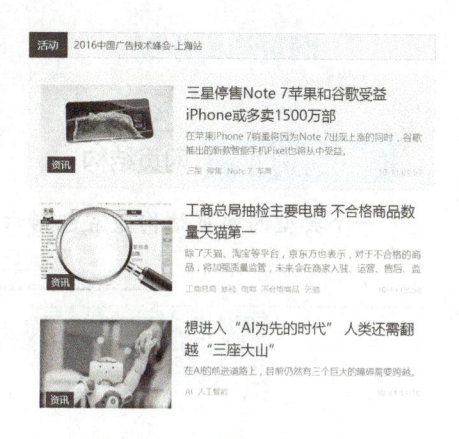

图 1-1-20　信息更新频率高

（五）知乎网网站的网站类型分析

在知乎网网站首页中，我们可以看到，知乎网网站用户拥有发表文章、提出问题、回答问题、参与讨论等权限，如图 1-1-22 所示，以上功能符合交互类网站的基本特征。交互类网站较典型的应用是论坛。用户通过论坛可以与网站中的其他用户进行各种形式的交互，让用户可以获得一种新型网络社区的感觉。

图 1-1-21　热点专题

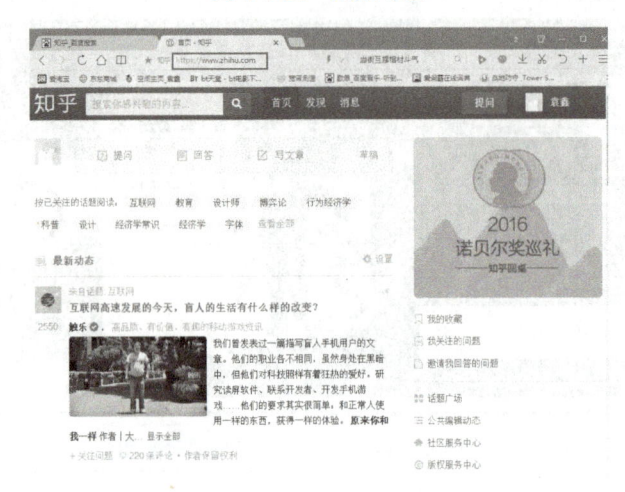

图 1-1-22　知乎网首页的部分截图

三、网页结构分析

知识加油站　网页结构

一个典型的网页结构通常包括六个部分，如图 1-1-23 所示。

网页结构

图 1-1-23　典型的网页结构

1. 网站 logo

网站 logo 是网站的商标，一般放在网站的左上方，让用户快速、直观地判断自己进入的是哪个网站，所以网站 logo 设计一定要新颖，让人过目不忘，同时要与网站名称与内容相符。

2. 网站名称

现在的企业网站一般会将网站 logo 与公司名称放到一起，代表企业的品牌形象，并将公司名称作为网站名称。

3. 导航菜单

导航菜单是网页设计中最重要的部分。好的导航菜单像是优秀导游，告诉用户，网站是干什么的，内容分类有哪些，在哪里可以找到什么信息。将导航菜单放置在何处，以何种方式展现，这都是网页设计时不容忽视的，无论是水平布局还是垂直布局，都要尽量符合用户使用习惯。水平式导航菜单的好处是明显、清晰可见，大家都知道导航菜单在上方，而且只占据有限的空间，而垂直式导航菜单可以兼容不同的屏幕尺寸。

4. banner

banner 主要是指网站页面的横幅广告。一般放在网页的中上部中心位置，让用户一眼就能看到。所以 banner 的设计要点是体现网站中心意旨，形象鲜明地表达网站最主要的情感思想或宣传中心，突出关键内容，抓住用户眼球。

5. 网页正文

网页正文是网页最主要的组成部分，根据要展示的信息量和重要程度，可将正文设计成多种版式，将网站需要展示的信息有序地呈现出来。

6. 网页页脚

网页页脚在网站的底部，一般放置网站所有者信息、联系方式、版权等内容，有些网站会在网页页脚处再放一个底部导航条，以方便用户浏览信息。

学以致用

请打开一个网页，试着分析它的网页结构，并将分析结果填入表 1-1-2 中。

表 1-1-2　网页结构分析表

网页 URL 地址		
网页结构内容	网页结构中是否存在该内容（是/否）	在页面中的位置
网站 logo		
网站名称		
导航菜单		
banner		
网页正文		
网页页脚		

（一）天猫商城网站的网页结构分析

仔细观察天猫商城网站的网页结构，会发现天猫商城网站的首页主要包括 logo、搜索框、横向导航、纵向导航、banner 区、正文区（商品分类、商品分类展示等）与页脚区（售后与支付服务导航入口、版权信息等），如表 1-1-3 所示。

表 1-1-3　天猫商城网站首页结构分析表

网页 URL 地址	https：//www.tmall.com/	
网页结构内容	网页结构中是否存在该内容（是/否）	在页面中的位置
网站 logo	是	网站 logo 与名称合二为一，在网页顶端左上角
网站名称	是	
导航菜单	是	横向导航位于网页中上部中间，纵向导航位于网页中上部左侧
banner	是	网页中上部
网页正文	是	网页中部
网页页脚	是	网页底部

（二）湖南花木篮网站的网页结构分析

湖南花木篮网站的首页主要包括 logo、网站名称、顶部导航、banner、正文区（产品分类、产品展示、销售快讯、产品价格、基地优势、苗木养护等）与页脚区（底部导航、版权信息等），如表 1-1-4 所示。

表 1-1-4　湖南花木篮网站首页结构分析表

网页 URL 地址	http：//www.woyaohuamu.com/	
网页结构内容	网页结构中是否存在该内容（是/否）	在页面中的位置
网站 logo	是	网站 logo 与名称合二为一，在网页顶端左上角
网站名称	是	
导航菜单	是	顶部横向导航在网页中上部
banner	是	网页中上部
网页正文	是	网页中部
网页页脚	是	网页底部

（三）顺丰速运网站的网页结构分析

顺丰速运网站的首页主要包括 logo、顶部导航、banner、正文区与页脚区等，如表 1-1-5 所示。

表 1-1-5　顺丰速运网站首页结构分析表

网页 URL 地址	https：//www.sf-express.com/cn/sc/index.html	
网页结构内容	网页结构中是否存在该内容（是/否）	在页面中的位置
网站 logo	是	网站 logo 与名称合二为一，在网页顶端左上角
网站名称	是	
导航菜单	是	顶部横向导航在网页中上部

续表

banner	是	网页中上部
网页正文	是	网页中部
网页页脚	是	网页底部

（四）艾瑞网网站的网页结构分析

艾瑞网网站的首页主要包括 logo、顶部导航、搜索框、正文区（热点、活动、专家专栏等）与页脚区（底部导航与版权信息等），如表 1-1-6 所示。

表 1-1-6　艾瑞网网站首页结构分析表

网页 URL 地址	https://www.iresearch.cn/	
网页结构内容	网页结构中是否存在该内容（是/否）	在页面中的位置
网站 logo	是	网站 logo 与名称合二为一，在网页顶端左上角
网站名称	是	
导航菜单	是	顶部横向导航在网页中上部
banner	否	无
网页正文	是	网页中部
网页页脚	是	网页底部

（五）知乎网网站的网页结构分析

知乎网网站的首页主要包括 LOGO、搜索框、正文区（信息列表、专栏信息）与页脚区，如表 1-1-7 所示。

表 1-1-7　知乎网站首页结构分析表

网页 URL 地址	https://www.zhihu.com/	
网页结构内容	网页结构中是否存在该内容（是/否）	在页面中的位置
网站 logo	是	网站 logo 与名称合二为一，在网页顶端左上角
网站名称	是	
导航菜单	是	顶部横向导航位于网页顶端中部
banner	否	无
网页正文	是	网页中部
网页页脚	是	网页底部右下角

四、网页元素分析

（一）天猫商城网站的网页元素分析

天猫商城网站是典型的 B2C 电子商务网站，这一类型网站的主要功能是展现商品与实现在线交易，因此一定要保证网站中商品分类清楚、导航清晰，这样才能让用户快速地搜索到其想要购买的商品。这一类型的网站页面中存在大量的超链接,通过对图片与文字添加超链接,引导用户进入其他页面。同时页面顶部有搜索文本框,它是一种常见的表单元素,在网站设计中非常重要,用户在搜索文本框中输入商品关键词即可搜索到符合关键词要求的商品信息。

(二)湖南花木篮网站的网页元素分析

湖南花木篮网站是企业品牌类网站,其目的主要是加强品牌形象建设,提升客户对企业及产品服务的了解,从而提高合作可能性。所以,湖南花木篮网站中有大量产品图片与文字,以此来增强客户对产品的了解,同时网站提供了完备的超链接与导航功能,保证客户的每次单击都有一个准确的目标网页。除了这些,网站为了实现客户与企业之间的实时互动,利用表单元素与在线 QQ 服务实现了在线交互功能。

(三)顺丰速运网站的网页元素分析

顺丰速运网站是功能性网站,主要为用户提供快递与物流产业链服务。用户可以在线查询快递寄件信息,这些信息的交互需要使用表单元素来实现,如图 1-1-24 所示。该网站中还包括其他网页元素,如文本、图像、超链接、导航与在线客服等。

(四)艾瑞网网站的网页元素分析

艾瑞网是资讯类网站,主要为用户提供信息资讯服务。用户可以通过表单文本搜索框在线查询信息,如图 1-1-25 所示。该网站还包括其他网页元素,如文本、图像、超链接与导航等。

图 1-1-24　顺丰速运网页中的表单元素　　图 1-1-25　艾瑞网网页中的表单元素

(五)知乎网网站的网页元素分析

知乎网是交互类网站,主要为用户提供各种交互服务。用户可以通过表单元素实施查询、发布、管理信息等操作,如图 1-1-26 所示。该网站还包括其他网页元素,如文本、图像、超链接与导航等。

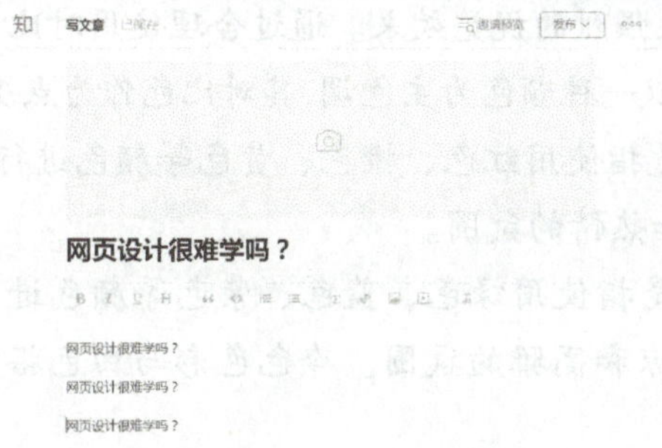

图 1-1-26　知乎网网页中的表单元素

五、网页配色分析

知识加油站　网页配色

在网页设计中，色彩搭配是一件很重要的事情，要是色彩搭配好了，能让整个网站看起来清新悦目，令人眼前一亮。

1. 网页色彩搭配原则

在选择网页色彩时，除了考虑网站本身的特点，还要遵循一定的艺术规律，从而设计出精美的网页。

（1）色彩的鲜明性。如果一个网站的色彩鲜明，很容易引人注意，会给浏览者耳目一新的感觉。

（2）色彩的独特性。要有与众不同的色彩，网页的用色必须要有自己独特的风格，这样才能给浏览者留下深刻的印象。

（3）色彩的艺术性。网站设计是一项艺术活动，因此必须遵循艺术规律。按照内容决定形式的原则，在考虑网站本身特点的同时，大胆进行艺术创新，设计出既符合网站要求，又具有一定艺术特色的网站。

（4）色彩搭配的合理性。色彩要根据主题来确定，不同的主题应选用不同的色彩。例如，用蓝色体现科技型网站的专业性，用粉红色体现女性的柔情等。

2. 网页色彩搭配方法

网页配色很重要，网页颜色搭配的是否合理会直接影响访问者的情绪。好的色彩搭配会给访问者带来很强的视觉冲击，不恰当的色彩搭配则会让访问者烦躁不安。

（1）同种色彩搭配。首先选定一种色彩，然后调整其透明度和饱和度，将色彩变淡或加深，从而产生新的色彩，这样的页面看起来色彩统一，具有层次感。

（2）邻近色搭配。邻近色是指在色环上相邻的颜色，如绿色和蓝色、红色和黄色即互为邻近色。采用邻近色搭配可以使网页避免色彩杂乱，易于达到页面和谐统一的效果。

（3）对比色彩搭配。一般来说，色彩的三原色（红、黄、蓝）最能体现色彩间的差异。

对比色可以突出重点，产生强烈的视觉效果。通过合理使用对比色，能够使网站特色鲜明、重点突出。在设计时，通常以一种颜色为主色调，其对比色作为点缀，以起到画龙点睛的作用。

（4）暖色色彩搭配，是指使用红色、橙色、黄色等颜色进行的搭配。这种色彩搭配可为网页营造出稳定、和谐和热情的氛围。

（5）冷色色彩搭配，是指使用绿色、蓝色、紫色等颜色进行的搭配。这种色彩搭配可为网页营造出宁静、清凉和高雅的氛围。冷色色彩与白色搭配一般会获得较好的视觉效果。

（6）有主色的混合色彩搭配，是指以一种颜色作为主要颜色，辅以其他色彩混合搭配，形成缤纷而不杂乱的搭配效果。

（7）文字内容的颜色与网页的背景色对比要突出。底色深，文字的颜色就应浅，以深色的背景衬托浅色的内容（文字或图片）；反之，底色淡，文字的颜色就要深些，以浅色的背景衬托深色的内容（文字或图片）。

（一）天猫商城网站的配色分析

天猫商城网站的主色调是白色，辅助色为红色。天猫商城拥有大量的品牌，不同品牌风格各异，将不同风格、不同颜色的品牌产品展现在同一个页面上，白色是最合适的主色调。红色代表着热烈、喜庆与激情，能带来紧急感，加速心跳，可用来吸引易冲动的购物者。天猫商城的 logo 为红色文本与黑色图形的结合，采用红色的辅助色既可以与其黑色图形相呼应，同时又起到醒目的作用。

在网页设计中，红色是一种很重的颜色，如果大面积使用会产生一种压倒性的强烈的感官效果，尤其是高纯度的红色。如果想表现力量和激情的感觉，红色将是不错的选择。使用不同面积，不同明度、纯度的红色与其他颜色搭配也能带来充满活力、力量、优雅的感觉。红色也常被用作强调色，红色的文本和图像，容易刺激人们快速做出决策，用在"立即购买"或"单击有惊喜"按钮上，将是一个非常完美的颜色选择。

（二）湖南花木篮网站的配色分析

湖南花木篮是一家主营花卉苗木的公司。湖南花木篮网站的主色调是白色，辅助色为绿色，强调色为红色。绿色象征生命力、活力、和谐、真实、自然与和平，与公司经营产品风格统一。明亮的绿色充满活力和生机，橄榄绿更多表示和平与自然，深绿色是富饶的典型代表。采用红色作为点睛色，用在网页中起强调作用，可提高用户的关注度。

（三）顺丰速运网站的配色分析

顺丰速运网站的主色调为白色，辅助色为黑灰色，强调色为红色。黑色代表着强大、深刻、沉着与正式。顺丰速运网站利用黑灰色要给用户营造一种强大的信任感，让用户对公司的服务放心。同时黑色高强度的对比再加上鲜亮的色彩，如红色或橙色等颜色给人一种非常积极的感觉。黑色能和许多色彩构成良好的对比色调和关系，运用范围很广，是较受欢迎的搭配色。在网站设计中，白色往往被作为背景色，用来衬托或凸显其他内容。当下流行简约设计风格,传递简洁的设计理念时白色用得最多,而且在文字阅读方面白色背景比黑色背景要好很多。

(四)艾瑞网网站的配色分析

艾瑞网的主色调为白色,辅助色为绿色,强调色为蓝色。艾瑞网是一家提供互联网资讯服务的网站,互联网是一个正在蓬勃发展的新型产业,绿色代表着蓬勃发展的生命力,寄托了网站对于行业发展的期望。同时,用户在信息海洋中遨游时,绿色能够缓解眼睛疲劳。

(五)知乎网网站的配色分析

知乎网的主色调为白色,辅助色为深蓝色,强调色为橙色。浅蓝色通常表示放松和平静,亮蓝色表示活力和清新,深蓝色表示专业与冷静。交互类网站中蓝色传递的感染力和可靠性是非常重要的。知乎网使用了深蓝色作为辅助色,以此显示自己的专业性,同时暗示用户参与讨论时要保持一份冷静的心态,以客观理性的角度来看待问题。

任务评价

评价项目	评价内容	评价等级				
		优	良	中	较差	差
知识评价	了解有关网页制作的基本知识					
	能够分析网页的构成元素					
	能够分析 URL 地址的完整格式					
	能够分析不同的网站类型					
	能够分析网站的结构					
	能够分析不同网页的配色方案					
能力评价	具有独立分析网页的能力					
	具有知识迁移的能力					
创新素质评价	能够清晰有序地梳理与实现任务目标					
	能够挖掘出课本之外的其他知识与技能					
	能够利用其他方法来分析与解决问题					
	能够进行数据分析与总结					
思政评价	访问符合国家法律法规的网站					
	能够正确看待网络安全问题					
	能够诚信对待作品原创性					
课后建议及反思						

课后提升

网页的布局结构

网页布局就是以最适合用户浏览的方式将图片和文字排放在页面的不同位置,不同的制作者会有不同的布局设计。网页布局是页面优化的重要环节之一,会直接影响页面的用户体验,还在一定程度上影响网站的整体结构及页面被搜索引擎收录的数量。

网页常见的布局结构有"国"字形布局、"T"字形布局、"三"字形布局、"口"字形布局、对称对比布局、POP 布局等。

(一)"国"字形布局

"国"字形布局也称同型布局,是一些大型网站喜欢使用的布局类型。该布局类型的特点是页面最上面是标题及横幅广告条,接下来是网站的主体部分,左右分别列一些小条内容,中间为主要内容,最下方为网站的一些基本信息、版权声明等。这种布局通常用于主页的设计,优点是页面容纳内容多,信息量大,如图 1-1-27 所示。

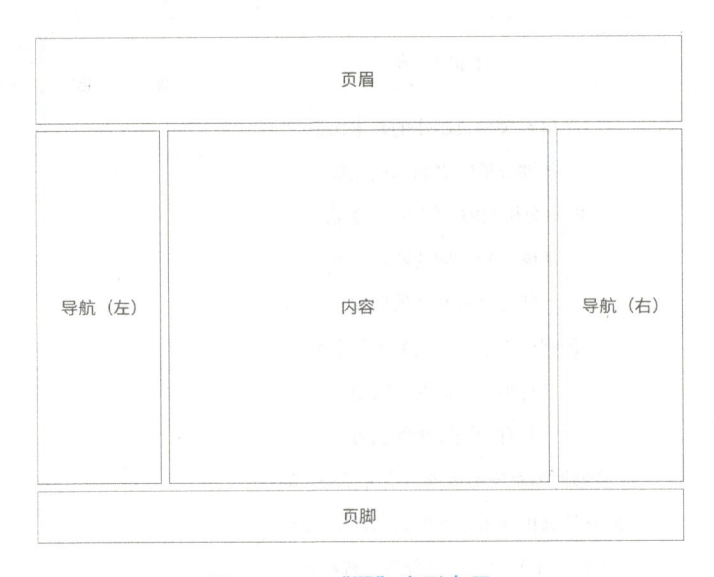

图 1-1-27 "国"字形布局

(二)"厂"字形布局

"厂"字形布局的特点是页面最上面是标题及横幅广告条,下方左侧为主菜单导航区域,右边为内容区域,整体效果类似于汉字"厂",因此称为"厂"字形布局,如图 1-1-28 所示。

(三)"三"字形布局

"三"字形布局的特点是页面上有横向两条或多条色块,将页面分割为三部分或更多,每部分放置相应内容,常常用于具体文章的内容展示页面,如图 1-1-29 所示。

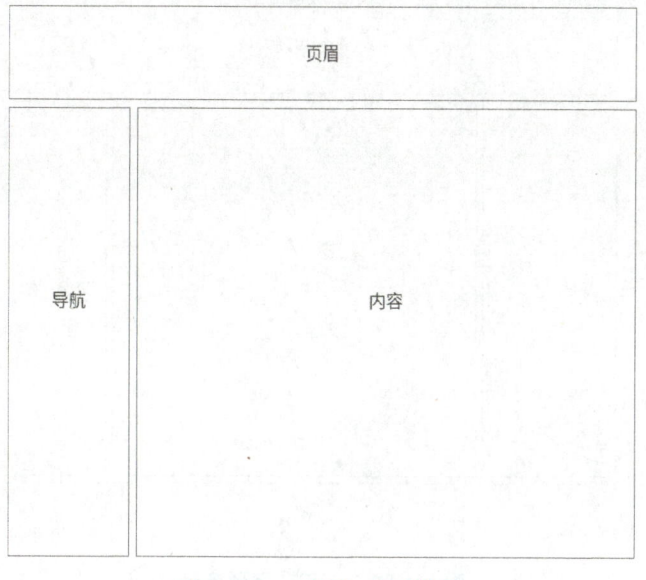

图 1-1-28 "厂"字形布局

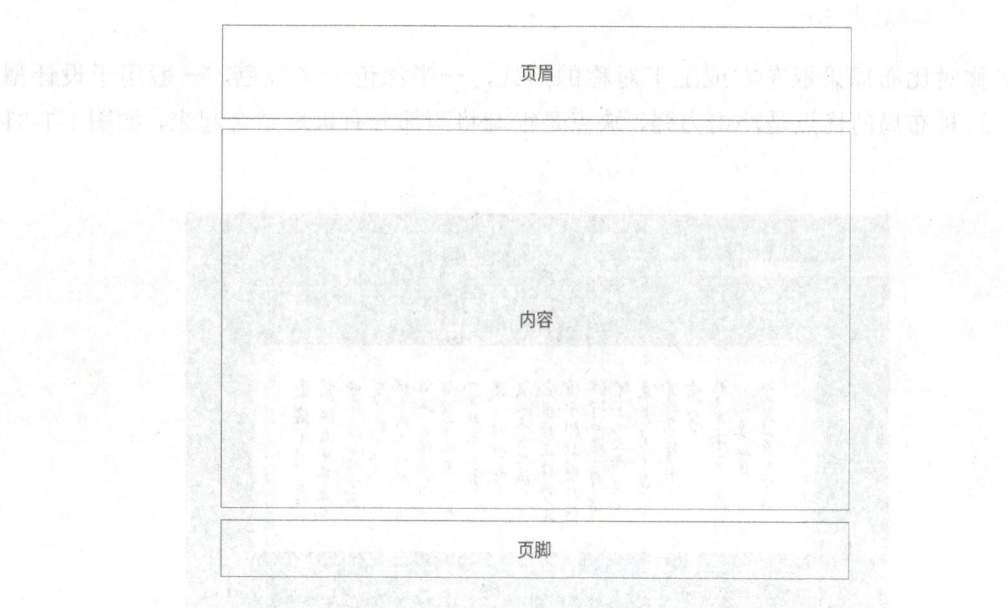

图 1-1-29 "三"字形布局

(四)"口"字形布局

"口"字形布局是一个象形的说法,其特点是页面上下一般各有一个广告条,左侧为主菜单导航等,右侧为友情链接等,中间为主要内容。这种布局的优点是充分利用版面,信息量大;缺点是页面拥挤,不够灵活,如图 1-1-30 所示。

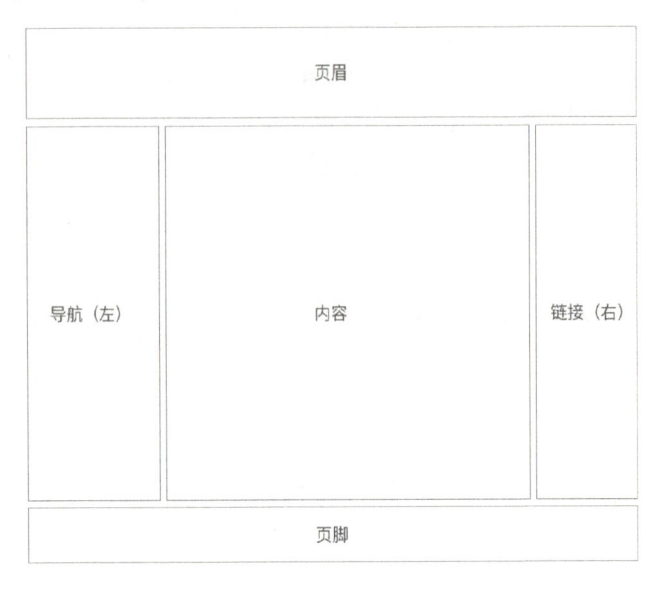

图 1-1-30 "口"字形布局

(五) 对称对比布局

对称对比布局采取左右或上下对称的形式，一半深色一半浅色，一般用于设计型网站。这种布局的优点是冲击力强，缺点是很难将两部分有机地结合起来，如图 1-1-31 所示。

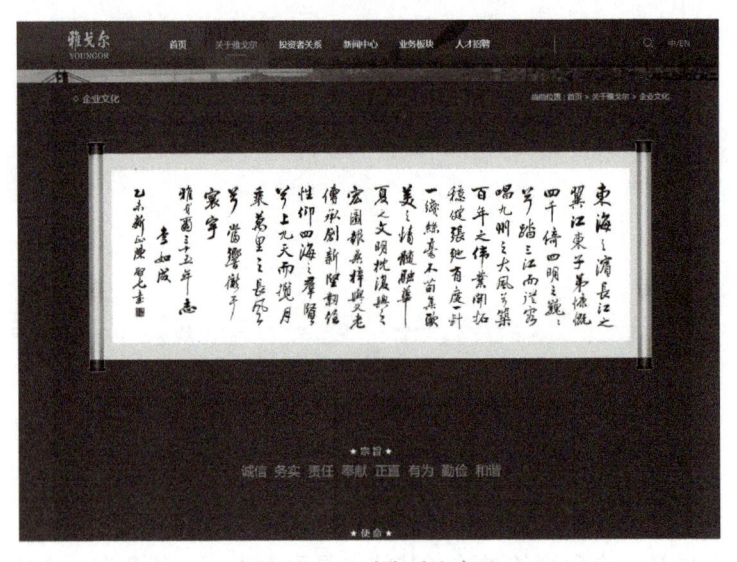

图 1-1-31 对称对比布局

(六) POP 布局

POP 布局来自广告术语，是指页面布局像一张宣传海报，以一张精美图片作为页面的设计中心，常用于时尚类、服装类、艺术类和个人网站。这种布局的优点是网页精美、吸引人，缺点是设计速度慢，如图 1-1-32 所示。

项目一　走进网页设计

图 1-1-32　POP 布局

> **学以致用**
>
> 如果要设计一个企业网站，你会采取哪一种网页布局形式呢？请尝试将你喜欢的布局形式画下来。

任务二　Dreamweaver CS6 的使用

安装 Dreamweaver CS6

——— 课前自学 ———

安装 Dreamweaver CS6 软件

第一步，下载完 Dreamweaver CS6 官方中文原版安装程序后，单击压缩包程序解压到指定文件夹，如图 1-2-1 所示。

第二步，解压完毕后系统会自动启动安装程序，在这个过程中出现如图 1-2-2 所示的弹框，单击"忽略"按钮即可。

第三步，接下来进行安装，这里选择"试用"选项。如果用户有序列号，可以直接选择"安装"选项进行安装，如图 1-2-3 所示。

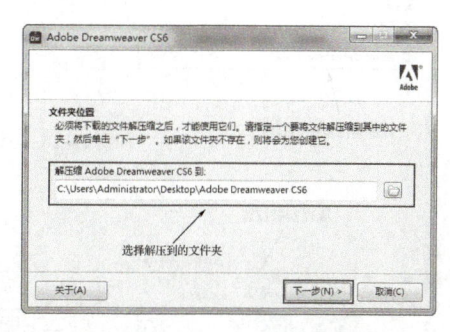

图 1-2-1　安装第一步

图 1-2-2　安装第二步　　　　　　　　　图 1-2-3　安装第三步

第四步，接受许可协议，如图 1-2-4 所示。

第五步，接受许可协议后，Dreamweaver CS6 将会要求用户登录，如图 1-2-5 所示。

第六步，登录操作完成后就进入安装内容界面了，由于编者的系统为 32 位，图 1-2-6 中只有一个安装选项。若是 64 位系统的用户则会有 32 位与 64 位两个安装选项，可选择两个都安装，也可只安装一个。

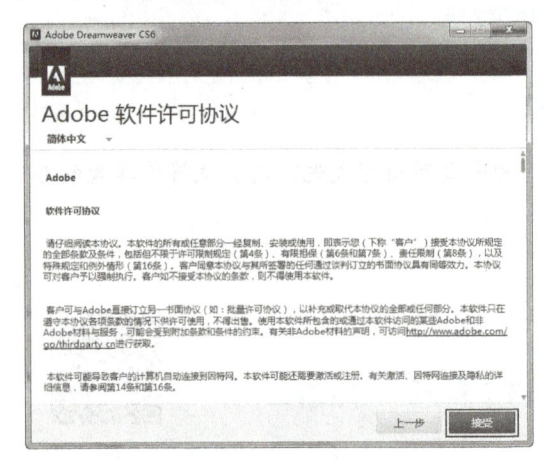

图 1-2-4　安装第四步　　　　　　　　　图 1-2-5　安装第五步

第七步，等待安装完成，这个过程为 5～10 分钟，如图 1-2-7 所示。

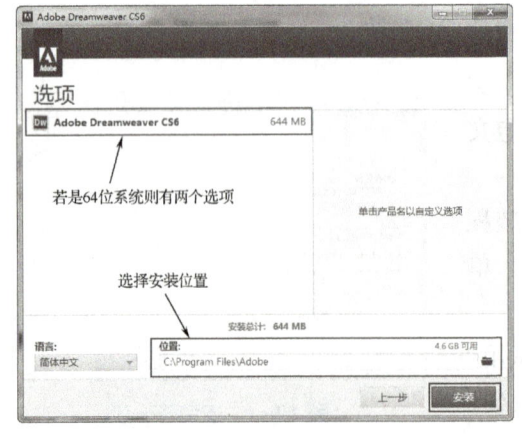

图 1-2-6　安装第六步　　　　　　　　　图 1-2-7　安装第七步

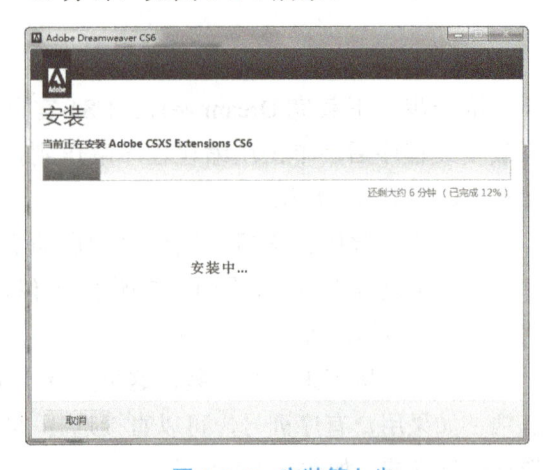

程序安装完毕，单击"立即启动"按钮，如图 1-2-8 所示，检查程序是否安装完整，然后关闭程序。

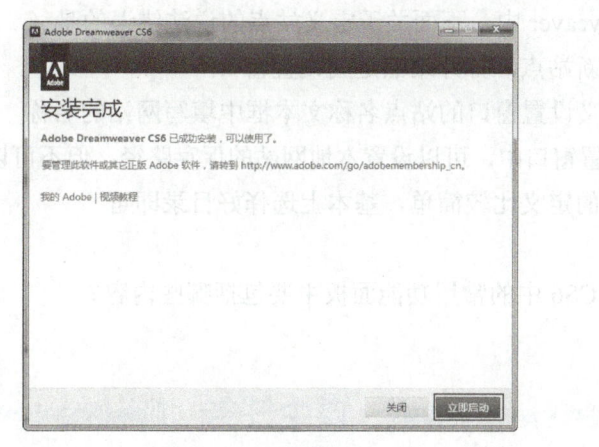

图 1-2-8　安装完成

> **学以致用**
>
> 　　请同学们准备一台性能良好的计算机，将 Dreamweaver CS6 官方中文原版安装程序下载到自己的计算机中，并熟悉 Dreamweaver 软件的安装与工作环境。
> 　　注意：尽量不将安装文件放在桌面上，可以将其保存在除了 C 盘的任何一个硬盘中，方便二次安装与维护。

自学自测

一、单项选择题

1．打开 Dreamweaver CS6 窗口后，如果没有出现属性面板，可执行（　　）菜单中的"属性"命令将其打开。

　　A．窗口　　　　　　B．插入　　　　　　C．文件　　　　　　D．视图

2．下面说法错误的是（　　）。

　　A．规划目录结构时，应该在每个主目录下都建立独立的 images 目录

　　B．在制作站点时应突出主题色

　　C．人们通常所说的颜色，其实指的就是色相

　　D．为了使站点目录明确，应该采用中文目录

3．Dreamweaver 是一种（　　）工具。

　　A．辅助　　　　　　B．动画　　　　　　C．图像处理　　　　D．网页编辑

4．"属性检查器"面板用于检查和编辑当前选定页面元素的（　　）。

　　A．位置　　　　　　B．大小　　　　　　C．边距　　　　　　D．常用属性

5．下面文件属于静态网页的是（　　）。

　　A．index.asp　　　　B．index.jsp　　　　C．index.html　　　　D．index.php

31

6．以下不属于 Dreamweaver 中的视图的是（　　）。
A．代码视图　　　B．设计视图　　　C．拆分视图　　　D．工作视图

7．在 Dreamweaver 中，下面关于定义站点的说法错误的是（　　）。
A．首先定义新站点，打开站点定义设置窗口
B．在站点定义设置窗口的站点名称文本框中填写网站的名称
C．在站点设置窗口中，可以设置本地网站的保存路径，但不可以设置图片的保存路径
D．本地站点的定义比较简单，基本上选择好目录即可

二、简答题

Dreamweaver CS6 中的常用功能面板主要包括哪些内容？

课中任务

任务导入

通过任务一的学习与实施，小明对于网页设计的基础知识有了一个初步的了解，看到各种风格鲜明、色彩和谐的网页，小明给自己制定了一个目标：一定要把网页设计学好，做出让客户满意的网页作品来。

在了解了网页设计的知识后，小明新的问题又来了，他该用什么软件来制作网页文件呢？

任务描述

1．每个团队下载好 Dreamweaver CS6 软件安装包，将软件安装到自己的计算机中。

Dreamweaver CS6 软件的使用

2．在本地计算机的 E 盘创建一个名为 mySite 的文件夹，作为自己网站的根目录；在 mySite 文件夹中创建二级文件夹，分别保存网站首页、公司新闻、产品展示、公司荣誉、在线咨询 5 个网页栏目的素材文件；在每个栏目文件夹中创建两个下级文件夹：images 文件夹用来保存图片素材文件，style 文件夹用来保存样式文件。

3．打开 Dreamweaver CS6 软件，创建网站站点"我的网站"，与 E 盘的 mySite 文件夹进行映射，对站点进行管理操作。

4．利用 Dreamweaver CS6 创建一个简单网页，网页内容为"这是我的第一个网页！"，以 index.html 为文件名保存在 mySite 根目录下的 index 文件夹中。

任务实施

一、创建文件夹

思政园地 1-2　有效防范钓鱼网站

（1）打开本地计算机，在 E 盘创建名为 mySite 的文件夹。

（2）在 mySite 文件夹中，创建 5 个二级文件夹，分别命名为 index、Company_news、Products、Honors、Contacts，依次保存网站首页、公司新闻、产品展示、公司荣誉和在线咨询 5 个网页栏目的素材文件，如图 1-2-9 所示。

（3）打开 index 文件夹，然后在该文件夹中创建 images 和 style 两个文件夹，分别用来保存图像素材文件与样式文件，如图 1-2-10 所示。

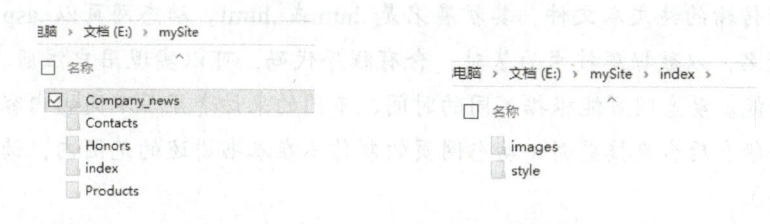

图 1-2-9　创建二级文件夹　　　　图 1-2-10　创建三级文件夹

（4）依次在 Company_news、Products、Honors、Contacts 等文件夹中创建下一级文件夹。

二、在 Dreamweaver 中创建本地站点

网站站点建立与管理

知识加油站　什么是网站站点？

1. 网站站点

Dreamweaver 可以用于创建单个网页，但在大多数情况下，是将这些单独的网页组合起来形成站点。Dreamweaver CS6 不仅提供了网页编辑功能，而且带有强大的站点管理功能。

有效地规划和组织站点，对建立网站是非常必要的。合理的站点结构能够加快设计者对站点的设计，提高工作效率，节省时间。如果将所有的网页都存储在同一个目录下，当站点的规模越来越大时，管理起来就会比较困难。一般来说，应该充分利用文件夹来管理文件。

2. 什么是站点

Dreamweaver 站点是一种管理网站中所有关联文件的工具，通过站点可以实现将文件上传到网络服务器、自动跟踪和维护、管理文件及共享文件等功能。严格地说，站点也是一种文件的组织形式，由文件和文件所在的文件夹组成，不同的文件夹保存不同的网页内容，如 images 文件夹用于存放图像素材文件，style 文件夹用于存放样式文件，这样便于网站后期的管理与更新。

Dreamweaver 中的站点包括本地站点、远程站点和测试站点 3 类。

（1）本地站点用于存放整个网站框架的本地文件夹，是用户的工作目录，一般制作网页时只需建立本地站点。

（2）远程站点是存储于 Internet 服务器上的站点和相关文件。通常情况下，为了不连

接 Internet 而对所建的站点进行测试时，可以在本地计算机上创建远程站点，来模拟真实的 Web 服务器进行测试。

（3）测试站点是 Dreamweaver 处理动态页面的文件夹，使用此文件夹存放生成的动态文件内容，并在工作时连接到数据库，用于对动态页面进行测试。

注意：静态网页是标准的 HTML 文件，采用 HTML 编写，是通过 HTTP 在服务器端和客户端之间传输的纯文本文件，其扩展名是 .htm 或 .html。动态网页以 .asp、.jsp、.php 等形式为后缀名，以数据库技术为基础，含有程序代码，可以实现用户注册、在线调查、订单管理等功能。动态网页能根据不同的时间、不同的来访者显示不同的内容，动态网站更新方便，一般在后台直接更新（动态网页的制作不在本书讲述的范围内，读者可以自行查阅相关书籍）。

3. 站点及目录的作用

站点是用来存储一个网站的所有文件的，这些文件包括网页的 HTML 文件、图片文件、服务器端处理程序、音频文件和视频文件等。

在定义站点之前，首先要做好站点的规划，包括站点的目录结构和链接结构规划等。这里讲的站点目录结构是指本地站点的目录结构，远程站点的目录结构应该与本地站点的相同，便于网页的上传与维护。链接结构是指站点内各文件之间的链接关系。

4. 合理建立目录结构

站点的目录结构与站点的内容多少有关。如果站点的内容很多，就要创建多级目录，以便分类存放文件；如果站点的内容不多，目录结构可以简单一些。

创建目录结构的基本原则是方便站点的管理和维护。目录结构创建的是否合理，对于网站的上传、更新、维护、扩充和移植等工作有很大的影响。特别是大型网站，目录结构设计不合理时，文件的存放就会混乱，甚至无法进行更新、维护。因此，在设计网站目录结构时，应该注意以下几点。

（1）无论站点大还是小，都应该创建一定规模的目录结构，不要把所有的文件都存放在站点的根目录中。如果把很多文件都存放在根目录中，很容易造成文件管理的混乱，影响工作效率，也容易发生错误。

（2）按模块及其内容创建子目录。

（3）目录层级不要太多，一般控制在 5 级以内。

（4）不要使用中文目录名，防止因此而引起的链接和浏览错误。

（5）为首页建立文件夹，用于存放网站首页中的各种文件。首页使用率最高，所以为它单独建一个文件夹很有必要。

（6）目录名应能反映目录中的内容，方便管理维护。但是这也容易导致一个安全问题，浏览者很容易猜测出网站的目录结构，也就容易对网站实施攻击。所以在设计目录结构的时候，尽量避免目录名和栏目名完全一致，可以采用数字、字母、下画线等组合的方式来提高目录名的猜测难度。

项目一 走进网页设计

> **学以致用**
>
> 网站站点是什么呢？在设计网站目录结构时，我们应该要注意什么呢？
>
> _____
>
> _____
>
> _____

（1）单击桌面上的 Dw 图标，会弹出如图 1-2-11 所示的界面，因为创建的是静态网页，所以选择默认选项就可以了。单击"确定"按钮，直接进入 Dreamweaver CS6 界面。

（2）选择菜单栏中"站点"下的"新建站点"选项，如图 1-2-12 所示。

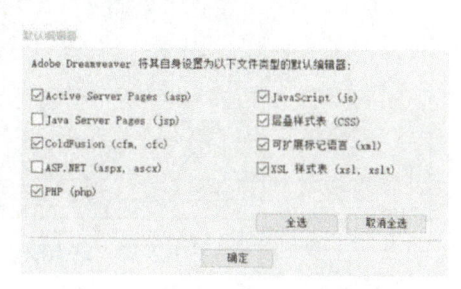

图 1-2-11 默认编辑器

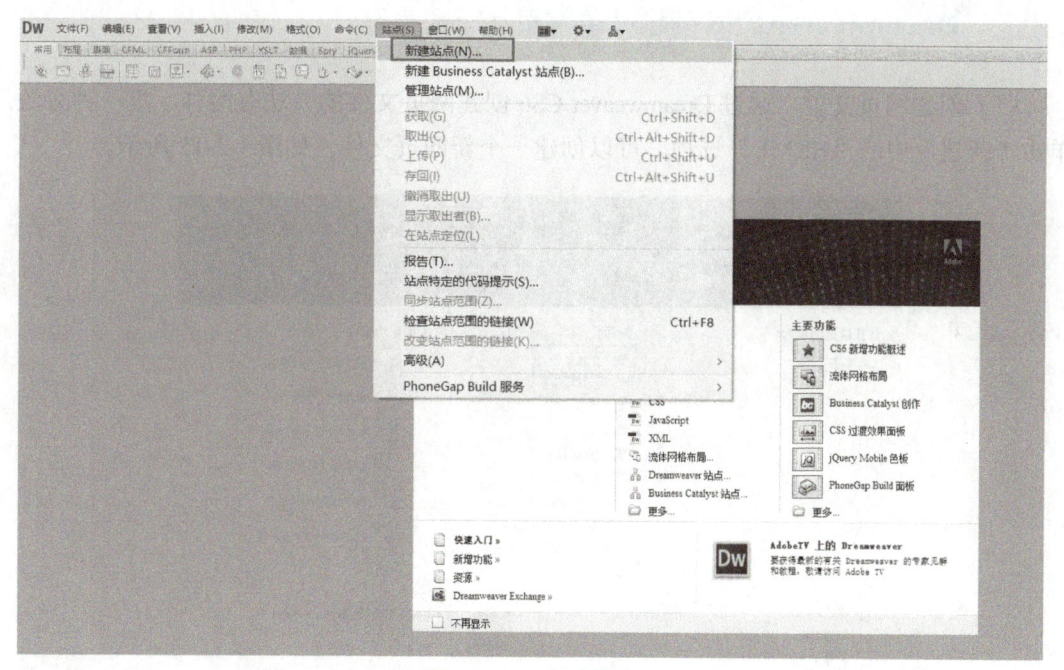

图 1-2-12 新建站点

（3）进入站点设置对象面板，在"站点名称"文本框中输入"我的网站"（注意：站点名称为中文和英文皆可，但一定要有意义，代表网站的内容），单击"本地站点文件夹"选项右边的小图标，选择"E:\mySite\"文件夹，将"我的网站"与"E:\mySite\"文件夹进行映射，如图 1-2-13 所示。单击"保存"按钮，保存站点创建信息。

（4）返回到 Dreamweaver CS6 界面，站点已经创建成功，如图 1-2-14 所示。

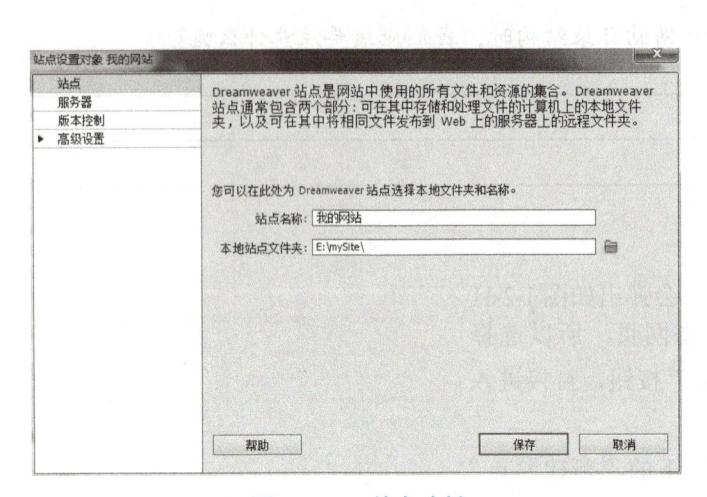

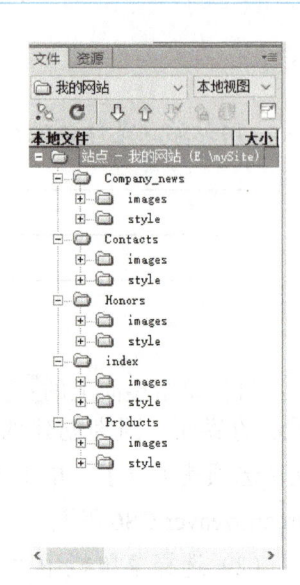

图 1-2-13　站点映射　　　　　　　　　　　　图 1-2-14　站点创建成功

三、Dreamweaver CS6 创建简单网页

（1）创建网页文件。通过 Dreamweaver CS6 创建网页文件的方法有两种。第一种方法，单击"新建"中的"HTML"选项，可以创建一个新网页文件，如图 1-2-15 所示。

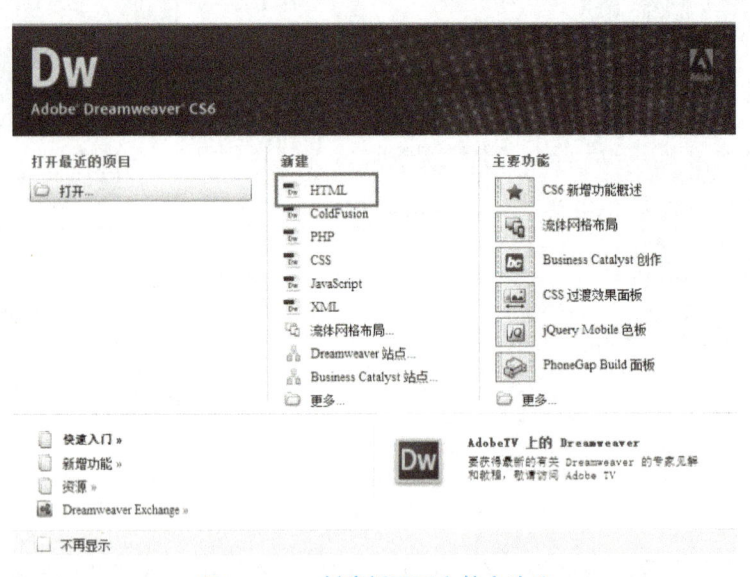

图 1-2-15　创建新网页文件方法 1

第二种方法，单击"文件"菜单中的"新建"选项，如图 1-2-16 所示，打开"新建文档"对话框，选择"空白页"选项，"页面类型"为"HTML"，"布局"为"无"，单击"创建"按钮，创建新的网页文件，如图 1-2-17 所示。

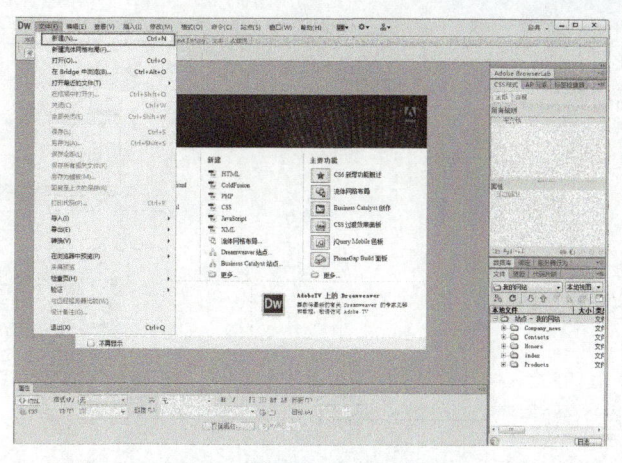

图 1-2-16 创建新网页文件方法 2

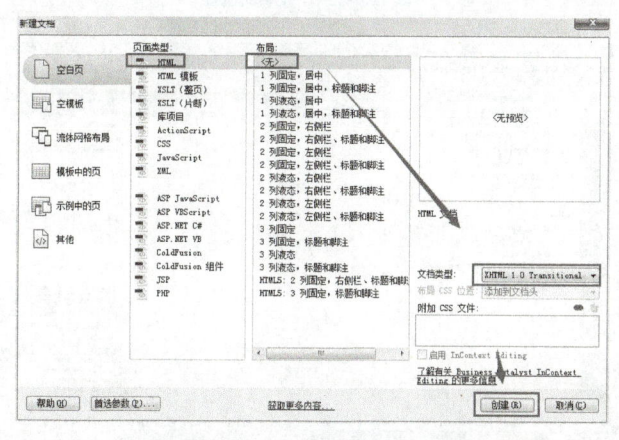

图 1-2-17 "新建文档"对话框

（2）选择视图模式。Dreamweaver CS6 中有三种视图模式：一种是代码视图，用来编辑 HTML 代码，如图 1-2-18 所示；一种是设计视图，用来可视化设计网页，如图 1-2-19 所示；还有一种是拆分视图，左边显示网页代码，右边显示网页可视化效果，方便网页设计师实时预览网页效果，如图 1-2-20 所示。

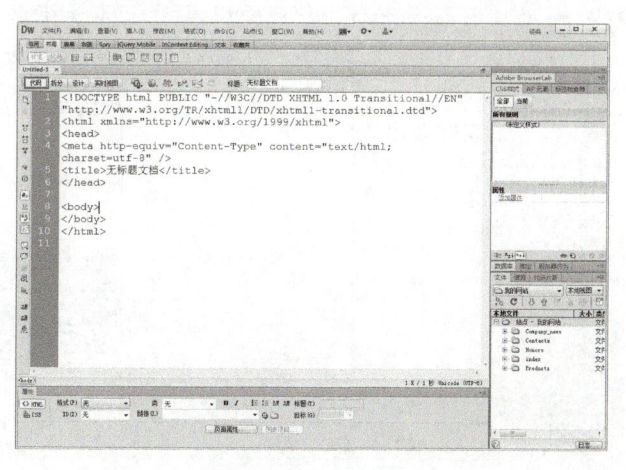

图 1-2-18 代码视图

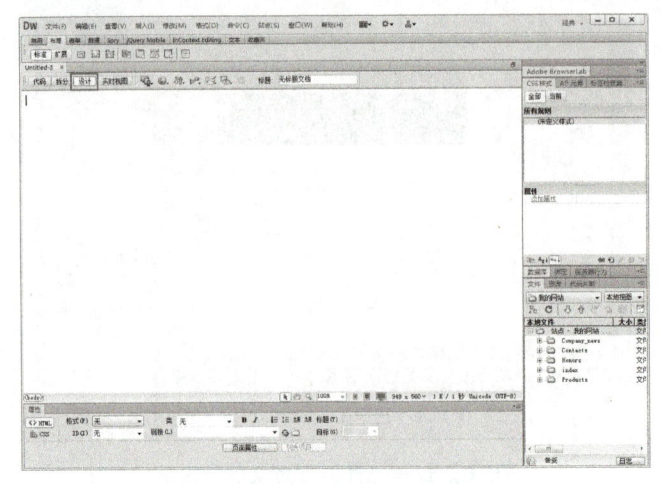

图 1-2-19　设计视图

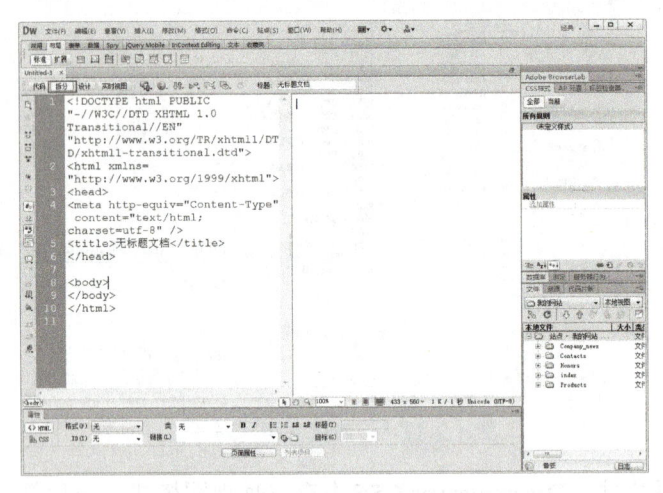

图 1-2-20　拆分视图

（3）在拆分视图右边的设计窗口中，输入文字"这是我的第一个网页！"，如图 1-2-21 所示。

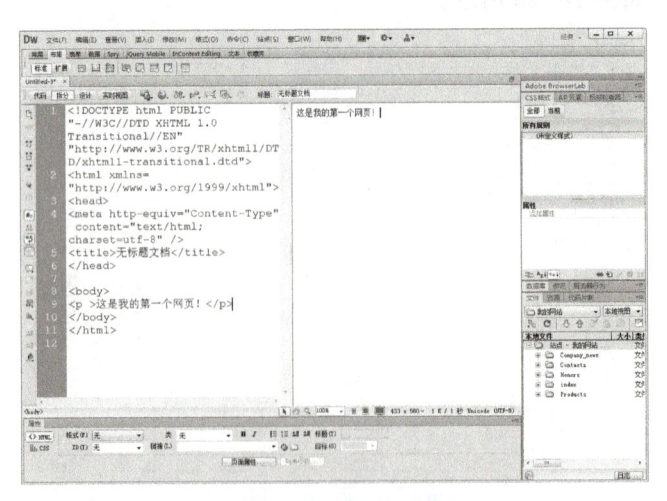

图 1-2-21　编写网页文本

（4）单击"文件"菜单中的"保存"选项（注意：熟练后可直接使用快捷组合键 Ctrl+S，更快、更方便），如图 1-2-22 所示。将新建的网页文件保存到 mySite 根目录的 index 文件夹中，如图 1-2-23 所示，以文件名"index"进行保存。

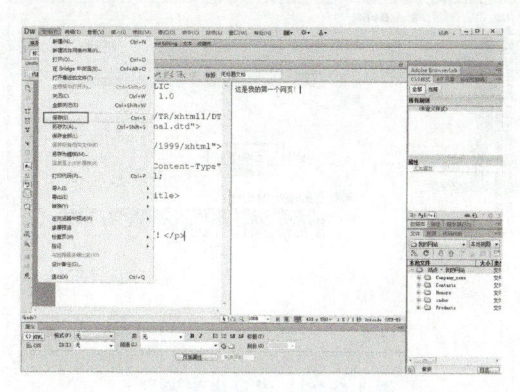

图 1-2-22　保存网页

图 1-2-23　保存 index 文件

（5）进行网页的预览，单击 图标，如图 1-2-24 所示。如果计算机安装了多个浏览器，可以选择在指定浏览器中进行网页效果展示，也可以直接按 F12 键快速预览网页效果（注意，快捷键打开的是主浏览器）。

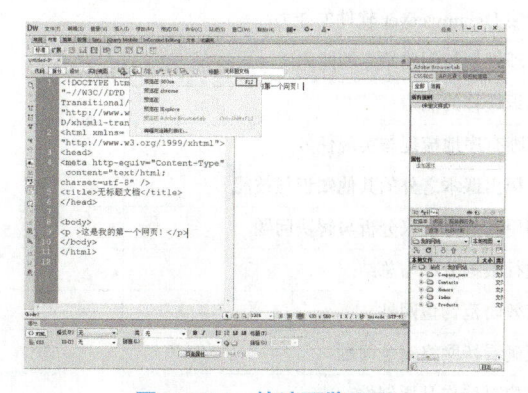

图 1-2-24　快速预览网页

（6）主浏览器的设置。选择"编辑浏览器列表"选项，打开"首选参数"对话框，设置主浏览器，如图 1-2-25 所示。

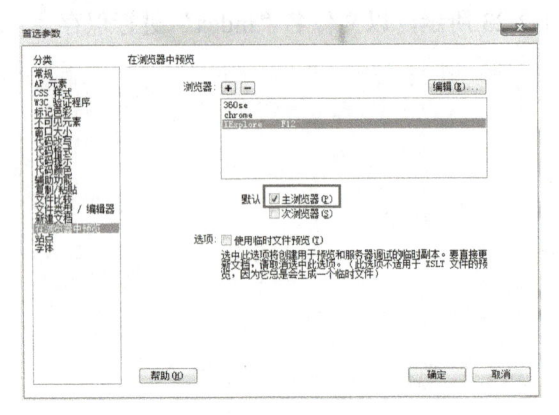

图 1-2-25　设置主浏览器

（7）index 网页在 chorme 浏览器中的预览效果，如图 1-2-26 所示。。

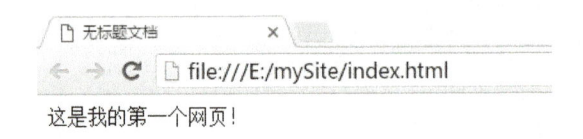

图 1-2-26　网页预览效果

任务评价

评价项目	评价内容	评价等级				
		优	良	中	较差	差
知识评价	了解有关 Dreamweaver 软件的安装与工作环境的基本知识					
	能够掌握站点创建的方法及基本操作					
	能够创建一个简单的 HTML 网页					
能力评价	具有安装 Dreamweaver 软件的能力					
	具备合理规划与创建站点的能力					
	具有知识迁移的能力					
创新素质评价	能够清晰有序地梳理与实现任务					
	能够挖掘出课本之外的其他知识与技能					
	能够利用其他方法来分析与解决问题					
	能够进行数据分析与总结					
思政评价	能够有效防范钓鱼网站					
	能够正确看待网络安全问题					
	能够诚信对待作品原创性					

项目一　走进网页设计

续表

评价项目	评价内容	评价等级				
		优	良	中	较差	差
课后建议及反思						

课后提升

站点地图

　　站点地图是一个网站所有链接的容器。很多网站的连接层次比较深，爬虫很难抓取到，站点地图可以方便爬虫抓取网站页面。网站地图一般存放在根目录下并命名为 sitemap，为爬虫指路，增加网站重要内容页面被收录的概率。站点地图是根据网站的结构、框架、内容，生成的导航网页文件。站点地图有利于提升用户体验，为网站访问者指明方向，并帮助迷失的访问者找到他们想看的页面。

　　用户使用最多的网站地图文件是向搜索引擎提交网站的网址列表。如百度在站长工具中，可以把自己网站的 sitemap.xml 的网站地图 URL 提交上去，这样百度的蜘蛛就可以定期更新网站 URL 了。当然站点地图是网站的全部页面的 URL 列表，因此网站管理员需要定期更新站点地图中的 URL 列表，以便于搜索引擎更快发现网站中的新页面。

> **学以致用**
>
> 请同学们找一找，网站站点地图工具有哪些？
> _____
> _____

任务三　HTML 基础

课前自学

一、HTML

　　HTML 是 Hyper Text Markup Language 的缩写，中文名称为超文本标记语言。超文本

41

标记语言是万维网（Web）编程的基础，也就是说，万维网是建立在超文本标记语言基础之上的。

当用户打开一个网页，通过浏览器查看这个网页的源代码时，看到的一系列代码，就是 HTML 语言，如图 1-3-1 所示。HTML 通过标签符号来标记要显示的网页内容，并在浏览器翻译网页文件时，根据不同的标签来解释和显示标签的内容，这样访问者才能在浏览器中看到美观的网页。

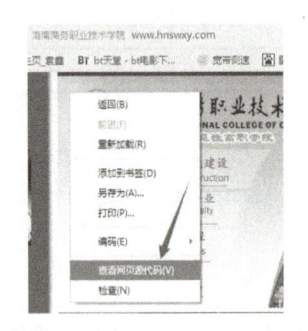

图 1-3-1　查看网页源代码

二、XHTML

XHTML 是 The Extensible HyperText Markup Language 的缩写，中文名称为可扩展超文本标记语言。XHTML 的表现方式与 HTML 基本相同，但有一些细微的差别：XHTML 相对 HTML 在语法上要求更加严格，是一种加强版的 HTML。此处不做过多解释，两者之间的区别将在后文进行详细介绍。

三、HTML 标签、元素和属性

HTML 标签、元素与属性

HTML 文档是由 HTML 元素定义的，实际上，编写 HTML 文档就是编写各种 HTML 标签及设计它们的属性。

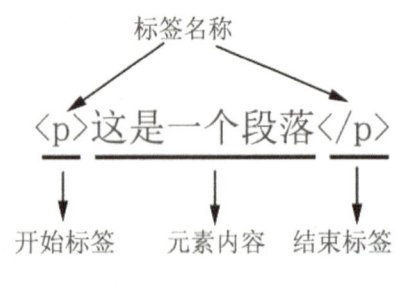

图 1-3-2　标签

1. 标签

HTML 的标签由一对尖括号"< >"及标签名组成，如 <p> 段落标签，p 为标签名。标签分为"开始标签"与"结束标签"两种，如图 1-3-2 所示，其中 <p> 为段落标签的开始标签，</p> 为段落标签的结束标签。

2. 元素

HTML 文档是由各种 HTML 元素组成的。HTML 元素以开始标签起始，以结束标签终止，元素的内容是开始标签与结束标签之间的内容，如图 1-3-2 所示。

按照有无元素内容来分，HTML 元素可以分为有内容元素和空元素，其中有内容元素是指元素内容不为空的元素，如 <p>、<body>、<html> 等。元素内容为空的元素，称为空元素，空元素没有明显的结束标签，在开始标签中进行关闭（以开始标签的结束而结束），如 <hr />、
、<img /> 等。

例如：

```
<body>
<h2>html5 的概念 </h2><!-- 该 h2 元素为有内容的元素 -->
<hr /><!-- 该 hr 元素为空元素 -->
<p> 万维网的核心语言、标准通用标记语言下的一个应用超文本标记语言（HTML）的第五次重大修改。</p><!-- 该 p 元素为有内容的元素 -->
</body>
```

按照元素是否换行来分，HTML 元素可以分为块级元素和内联元素。

每个块级元素都会从一个新行开始显示，常见的块级元素有段落 p，标题 hn，列表 ul，表格 table、div、body，水平线 hr 等，如图 1-3-3 所示。

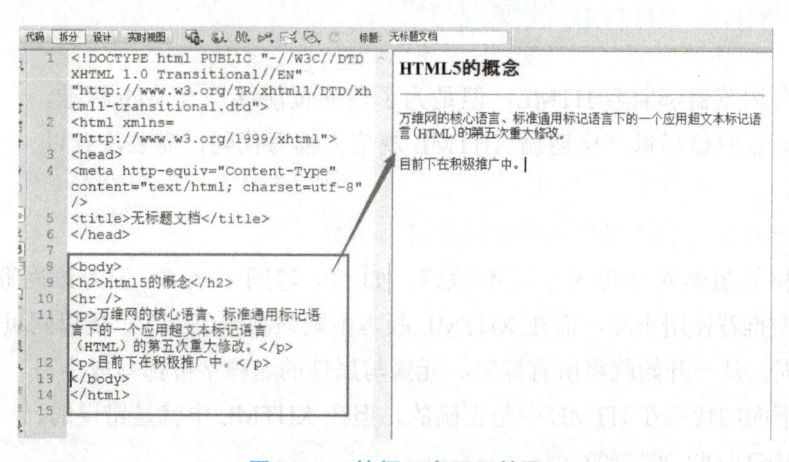

图 1-3-3　块级元素显示效果

内联元素间不会换行，每个内联元素都是紧跟着前面一个元素显示的，内联元素也称为行内元素。常见的内联元素有图像 img，超链接 a、span，粗体 strong，斜体 em 等，如图 1-3-4 所示。

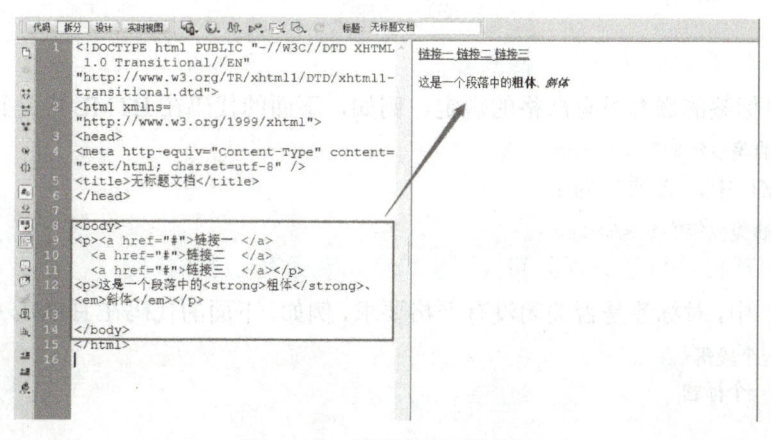

图 1-3-4　内联元素显示效果

3. 属性

HTML 标签可以拥有属性，属性提供了有关 HTML 元素更多的信息。属性总是以名称/值对的形式出现，格式为 name="value"（属性名＝属性值），属性总是在 HTML 元素的开始标签中进行规定。例如：

```
<body bgcolor="#FF6600">
<h2 align="center">html5 的概念 </h2>
<hr   color="#FF00FF"/>
<p align="right"> 万维网的核心语言、标准通用标记语言下的一个应用超文本标记语言（HTML）的第五次重大修改。</p>
</body>
```

上述代码中，body 设置了 bgcolor 属性，表示背景颜色；h2 与 p 设置了 align 属性，表示对齐方式；hr 设置了属性 color，表示水平线的颜色。

四、HTML 与 XHTML 的区别

尽管所有浏览器都兼容 HTML，但是为了使网页能够符合 Web 标准，建议网页设计者应该尽量严格遵循 XHTML 规范来编写代码，需要注意以下几个方面。

1. 在 XHTML 中标签名称与属性名称必须小写

HTML 标签虽然对字母大小写不敏感，如 <P> 等同于 <p>，但万维网联盟（W3C）在 HTML 4 中推荐使用小写，而在 XHTML 版本中则强制使用小写，所以网页设计者要养成良好的习惯，从一开始就将所有标签、元素与属性的名称字母都写成小写。

例如，下面的代码在 HTML 中是正确的，但在 XHTML 中就是错误的。

```
<BODY BGCOLOR="#FFFF00">
<P> 这是一个段落 </P>
</BODY>
```

在 XHTML 中，必须写为：

```
<body bgcolor="#FFFF00">
<p> 这是一个段落 </p>
</body>
```

2. 在 XHTML 中标签必须严格嵌套

HTML 对标签的嵌套没有严格的规定，例如，下面的代码在 HTML 中是正确的。

```
<b><i> 加油美少年们！ </b></i>
```

在 XHTML 中，必须写为：

```
<b><i> 加油美少年们！ </i></b>
```

3. 在 XHTML 中标签必须关闭，即使是空元素标签也必须关闭

在 HTML 中，对标签是否关闭没有严格要求，例如，下面的代码在 HTML 中是正确的。

```
<p> 这是一个段落
<h1> 这是一个标题
<br>
<img src="img1.img">
```

而在 XHTML 中，无论是有内容元素还是空元素，标签都必须严格关闭，上面的代码应改为：

```
<p> 这是一个段落 </p>
<h1> 这是一个标题 </h1>
<br />
<img src="img1.img" />
```

4. 在 XHTML 中属性值用双引号括起来

在 HTML 中，属性可以不必使用双引号，例如：

```
<body bgcolor=#ffff00>
```

在 XHTML 中，必须写为：

```
<body bgcolor="#ffff00">
```

5. 在 XHTML 中属性值必须使用完整形式

在 HTML 中，一些属性经常使用简写方式设置属性值，例如：

```
<input checked >
```

在 XHTML 中，必须写为：

```
<input checked="checked" />
```

学以致用

请同学们打开一个网页，右击，在弹出的快捷菜单中选择"查看网页源代码"选项，在网页源代码中找出 5 个 HTML 元素，分析元素的类型，填写表 1-3-1。

表 1-3-1　HTML 元素类型分析

HTML 元素名称	按照有无元素内容来分		按照是否换行来分		代表的意义
	有内容元素	空元素	块级元素	内联元素	

自学自测

一、单项选择题

1. 以下关于 XHTML 规范说法不正确的是（　　）。
   A．XHTML 元素必须被关闭　　　　B．用 id 属性代替 name 属性
   C．标签名必须用小写字母　　　　　D．空标签可以不关闭

2. 下列标签属于 XHTML 规范标签的是（　　）。
   A．<div><p> 我的网友 </div></p>　　B．<IMG SRC=image/logo.jpg>
   C．<H1> 随想 </H1>　　　　　　　　D．<li> 这是一条信息 </li>

3. 关于块状元素与行内元素，下列说法错误的是（　　）。

A．块状元素的宽度默认为整个浏览器的宽度

B．行内元素的宽度由其内容宽度和 padding 值及 border 值决定

C．行内元素和块状元素可以用 diplay 属性的 block 值和 inline 值互相转换

D．块状元素成为浮动元素后将变为行内元素

4. 以下代码片断符合 XHTML1.0 标准的是（　　）。

A．<input type=text />

B．<input type="text" >

C．<input type="text" disabled />

D．<input type="text" disabled ="disabled"/>

5. 在下列标签中不属于块状标签的是（　　）。

A．
　　　　B．<p>　　　　C．<div>　　　　D．<a>

6. 在下列标签中，（　　）标签符合 XHTML 规范。

A．<h1>　　　　B．<p>　　　　C．
　　　　D．<hr>

7. 下列代码不符合 XHTML1.0 标准的是（　　）。

A．
　　　　　　　　　　　B．<p>你好！</p>

C．<div></div>　　　　　　　　D．<body></body>

二、简答题

1. 简要描述内联元素和块级元素的区别。

2. 什么是 HTML？HTML 与 XHTM 的主要区别是什么？

3. 什么是 HTML 元素？HTML 元素有哪两种分类形式？你能详细介绍这两种分类形式吗？

课中任务

任务导入

小明成功地安装了 Dreamweaver CS6 软件，创建了本地站点，生成了第一个网页文件。看到浏览器中显示出来的网页效果，小明高兴之余，想起在创建网页过程中在代码视图里看到的 <head><body> 等代码，他一个都不认识，那些代码是什么意思呢？

任务描述

本任务利用图片"html5logo.jpg"，并添加文字信息，制作如图 1-3-5 所示的网页效果，以文件名"htmlExample.html"进行保存。

项目一　走进网页设计

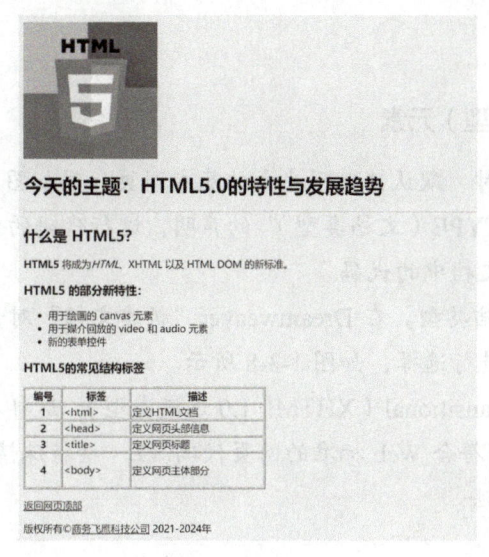

图 1-3-5　网页预览效果

HTML 网页效果

思政园地 1-3　提高用户对网络安全的认识水平

任务实施

一、创建站点

（1）在本地计算机 E 盘创建 mySite 文件夹，里面包括 images 与 others 两个文件夹，images 文件夹用来保存图片素材，others 文件夹用来保存除图片之外的其他素材，如音频、视频文件等。

（2）启动 Dreamweaver CS6，执行"站点"—"新建站点"命令，打开"站点设置对象"对话框。

（3）在此对话框左侧列表中选择"站点"选项，并在右侧"站点名称"文本框中输入"我的学习网站"，然后单击"本地站点文件夹"右边的图标，为本地站点文件夹选择存储路径，如图 1-3-6 所示。最后，单击"保存"按钮，完成本地站点的创建。

（4）将所需图片素材复制到站点的 images 文件夹中，除图片外的其他素材复制到 others 文件夹中，如图 1-3-7 所示。

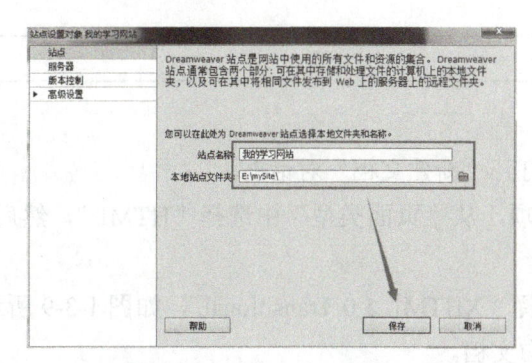

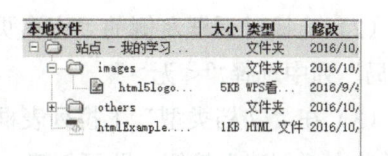

图 1-3-6　创建本地站点　　　　图 1-3-7　创建文件夹内容

47

二、创建空白文档

> **知识加油站** DOCTYPE（文档类型）元素
>
> 在 Dreamweaver 中新建一个网页文档时，默认情况下生成的基本网页代码如图 1-3-10 所示，可以看到最上面有 1 行关于"DOCTYPE（文档类型）"的声明，这行代码的作用就是告诉浏览器，使用哪种规范来解释这个文档中的代码。
>
> 网页设计者可以在新建文档时选择文档类型。在 Dreamweaver "新建文档"对话框的右下角有一个文档类型下拉框，可以对比进行选择，如图 1-3-8 所示。
>
> 注意：初学者建议使用 XHTML 1.0 Transitional（XHTML 1.0 过渡类型），这样在编写网页代码时，可以按照 XHTML 的标准书写符合 Web 标准的网页代码，在一些特殊情况下，也可以使用 HTML 传统的不那么严谨的写法。

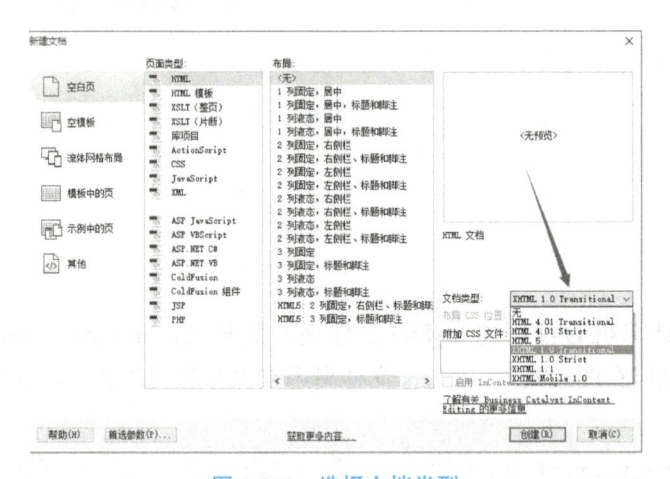

图 1-3-8　选择文档类型

学以致用

请同学们打开一个网页，查看网页源代码，找出其中的 DOCTYPE 元素，仔细观察并分析该元素的位置与属性内容。

_____

_____

（1）执行"文件"—"新建"命令，打开"新建文档"对话框。

（2）选择对话框左侧的"空白页"选项，从"页面类型"中选择"HTML"，然后在"布局"列中选择"＜无＞"。

（3）在"文档类型"下拉列表框中选择"XHTML 1.0 Transitional"，如图 1-3-9 所示。最后单击"创建"按钮，即可创建一个空白文档。

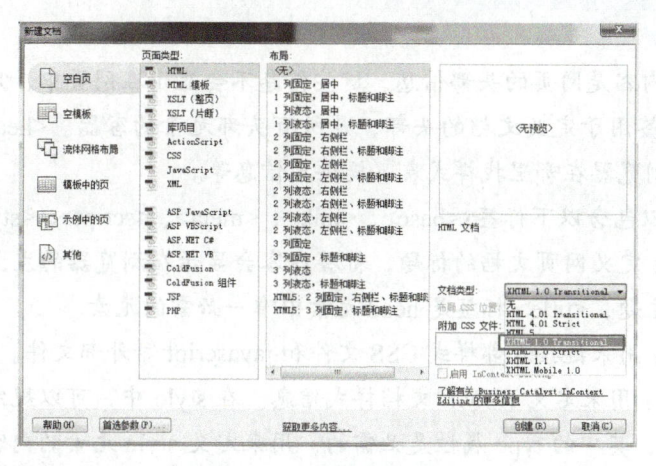

图 1-3-9　设置文档类型

（4）将该网页保存在根目录下，并重命名为"htmlExample.html"，如图 1-3-10 所示。

图 1-3-10　创建空白网页

三、为网页添加头部信息

> **知识加油站**　网页基本结构元素
>
> 常见的 HTML 网页结构元素

HTML 网页中基本结构元素有 3 个，分别是 html 元素、head 元素和 body 元素。这些元素一定出现在每个网页上，且仅出现一次。

1. html 元素

<html> 与 </html> 标签决定网页文档的开始点和结束点，是网页文件最外围的一对标签，其作用是告诉浏览器整个文件是 HTML 格式。

```
<html>
<head>
这里是网页文档的头部 ...
    ...
</head>
<body>
这里是网页文档的主体 ...
    ...
</body>
</html>
```

2. head 元素

head 元素的内容是网页的头部信息，这些信息不会显示在网页中，只是给浏览器提供信息。<head> 标签用于定义文档的头部，是所有头部元素的容器。<head> 中的元素可以引用脚本、指示浏览器在哪里找样式表、提供元信息等。

head 元素可以包含以下标签：<base>、<link>、<meta>、<script>、<style> 及 <title> 等。

<title> 标签：定义网页文档的标题，标签内容会显示在浏览器的左上角，其目的是告知访问者网页的主题，<title> 标签是 head 元素中唯一必需的元素。

<link> 标签：用来链接外部样式 CSS 文件和 javascript 等外部文件。

<style> 标签：用来定义 HTML 文档样式信息。在 style 中，可以规定在浏览器中如何呈现 HTML 文档，其中的 type 属性是必需的，用来定义 style 元素的内容。唯一可能的值是 "text/css"。

<script> 标签：用来定义客户端脚本，如 javaScript，script 元素既可以包含脚本语句，也可以通过 src 属性指向外部脚本文件。

<meta> 标签：用来描述一个 HTML 网页文档的属性，如作者、日期和时间、网页描述、关键词、页面刷新等。

<base> 标签：用来为页面上的所有链接规定默认地址或默认目标。

注意：以上 6 个元素中只有 title 元素是必须出现的，其他元素可根据实际需求来使用。

3. body 元素

body 元素用来定义文档的主体。body 元素包含文档的所有内容，如文本、超链接、图像、表格和列表等。body 元素是用在网页中的一种 HTML 元素，表示网页的主体部分，也就是用户可以看到的内容，可以包含文本、图片、音频、视频等各种内容。

body 元素中常用的属性有 bgcolor（背景颜色）、background（背景图像）等。不过现在的 Web 标准不建议使用背景属性，建议使用 CSS 样式进行背景样式的定义，详见项目三任务一。

例如：

```
<!DOCTYPE html PUBLIC "-//W3C//DTD XHTML 1.0 Transitional//EN" "http://www.w3.org/TR/xhtml1/DTD/xhtml1-transitional.dtd">
<html xmlns="http://www.w3.org/1999/xhtml">
<head>
<meta http-equiv="Content-Type" content="text/html; charset=utf-8" />
<title>今天的主题：HTML5.0</title>
<meta name="keywords" content="HTML，HTML5，HTML5.0，超文本标记语言" />
<meta name="description" content="HTML5 是下一代的 HTML，HTML5 将成为 HTML、XHTML 以及 HTML DOM 的新标准。" />
<meta http-equiv="refresh" content="10" />
</head>
<body bgcolor="#FFFFFF">
这里保存网页的各种内容信息！
</body>
</html>
```

以上就是一个基本的网页结构，<html></html> 是 DOCTYPE 元素，里面包含两个元素，一个是网页头部元素 head，另一个是网页主体元素 body。

> **学以致用**
>
> 请同学们打开一个网页，查看网页源代码，找出其中的结构元素，并仔细观察每个结构元素的位置、出现次数与属性内容。
>
> _____
>
> _____

（1）设置网页标题。在图 1-3-11 所示的位置添加网页标题。

图 1-3-11　设置网页标题

代码视图中自动生成如下代码。

```
<head>
<title>今天的主题：HTML5.0</title>
</head>
```

（2）设置网页关键词。将光标返回到设计视图，选择"插入"—"HTML"—"文件头标签"—"关键字"选项，如图 1-3-12 所示。为网页添加关键字，每个关键字以逗号分隔，如图 1-3-13 所示。

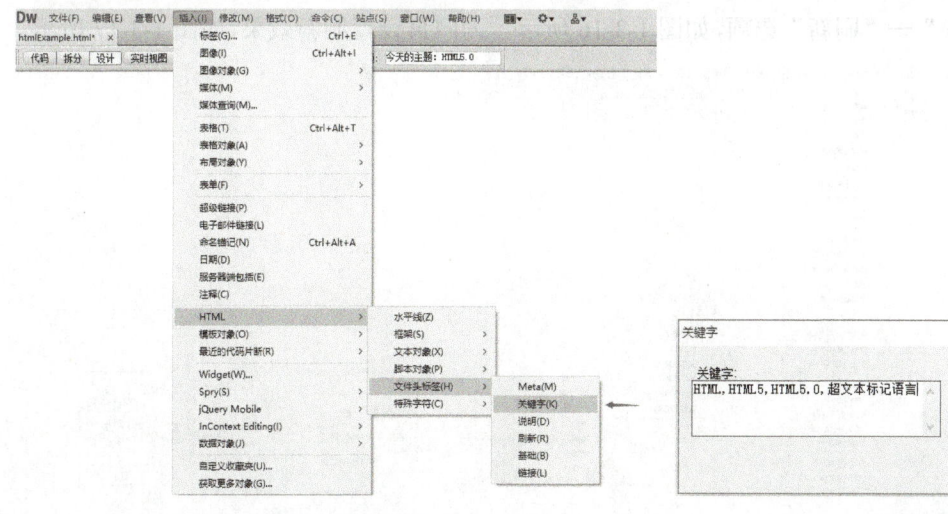

图 1-3-12　选择"关键字"选项　　　　图 1-3-13　设置关键字内容

代码视图中自动生成如下代码。

```
<head>
<title>今天的主题：HTML5.0</title>
<meta name="keywords" content="HTML，HTML5，HTML5.0，超文本标记语言 "/>
</head>
```

（3）给网页添加描述信息。将光标返回到设计视图，选择"插入"—"HTML"—"文件头标签"—"说明"选项，如图1-3-14所示。为网页添加描述信息，如图1-3-15所示。代码视图中自动生成如下代码。

```
<head>
<title>今天的主题：HTML5.0</title>
<meta name="keywords" content="HTML，HTML5，HTML5.0，超文本标记语言 "/>
<meta name="description" content="HTML5是下一代的HTML，HTML5将成为HTML、XHTML以及HTML DOM的新标准。"/>
</head>
```

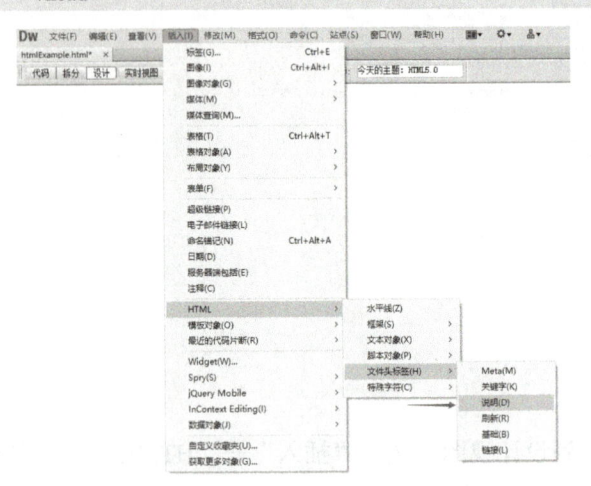

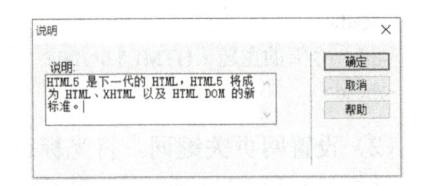

图 1-3-14　选择"说明"选项　　　　　图 1-3-15　设置网页描述信息

（4）设置每10秒钟刷新一次网页。将光标返回到设计视图，选择"插入"—"HTML"—"文件头标签"—"刷新"选项，如图1-3-16所示。为网页设置刷新效果，如图1-3-17所示。

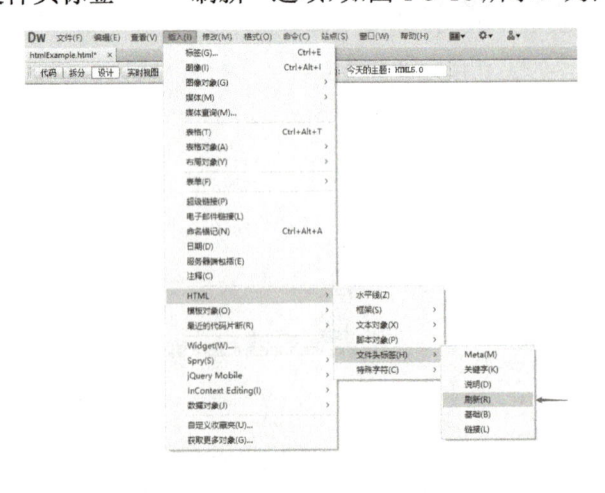

图 1-3-16　选择"刷新"选项　　　　　图 1-3-17　设置刷新效果

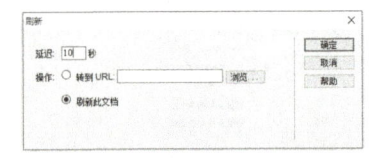

项目一　走进网页设计

代码视图中自动生成如下代码。

```
<head>
<title>今天的主题：HTML5.0</title>
<meta name="keywords" content="HTML，HTML5，HTML5.0，超文本标记语言 " />
<meta name="description" content="HTML5 是下一代的 HTML，HTML5 将成为 HTML、XHTML 以及 HTML DOM 的新标准。" />
<meta http-equiv="refresh"content="10" />
</head>
```

（5）给网页添加背景色 #FFFF66。选择"窗口"菜单中"属性"选项，让属性面板显示在编辑区下方。通过勾选"属性"选项，可以实现属性面板的显示与隐藏效果，如图 1-3-18 所示

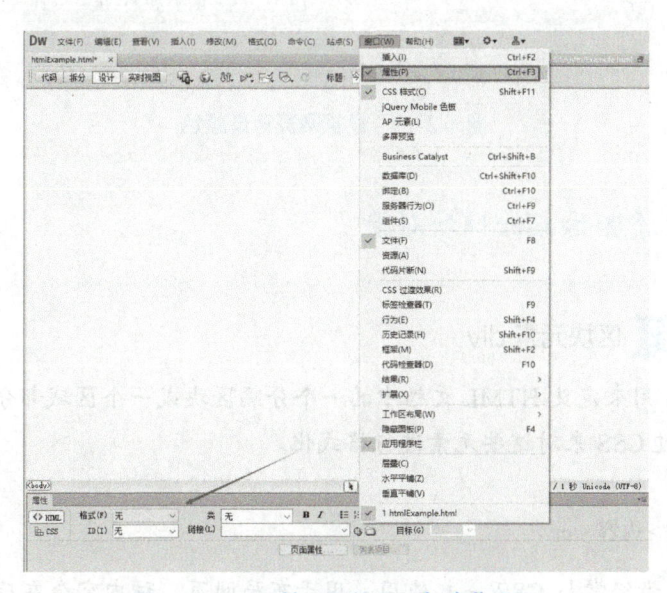

图 1-3-18　属性面板的显示与隐藏设置

然后单击属性面板上的"页面属性"按钮，弹出"页面属性"对话框，将其中的背景颜色设置为 #FFFF66，如图 1-3-19 所示。

代码视图中自动生成如下代码。

```
<head>
<meta http-equiv="Content-Type" content="text/html; charset=utf-8" />
<title>今天的主题：HTML5.0</title>
<meta name="keywords" content="HTML，HTML5，HTML5.0，超文本标记语言 " />
<meta name="description" content="HTML5 是下一代的 HTML，HTML5 将成为 HTML、XHTML 以及 HTML DOM 的新标准。" />
<meta http-equiv="refresh" content="10" />
<style type="text/css">
body {
    background-color: #FFFF66 ;
}
</style>
</head>
```

53

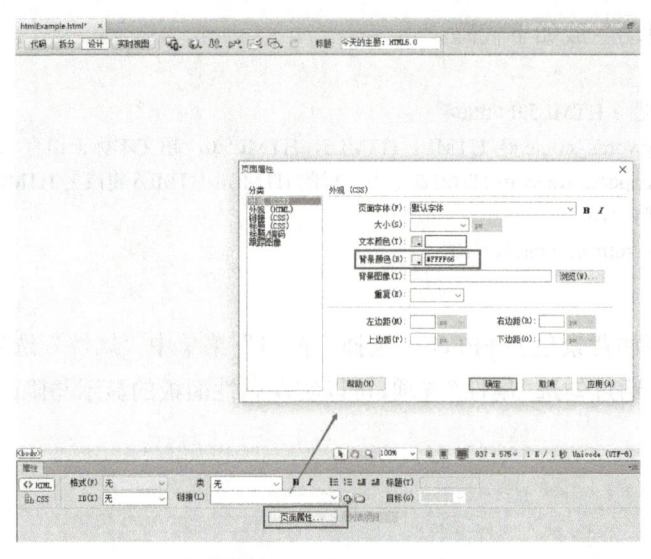

图 1-3-19　设置网页背景颜色

四、为网页添加 header 区块对象

知识加油站　**区块元素 div**

区块元素 div 用来定义 HTML 文档中的一个分隔区块或一个区域部分。常用于组合块级元素，以便通过 CSS 来对这些元素进行格式化。

基本语法：

\<div id="名称"\>内容\</div\>

注意：div 元素经常与 CSS 一起使用，用于布局网页，该内容会在后面的任务中经常使用。

在 Dreamweaver 软件中插入 div 元素，既可以直接在代码视图中输入代码，也可以通过选择"插入"菜单中"布局对象"下的"Div 标签"选项来实现，如图 1-3-20 所示。

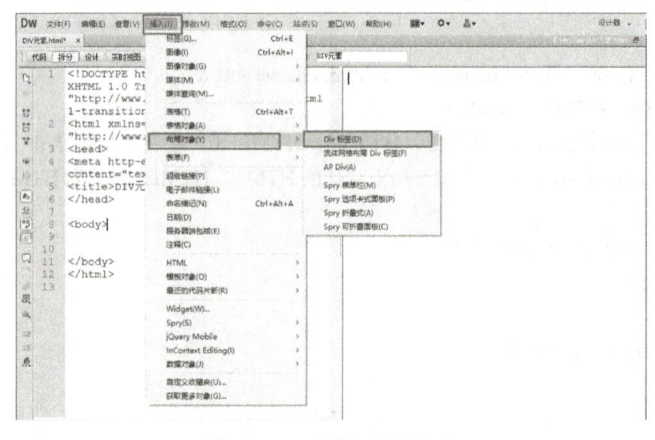

图 1-3-20　插入 div 元素

打开"插入 Div 标签"对话框,如果想创建一个能够被多次使用的 div 对象,就用"类"定义。如果只定义一个具有唯一意义且只能使用一次的 div 对象,就用"ID"定义。这里,在"类"文本框中输入"news",如图 1-3-21 所示。单击"确定"按钮,会自动生成如图 1-3-22 所示的代码及效果。接下来,在虚线框中输入你想要输入的内容,文字、图像、表格等元素都可以放在 div 中。

图 1-3-21 "插入 Div 标签"对话框   图 1-3-22 网页预览效果

(1)将光标返回到设计视图,选择"插入"菜单中"布局对象"下的"Div 标签"选项,在弹出的对话框中设置如图 1-3-23 所示的数。单击"确定"按钮后,即可添加名为"header"的区块对象。此时,利用拆分视图可查看当前网页代码与实时效果,如图 1-3-24 所示。

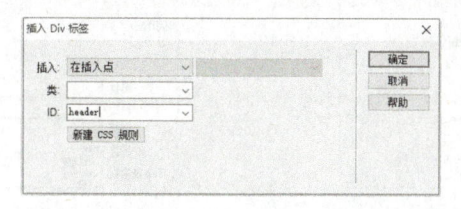

图 1-3-23 插入名为"header"的区块对象

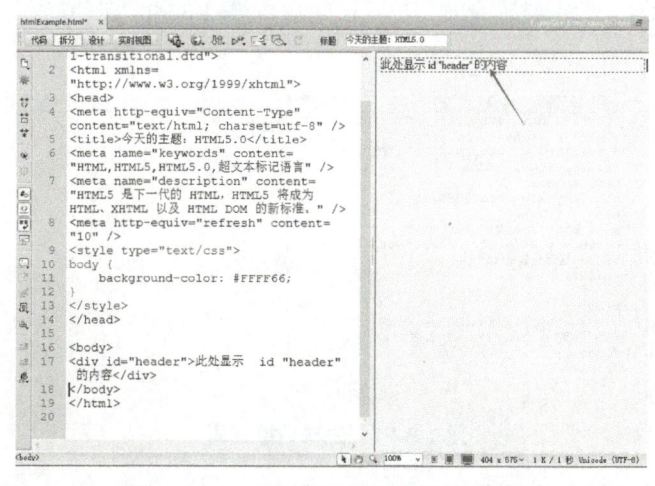

图 1-3-24 利用拆分视图查看实时效果

> **知识加油站**　链接元素 a

　　超链接可以是一个字，一个词，或者一组词，也可以是一幅图像，通过这些内容可以跳转到新的文档或当前文档的某个部分。

　　在 HTML 文档中，超链接由 <a> 标签进行定义，用于从一个页面链接到另一个页面。<a> 标签最重要的属性是 href 属性，它指示链接的目标地址。

HTML 链接元素 a

　　在 Dreamweaver 中实现链接可以通过两种方式，一种方式是直接在代码视图输入如下代码。

<a href=" 链接目标地址 "> 链接文字或者图像 </a>

　　另一种方式，可以选择"插入"菜单中的"超级链接"选项，如图 1-3-25 所示。在"超级链接"对话框中，有多个属性值可供填写，如图 1-3-26 所示。填写完相关信息后，单击"确定"按钮即可生成一个链接元素，如图 1-3-27 所示。

HTML 链接元素 a 的实例演示

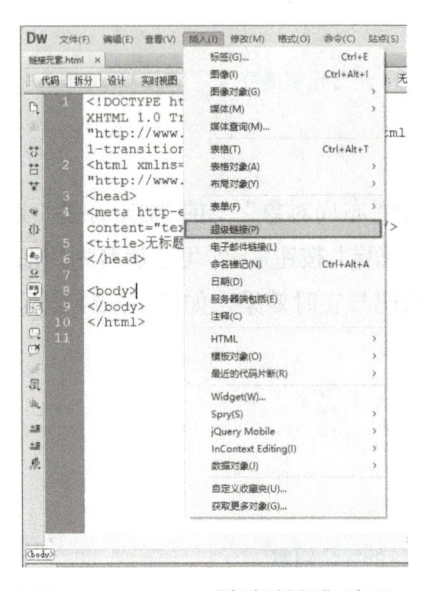

图 1-3-25　选择"超级链接"选项　　　　图 1-3-26　"超级链接"对话框

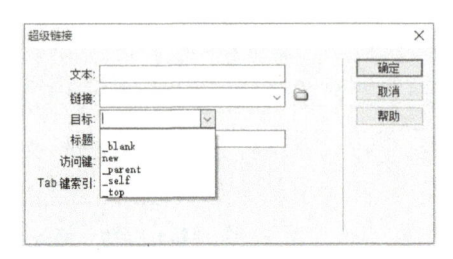

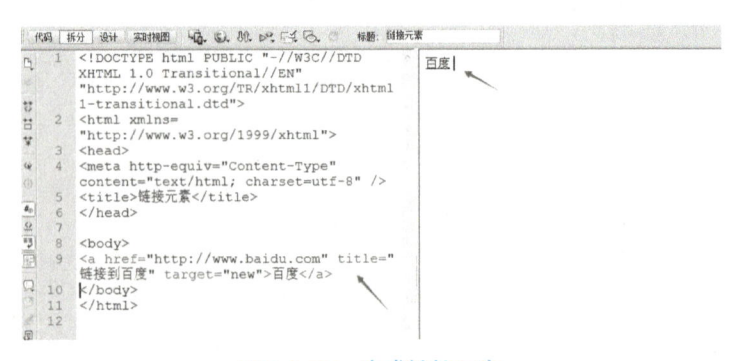

图 1-3-27　生成链接元素

　　"超级链接"对话框各属性意义如下。

"文本"：对应 <a></a> 中的链接内容，在此输入链接显示文本。

"链接"：对应 href 属性，在此输入本地链接目标地址或网络地址。

"目标"：对应 target 属性，在此输入目标框架名，也可以选择既有的五个选项之一，其中：_blank 表示在新窗口中打开被链接文档，用得最多；new 指定新的目标链接是否应该打开一个新窗口，或在一个现有的窗口打开新的选项卡；_parent 表示在父框架集中打开被链接文档；默认值为 _self，表示在相同的框架中打开被链接文档；_top 表示在整个窗口中打开被链接文档。

注意：_blank 与 news 的区别在于：target=new 始终在同一个新窗口，target=_blank 始终在不同的新窗口。

"标题"：对应 title 属性，在此输入链接的标题，鼠标指针移到链接上方时显示的文本。

在网页实际运用过程中，链接可以分为空链接、内部链接、外部链接、电子邮件链接、锚链接等形式。

● 空链接

空链接指的是链接目标地址为"#"，一般在设计者还没有确定链接目标时，可以使用空链接进行暂时替代。

● 内部链接

内部链接指的是链接目标地址为本地站点内的网页文件，每个网站都有很多内部链接，合理组织好内部链接能够给访问者带来良好的访问感受。

● 外部链接

外部链接指的是链接目标地址为本地站点外的网页文件，如百度 http://www.baidu.com 等。外部链接常见的方式是友情链接，可以单击相应链接进入其他网站。

以下代码为外部链接，单击"百度"文本会跳转到百度页面。

`<a href="http://www.baidu.com" title="百度" target="_blank">百度</a>`

注意：href 属性如果是外部链接，网址前面必须要加"http://"，不然访问不到目标地址。

● 电子邮件链接

电子邮件链接可以启动电子邮件程序书写邮件，并将其发送到指定地址。以下代码为电子邮件链接效果，单击链接文本会启动电子邮件程序进行邮件的书写与发送。

`<a href="mailto:yx@163.com">yx@163.com</a>`

也可以直接选择"插入"菜单中的"电子邮件链接"选项，在弹出的对话框中输入相应的参数值，实现电子邮件链接效果。

● 锚链接

锚链接的目标地址是文档中的命名锚记，利用这种链接，可以跳转到当前文档或其他文档的某一指定位置。

锚链接经常在长网页中使用，由于网页内容太多，需要快速返回页面顶部时，可以先在网页顶部放一个命名锚记，然后在需要返回的地方添加锚链接即可。

在网页中使用锚链接的步骤如下。

第一步：首先创建一个命名锚记，在"插入"菜单中选择"命名锚记（N）"选项，如图 1-3-28 所示。

在弹出的"命名锚记"对话框中设置锚记名称，如图 1-3-29 所示。

注意：命名锚记时不要使用中文。

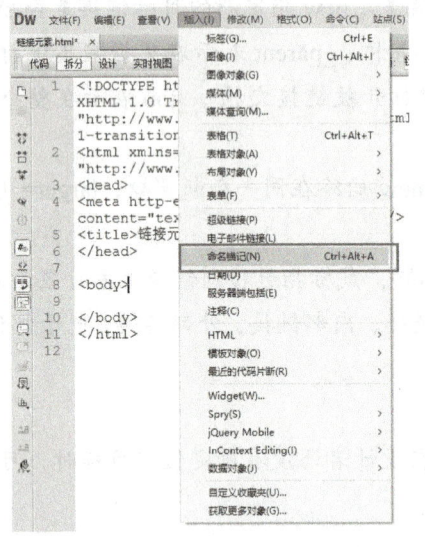

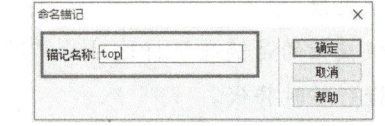

图 1-3-28　选择"命名锚记"选项　　　　　图 1-3-29　设置锚记名称

然后单击"确定"按钮，代码视图中自动生成如下代码。

`<a name="top" id="top"></a>`

命名锚记创建完成。

第二步：可以在属性栏"超级链接"对话框的"链接"属性框中输入"#top"，也可以直接使用如下代码实现锚链接：

`<a href="#top">返回顶部 </a>`

注意：锚链接中的 href 链接地址锚记名称前一定要加"#"，否则找不到命名锚记。

如果想要访问其他文档中的命名锚记，要以"文件名完整格式#命名锚记"的格式。例如要访问 page1.html 文件中的命名锚记 top，则可以通过以下代码来实现。

`<a href="page1.html#top">返回顶部 </a>`

学以致用

请同学们在 Dreamweaver 软件中新建一个网页，分别创建空链接、内部链接、外部链接与锚记链接，比较它们的相同与不同之处。

_____

_____

（2）删除 header 对象中的多条文字，将光标返回到设计视图，选择"插入"菜单中的"命名锚记"选项，在弹出的"命名锚记"对话框中，设置锚记名称为"top"。此时，利用拆分视图可查看当前网页代码与实时效果，如图 1-3-30 所示。

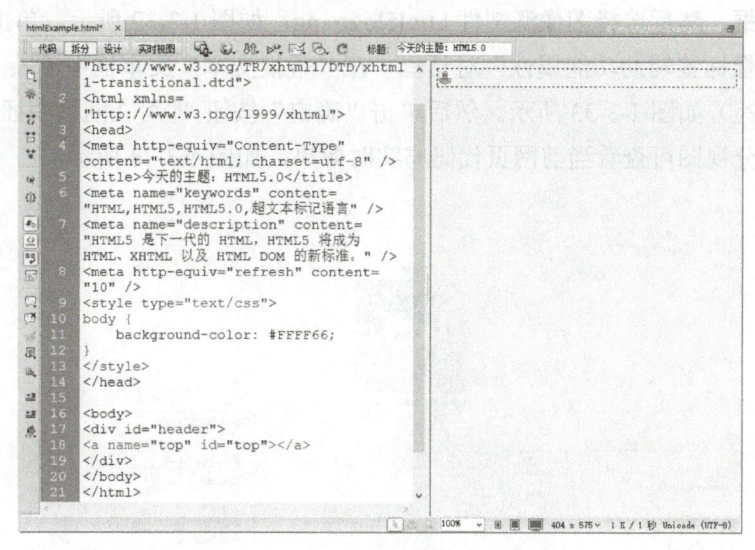

图 1-3-30　利用拆分视图查看实时效果

知识加油站　图像元素 img

img 元素是在网页中嵌入一幅图像。从技术上讲，<img> 标签并不会在网页中插入图像，而是从网页上链接图像。<img> 标签创建的是被引用图像的占位空间。

HTML 图像 img

<img> 标签有两个必需的属性：alt 属性和 src 属性。其中 alt 属性规定图像的替代文本，src 属性规定显示图像的地址。<img> 标签的基本语法如下所示。

<img src=" 图像文件的地址 " alt=" 替换的文本 " />

可以通过"插入"菜单的"鼠标经过图像"选项，实现两幅图像进行切换的效果，如图 1-3-31 所示。鼠标经过图像指的是，当光标悬停在一幅图像上时，会显示另一幅图像；而当鼠标移开时，又恢复为原有图像。

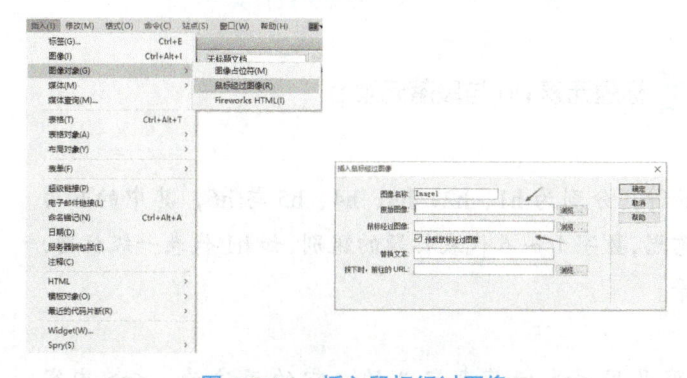

图 1-3-31　插入鼠标经过图像

（3）将光标返回到设计视图，选择"插入"菜单中的"图像"选项，打开"选择图像源文件"对话框，然后选择图像源文件 html5logo.jpg，如图 1-3-32 所示。单击"确定"按钮，打开"图像标签辅助功能属性"对话框，在"替换文本"文本框中输入"html5"（此项也可以不填写），如图 1-3-33 所示。然后单击"确定"按钮，即可在网页中插入图片元素。此时，利用拆分视图可查看当前网页代码与实时效果，如图 1-3-34 所示。

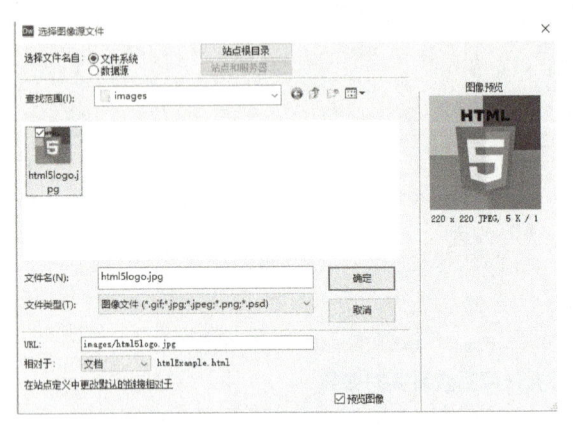

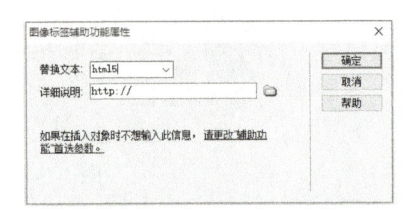

图 1-3-32　选择图像源文件　　　　图 1-3-33　设置图像标签辅助功能属性

图 1-3-34　利用拆分视图查看实时效果

知识加油站　标题元素 hn 与段落元素 p

1. 标题元素 hn

标题元素有 6 种，分别为 h1、h2、h3、h4、h5 与 h6，其中的 h 为 heading（标题）的意思，数字 1～6 代表标题的级别，如 h1 代表一级标题，h2 代表二级标题等。

2. 段落元素 p

网页中的段落是用 <p> 标签来定义的，它的语法为：<p> 内容 </p>，当需要在一个段落中进行换行时，可使用
 标签。

HTML 标题、段落、换行元素

注意：

（1）使用空的段落标签<p></p>插入一个空行是个坏习惯，建议使用
标签代替它。

（2）经常使用段落标签，可让文章有条理，段落上下分割清晰，同时也有利于搜索引擎优化（SEO）。

（3）段落标签可让每个段落之间生成一定距离，一个<p>标签等于使用两个
标签。

（4）将光标返回到设计视图，在图像后按回车键，另起一行，输入文字信息，并在属性面板中将文字格式设置为"标题1"，即可在网页中插入标题1，如图1-3-35所示。此时，利用拆分视图可查看当前网页代码与实时效果，如图1-3-36所示。

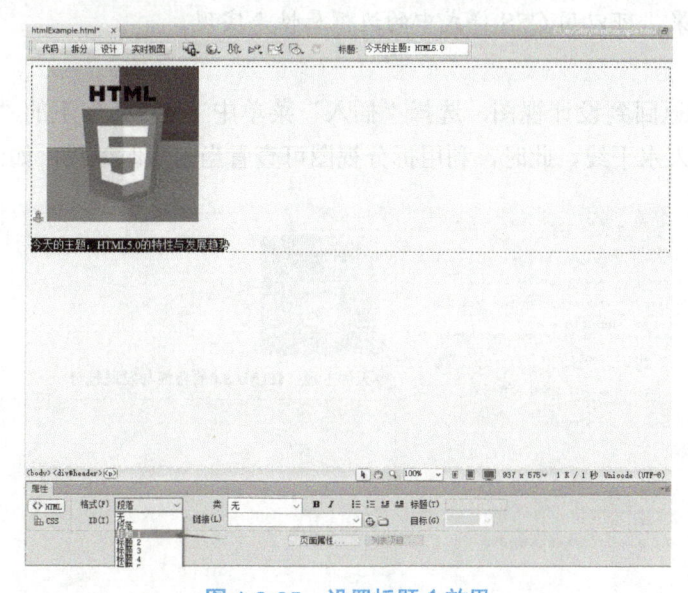

图 1-3-35　设置标题 1 效果

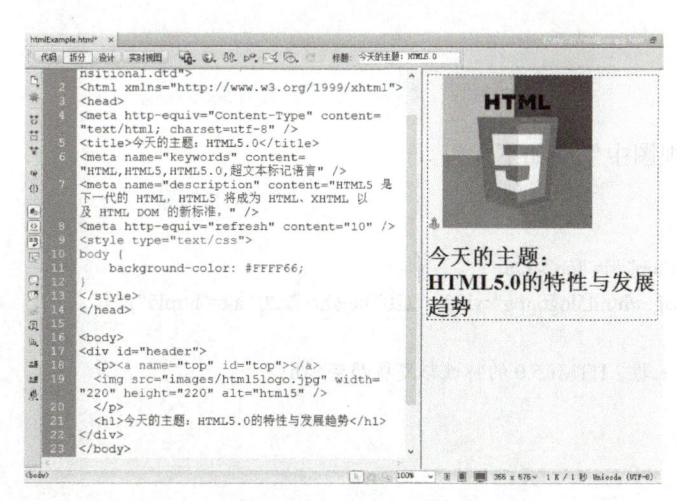

图 1-3-36　利用拆分视图查看实时效果

知识加油站　水平线元素 hr

<hr> 为水平线标签，用于在页面中插入一条水平标尺线，使页面看起来整齐明了。

基本语法如下所示。

<hr width=" 宽度 "　color=" 颜色 "　size=" 高度 "　align=" 对齐方式 " />

在 hr 元素中，水平线的宽度值可以是确定的像素值，也可以是窗口的百分比。水平线的宽度只能使用绝对的像素来定义。颜色 color 可以是十六进制的数值或颜色的英文名称。对齐方式可以有 3 种，包括 center、left 和 right，其中 center 的效果与默认效果相同。

注意：在 HTML5.0 以上的版本中，hr 元素呈现的所有属性均不建议使用，如果想要实现水平线的效果，可以用 CSS 样式中的边框属性来实现。

（5）将光标返回到设计视图，选择"插入"菜单中"HTML"下的"水平线"选项，即可在网页中插入水平线。此时，利用拆分视图可查看当前实时效果，如图 1-3-37 所示。

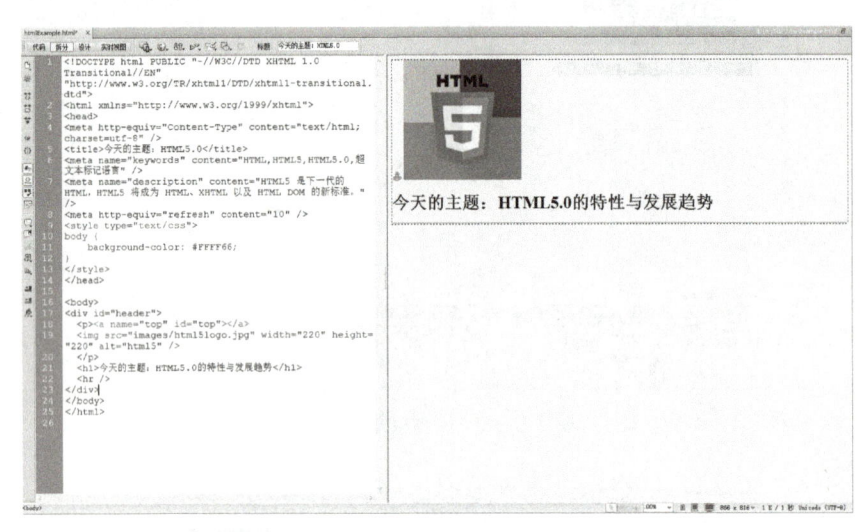

图 1-3-37　利用拆分视图查看实时效果

此时，代码视图中生成如下代码。

```
<body>
<div id="header">
  <p><a name="top" id="top"></a>
  <img src="images/html5logo.jpg" width="220" height="220" alt="html5" />
  </p>
  <h1>今天的主题：HTML5.0 的特性与发展趋势 </h1>
  <hr />
</div>
</body>
</html>
```

五、为网页添加 content 区块对象

（1）将光标返回到设计视图，选择"插入"菜单中"布局对象"下的"Div 标签"选项，在弹出的对话框中，选择"插入"下拉列表框中的"在标签之后"选项，并在后面标签下拉列表框中选择"<div id="header">"，在"ID"列表框中输入"content"，如图 1-3-38 所示。单击"确定"按钮，

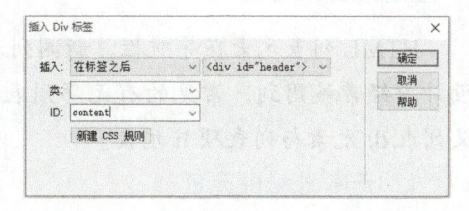

图 1-3-38 插入名为 content 的区块对象

即可在 header 对象后添加名为"content"的区块对象。此时，利用拆分视图可查看当前网页代码与实时效果，如图 1-3-39 所示。

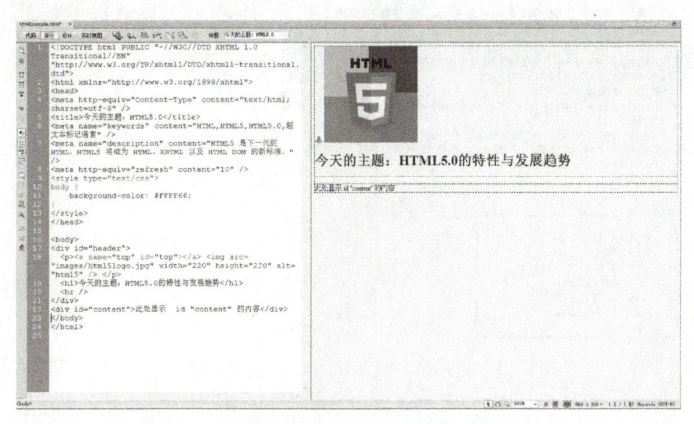

图 1-3-39 利用拆分视图查看实时效果

（2）删除 content 对象中的多余文字。将光标返回到设计视图，输入文字，利用属性面板上的相应选项设置标题 2、标题 3、段落、加粗、倾斜等效果，

图 1-3-40 属性面板

如图 1-3-40 所示。此时，利用拆分视图可查看当前网页代码与实时效果，如图 1-3-41 所示。

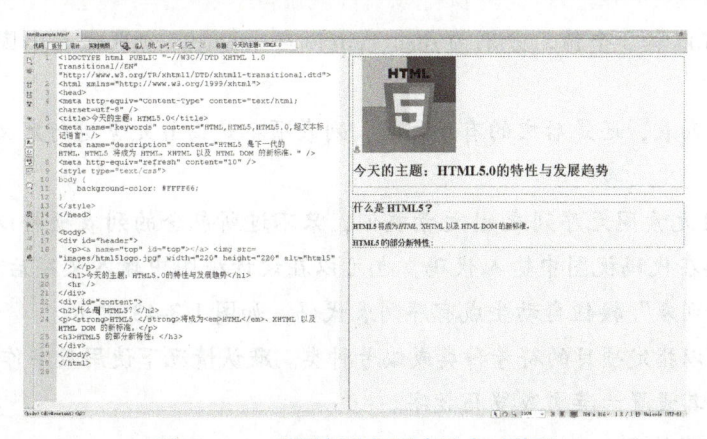

图 1-3-41 利用拆分视图查看实时效果

> **知识加油站** 列表元素 ul、ol、dl

HTML 列表元素在导航栏、新闻列表、菜单、文字排版等方面的网页设计中经常被用到，常见的有无序列表 ul 元素、有序列表 ol 元素、自定义列表 dl 元素与列表项 li 元素。

HTML 列表元素

1. 无序列表 ul 元素

无序列表 ul 元素所包含的列表项将以粗点方式显示，且没有特定的顺序。可以直接在代码视图中输入代码，也可以在设计视图中输入文字后，单击"属性"面板中的"项目列表"按钮自动生成无序列表代码，如图 1-3-42 所示。

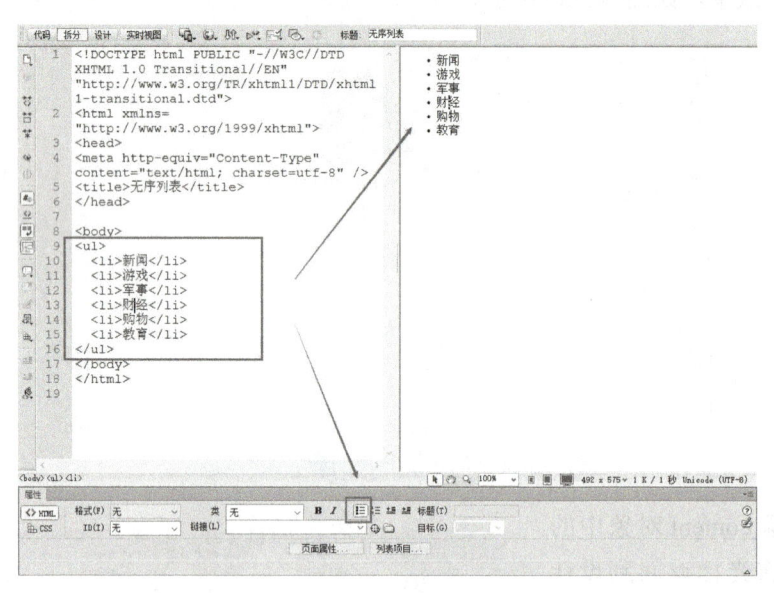

图 1-3-42　无序列表预览效果

无序列表在默认情况下使用"小圆点"作为列表的开始，type 属性可以将其设置为○或□。基本语法如下所示。

`<ul type=value> 列表内容 </ul>`

其中 type 可以取 3 个值，分别为 disc、circle 与 square，分别代表小圆点、空心圆与小正方形。

不管是无序列表，还是后文的有序列表，列表项都是由 li 元素进行定义的。

2. 有序列表 ol 元素

有序列表 ol 元素同无序列表 ul 元素类似，只不过所包含的列表项将以顺序数字方式显示。可以直接在代码视图中输入代码，也可以在设计视图中输入文字后，单击"属性"面板中的"编号列表"按钮自动生成有序列表代码，如图 1-3-43 所示。

有序列表可以指定项目的符号种类或编号种类。默认情况下使用数字作为列表的开始，type 属性可以将其设置为英文或罗马数字。

基本语法如下所示。

```
<ol type=value>…</ol>
```

其中 type 可以取 5 个值，取 "1" 时代表数字 1、2、3…，取 "a" 时代表小写字母 a、b、c 等，取 "A" 时代表大写字母 A、B、C 等，取 "i" 时代表小写罗马数字 i、ii、iii 等，取 "I" 时代表大写罗马数字Ⅰ、Ⅱ、Ⅲ等。

默认情况下有序列表从 1 开始计数，可以通过 start 属性来调整这个值。

基本语法如下所示。

```
<ol start=value>…</ol>
```

start 属性定义列表从哪个符号开始，value 值始终给出具体的值，且始终以数字形式给出。

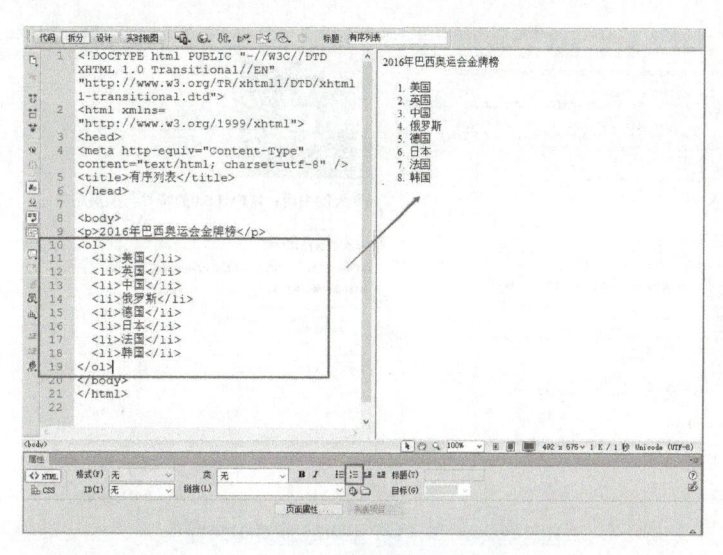

图 1-3-43　有序列表预览效果

3. 自定义列表 dl 元素

自定义列表不仅仅是一列项目，还是项目及其注释的组合。自定义列表以 <dl> 标签开始，每个自定义列表项以 <dt> 标签开始，每个注释以 <dd> 标签开始，如图 1-3-44 所示。其中 <dt> 是标题，<dd> 是内容，<dl> 是承载它们的容器。

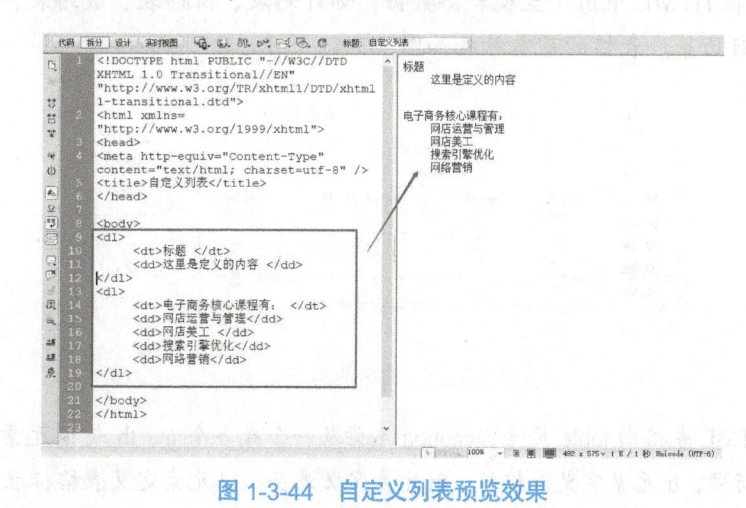

图 1-3-44　自定义列表预览效果

（3）将光标返回到设计视图，按回车键换行，输入相应文字并选中，单击属性面板上的"项目列表"按钮，将其设置为无序列表，如图 1-3-45 所示。此时，利用拆分视图可查看当前网页代码与实时效果，如图 1-3-46 所示。

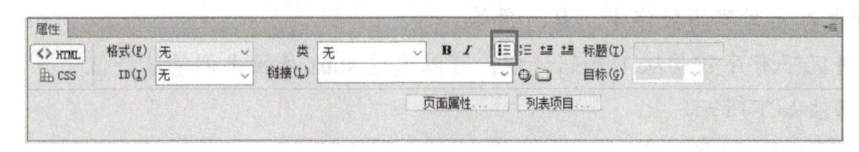

图 1-3-45　设置项目列表

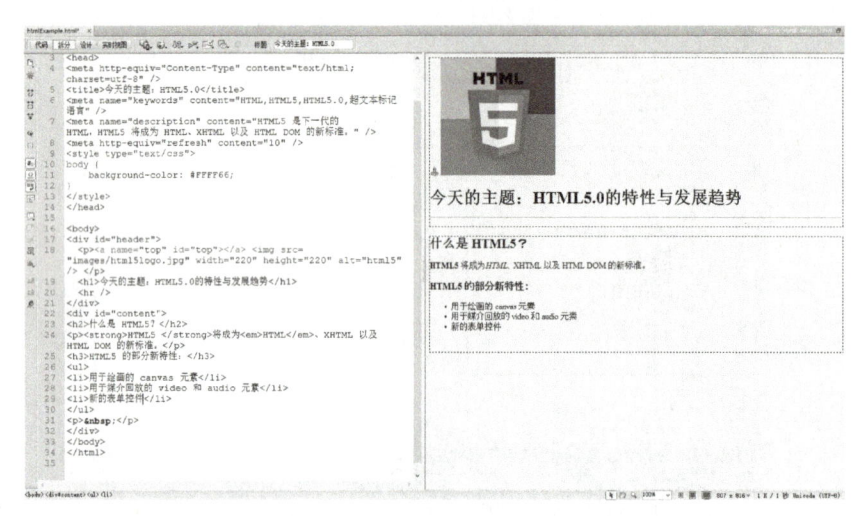

图 1-3-46　利用拆分视图查看实时效果

（4）将光标返回到设计视图，按回车键换行，输入相应文字，并设置为标题 3 格式。

知识加油站　表格元素 table

table 元素在 HTML 中用于呈现表格数据，如计划表、价格表、成绩表、员工信息表、财务数据表和日历等。表格的基本结构如图 1-3-47 所示。

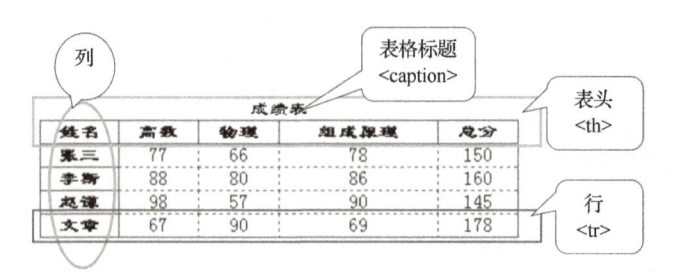

HTML 表格元素

图 1-3-47　表格的基本结构

简单的 HTML 表格由 table 元素、caption 元素及一个或多个 tr、th 或 td 元素组成。caption 元素定义表格标题，tr 元素定义表格行，th 元素定义表头，td 元素定义表格标准单元格。

（5）如图 1-3-48 所示，选择"插入"菜单中的"表格"选项。在弹出的对话框中设置表格属性，如行数、列、表格宽度、边框粗细等属性，有四种标题模式，分别为"无"、"左"、"顶部"与"两者"，在此选择第四种"两者"，则左边与顶部均为表格标题。辅助功能中有标题与摘要，可以选填，如图 1-3-49 所示。

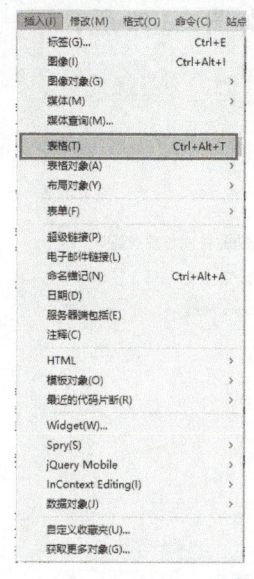

图 1-3-48　选择"表格"选项　　　　图 1-3-49　设置表格属性

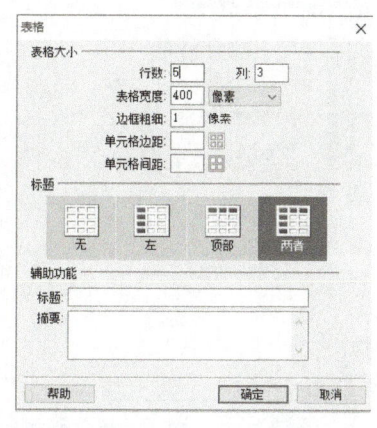

（6）在表格的各个单元格中输入相应文字信息，此时，利用拆分视图可查看当前网页代码与实时效果，如图 1-3-50 所示。

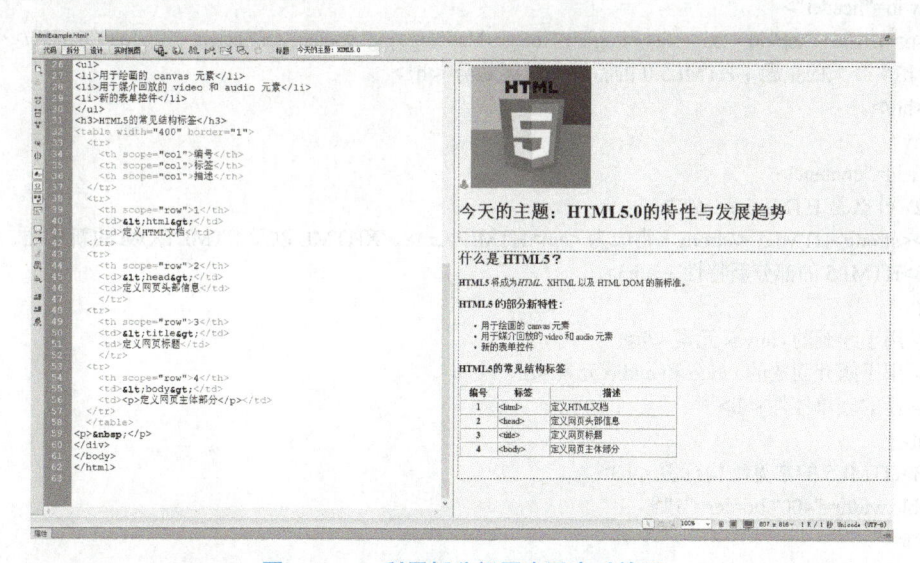

图 1-3-50　利用拆分视图查看实时效果

（7）将光标返回到设计视图，按回车键换行，输入相应文字"返回网页顶部"并选中，在属性面板中的"链接"文本框中添加"#top"，其中 top 是在 header 对象中创建的命名锚记，如图 1-3-51 所示。

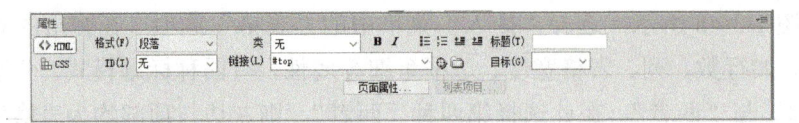

图 1-3-51　属性面板

（8）利用拆分视图可查看当前网页代码与实时效果，如图 1-3-52 所示。

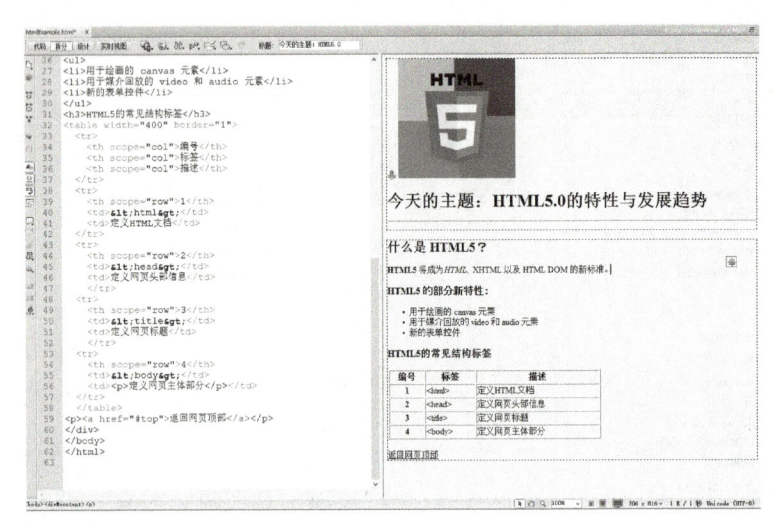

图 1-3-52　利用拆分视图查看实时效果

此时，代码视图中生成如下代码。

```
<body>
<div id="header">
  <p><a name="top" id="top"></a><img src="images/html5logo.jpg" width="220" height="220" alt="html5" /></p>
  <h1> 今天的主题：HTML5.0 的特性与发展趋势 </h1>
  <hr />
</div>
<div id="content">
<h2> 什么是 HTML5？ </h2>
<p><strong>HTML5 </strong>将成为 <em>HTML</em>、XHTML 以及 HTML DOM 的新标准。</p>
<h3>HTML5 的部分新特性：</h3>
<ul>
<li> 用于绘画的 canvas 元素 </li>
<li> 用于媒介回放的 video 和 audio 元素 </li>
<li> 新的表单控件 </li>
</ul>
<h3>HTML5 的常见结构标签 </h3>
<table width="400" border="1">
  <tr>
    <th scope="col"> 编号 </th>
    <th scope="col"> 标签 </th>
    <th scope="col"> 描述 </th>
  </tr>
  <tr>
    <th scope="row">1</th>
```

```html
            <td>&lt；html&gt；</td>
            <td> 定义 HTML 文档 </td>
        </tr>
        <tr>
            <th scope="row">2</th>
            <td>&lt；head&gt；</td>
            <td> 定义网页头部信息 </td>
        </tr>
        <tr>
            <th scope="row">3</th>
            <td>&lt；title&gt；</td>
            <td> 定义网页标题 </td>
        </tr>
        <tr>
            <th scope="row">4</th>
            <td>&lt；body&gt；</td>
            <td><p> 定义网页主体部分 </p></td>
        </tr>
    </table>
<p><a href="#top"> 返回网页顶部 </a></p>
</div>
</body>
```

六、为网页添加 footer 区块对象

（1）将光标返回到设计视图，选择"插入"菜单中"布局对象"下的"Div 标签"选项。在弹出的对话框中，选择"插入"下拉列表框中的"在标签之后"，并在后面标签下拉列表框中选择"<div id="content">"，在"ID"列表框中输入"footer"，如图 1-3-53 所示。单击"确定"按钮，即可在 content 对象后添加名为"footer"的区块对象。此时，利用拆分视图可查看当前网页代码与实时效果，如图 1-3-54 所示。

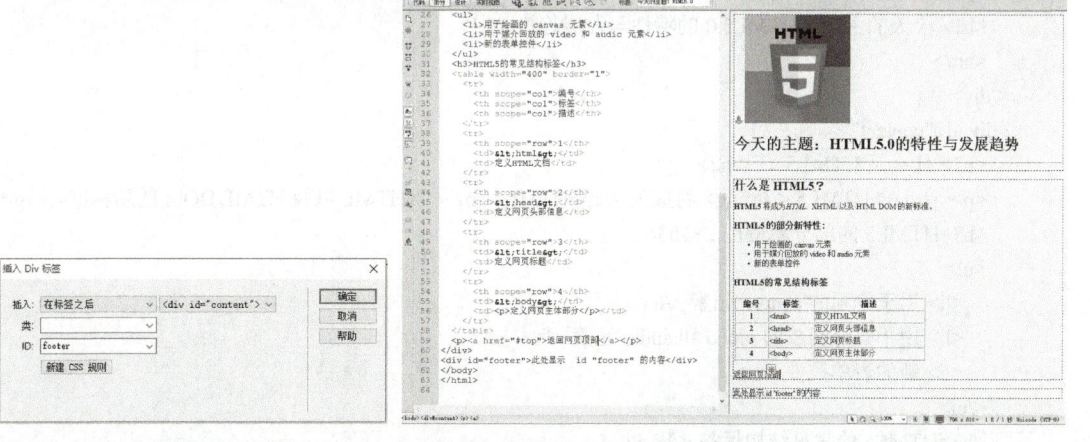

图 1-3-53　插入名为"footer"的区块对象

图 1-3-54　利用拆分视图查看实时效果

（2）删除 footer 对象中的多余文字，将光标返回到设计视图，输入文字，利用属性面板上相应选项设置链接效果，如图 1-3-55 所示。此时，利用拆分视图可查看当前网页代码与实时效果，如图 1-3-56 所示。

图 1-3-55　属性面板

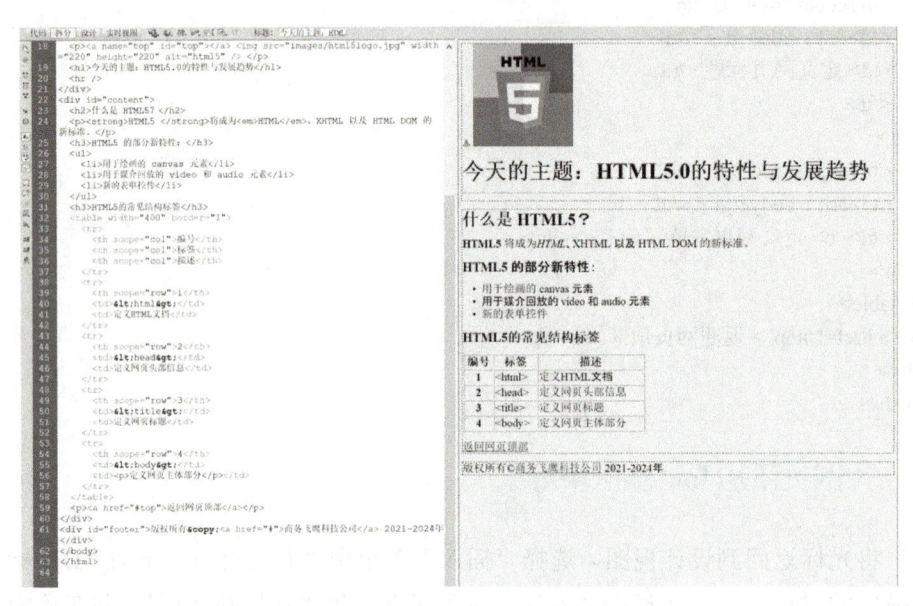

图 1-3-56　利用拆分视图查看实时效果

此时，代码视图中生成如下代码。

```
<body>
<div id="header">
    <p><a name="top" id="top"></a> <img src="images/html5logo.jpg" width="220" height="220" alt="html5" /> </p>
    <h1> 今天的主题：HTML5.0 的特性与发展趋势 </h1>
    <hr />
</div>
<div id="content">
    <h2> 什么是 HTML5？ </h2>
    <p><strong>HTML5 </strong> 将成为 <em>HTML</em>、XHTML 以及 HTML DOM 的新标准。</p>
    <h3>HTML5 的部分新特性：</h3>
    <ul>
        <li> 用于绘画的 canvas 元素 </li>
        <li> 用于媒介回放的 video 和 audio 元素 </li>
        <li> 新的表单控件 </li>
    </ul>
    <h3>HTML5 的常见结构标签 </h3>
    <table width="400" border="1">
        <tr>
```

```
            <th scope="col"> 编号 </th>
            <th scope="col"> 标签 </th>
            <th scope="col"> 描述 </th>
         </tr>
         <tr>
            <th scope="row">1</th>
            <td>&lt；html&gt；</td>
            <td> 定义 HTML 文档 </td>
         </tr>
         <tr>
            <th scope="row">2</th>
            <td>&lt；head&gt；</td>
            <td> 定义网页头部信息 </td>
         </tr>
         <tr>
            <th scope="row">3</th>
            <td>&lt；title&gt；</td>
            <td> 定义网页标题 </td>
         </tr>
         <tr>
            <th scope="row">4</th>
            <td>&lt；body&gt；</td>
            <td><p> 定义网页主体部分 </p></td>
         </tr>
      </table>
      <p><a href="#top"> 返回网页顶部 </a></p>
   </div>
   <div id="footer"> 版权所有 &copy；<a href="#"> 商务飞鹰科技公司 </a> 2021—2024 年 </div>
</body>
```

至此，htmlExample.html 页面的制作过程已经全部完成，读者会发现，网页内容都展现在网页中了，但还不够美观、整齐。如何让网页排列整齐、美观，这是下个项目所要学习的内容。

任务评价

评价项目	评价内容	评价等级				
		优	良	中	较差	差
知识评价	能够掌握 DOCTYPE 元素的语法与操作方法					
	能够掌握网页中的基本结构元素的语法与操作方法					
	能够掌握区块元素的语法与操作方法					
	能够掌握链接元素的语法与操作方法					
	能够掌握标题元素与段落元素的语法与操作方法					
	能够掌握图像元素的语法与操作方法					
	能够掌握水平线元素的语法与操作方法					

续表

评价项目	评价内容	评价等级				
		优	良	中	较差	差
知识评价	能够掌握列表元素的语法与操作方法					
	能够掌握表格元素的语法与操作方法					
能力评价	具有熟练使用各种网页元素的能力					
	具有独立分析网页代码的能力					
	具有知识迁移的能力					
创新素质评价	能够清晰有序地梳理与实现任务					
	能够挖掘出课本之外的其他知识与技能					
	能够利用其他方法来分析与解决问题					
	能够进行数据分析与总结					
思政评价	能够正确看待网络安全问题					
	能够诚信对待作品原创性					
	能够确保网页内容的正能量传播性					
课后建议及反思						

课后提升

一、滚动元素 marquee

在网页设计过程中，经常需要通过文字或图像呈现滚动效果，以更好地吸引用户的注意力，如新闻公告栏、产品循环展示等。

滚动元素 marquee

<marquee> 标签可以将文字、图像、表格等内容设置为动态滚动的效果，无须使用 javascript 代码。

<marquee> 标签的基本语法如下。

<marquee> 滚动的文字或者图像 </marquee>

<marquee> 标签中可以添加以下属性：

onmouseover="this.stop()"：用来设置鼠标移入该区域时停止滚动；

onmouseout="this.start()"：用来设置鼠标移出该区域时继续滚动；

align=left|center|right|top|bottom：用来设置滚动内容的对齐方式；

direction=left|right|up|down：设置滚动内容的滚动方向；

behavior=alternate|scroll|slide：设置滚动的方式。alternate 表示在两端之间来回滚动。scroll 表示由一端滚动到另一端，会重复。slide 表示由一端滚动到另一端，不会重复；

bgcolor 设置活动字幕的背景颜色。背景颜色可用 RGB、十六进制值的格式或颜色名称来设置；

height=n：设置滚动区域的高度；

hspace=n：设置滚动区域所在位置距离父容器水平边框的距离；

scrollamount=n：设置滚动内容的滚动速度，单位为 pixels（像素）；

scrolldelay=n：设置滚动内容滚动两次之间的延迟时间，单位 millisecond（毫秒）；

width=n：设置滚动区域的宽度；

vspace=n：设置滚动区域所在位置距离父容器垂直边框的距离；

loop=n：设置滚动的次数。当 loop=-1 表示一直滚动下去，默认为 -1。

只要在 <marquee> 标签之间添加要进行滚动的文字或图像即可，而且可以在标签之间设置这些文字的字体、颜色等。

例如：

```
<body>
<marquee direction="up" scrollamount="5" onmouseover="this.stop()" onmouseout="this.start()"> 我是滚动文本！</marquee>
<marquee onmouseover="this.stop()" onmouseout="this.start()">
<img src="html5logo.jpg" width="100" height="100" />
</marquee>
</body>
```

注意：<marquee> 标签不是 HTML3.2 的一部分，并且只支持 MSIE3 以上内核，所以如果使用非 IE 内核浏览器（如 Netscape）可能无法看到效果。

二、表单元素 form

表单元素是网页与用户交互所不可缺少的元素，网页的访问者通过表单与网页进行交互。

常见的表单元素有 <form> 标签、<input> 标签、单行文本框 <text> 标签、多行文本框 <textarea> 标签、单选项 <radio> 标签、复选框 <checkbox> 标签、下拉菜单 <select> 标签、按钮 <button> 标签、密码输入框 <password> 标签、表单控件名称 <label> 标签和表单控件组 <fieldset> 标签等。常用的表单标签及解释，如表 1-3-2 所示。

常见的表单应用有：网上注册、网上登录、网上交易、网上投票、网站留言板等。

图 1-3-57 是一个用户注册页面，其制作的具体操作步骤如下。

第一步：在 Dreamweaver 中选择 "插入" 菜单中的 "表单" 选项，如图 1-3-58 所示，选择 "表单" 选项。插入表单元素后，会在网页中生成一个红色的虚线框，生成的代码与效果如图 1-3-59 所示。

表 1-3-2　常用表单标签及解释

标　　签	解　　释
<form>	定义表单元素
<input>	用于搜集用户信息。根据不同的 type 属性值，输入字段可以是文本域、复选框、密码域、单选按钮、按钮等
<label>	为 input 元素定义标注
<select>	可创建单选或多选菜单
<option>	定义下拉列表中的一个选项
<textarea>	定义多行的文本输入框
<fieldset>	可将表单内的相关元素分组
<legend>	为 fieldset 元素定义标题
<button>	定义一个按钮

图 1-3-57　用户注册页面

图 1-3-58　表单选项

图 1-3-59　插入表单元素后的代码与效果

第二步：选择"插入"菜单中"表单"选项下的"文本域"选项，如图 1-3-60 所示，弹出如图 1-3-61 所示的对话框，在"ID"文本框中输入"username"，在"标签"文本框中输入"姓名："，"样式"选择"用标签标记环境"，其他选项默认，单击"确定"按钮，生成一个名为"username"的文本输入框，生成的代码与效果如图 1-3-62 所示。

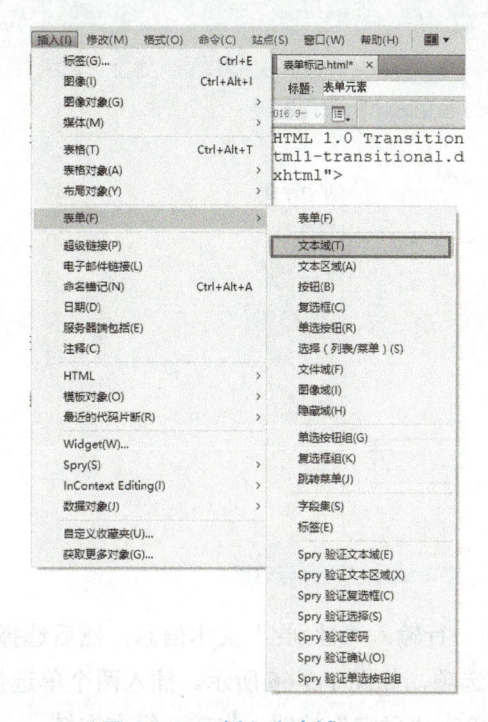

图 1-3-60　插入文本域　　　　　　　　图 1-3-61　输入"姓名："标签辅助功能属性

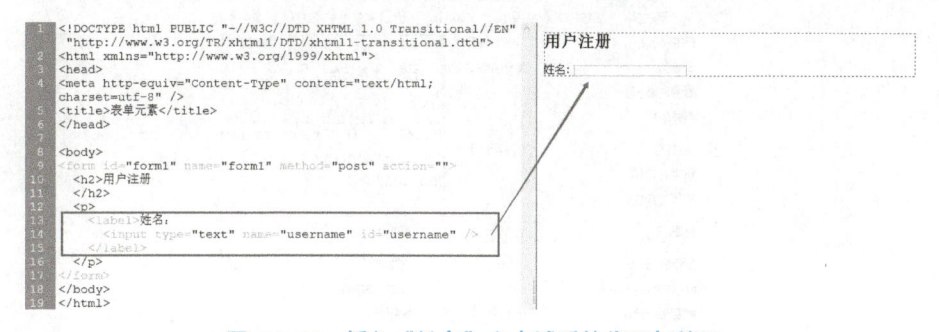

图 1-3-62　插入"姓名"文本域后的代码与效果

第三步：参考上一步操作，继续插入文本输入框，在"输入标签辅助功能属性"对话框中，在"ID"文本框中输入"password"，在"标签"文本框中输入"密码："，"样式"选择"用标签标记环境"，其他选项默认，如图 1-1-63 所示。单击"确定"按钮，生成一个名为"password"的文本域。

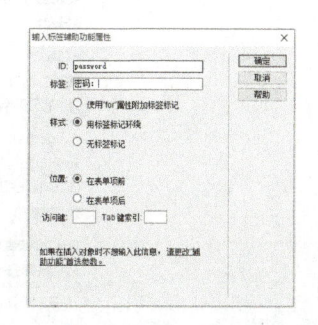

图 1-3-63　输入"密码"标签辅助功能属性

选择名为"password"的文本域,在"属性"面板中将类型更改为"密码",如图 1-3-64 所示,代码与效果如图 1-3-65 所示。

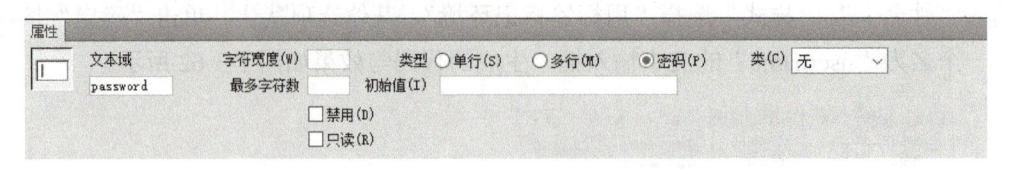

图 1-3-64 "password"文本域的属性面板

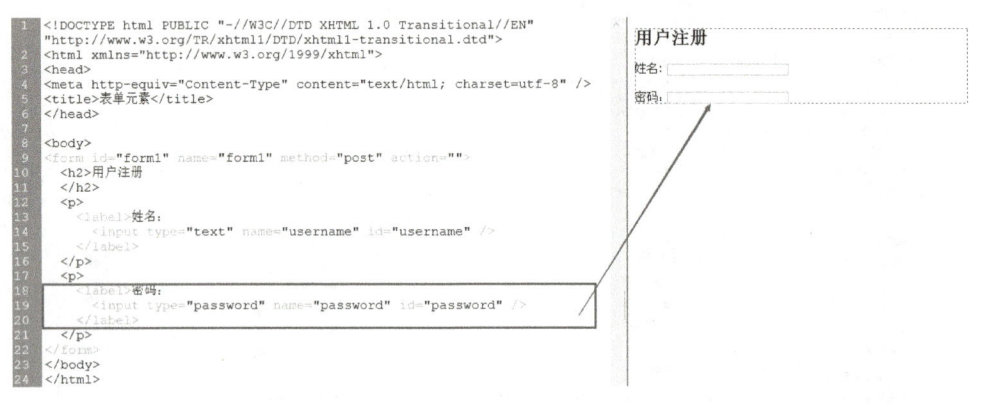

图 1-3-65 插入"密码"文本域后的代码与效果

第四步:创建新的一行,步骤略。在新的一行输入"性别:"文本信息,然后选择"插入"菜单中"表单"选项下的"单选按钮"选项,如图 1-3-66 所示。插入两个单选按钮,分别设置不同的属性值,如图 1-3-67 所示。单击"确定"按钮,生成一组文本域。

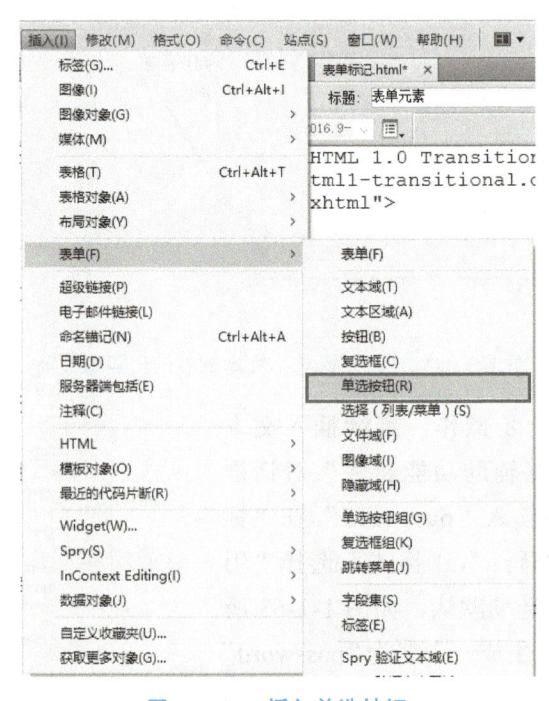

图 1-3-66 插入单选按钮

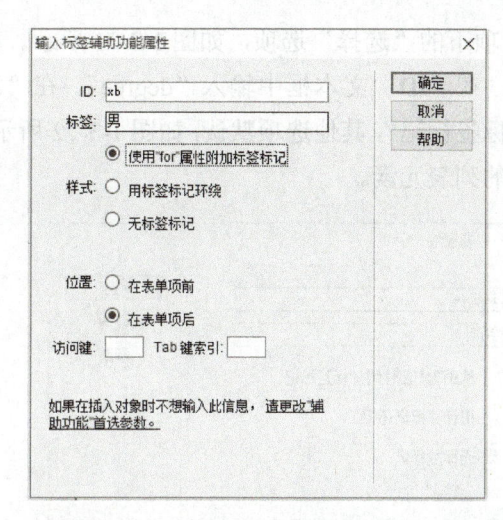

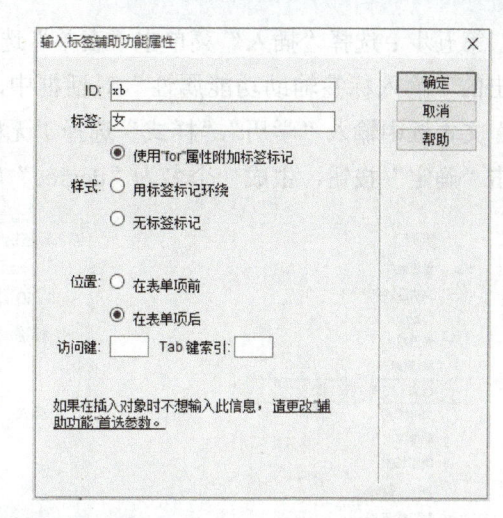

图 1-3-67 输入性别标签辅助功能属性

分别选中这两个单选按钮，在"属性"面板中设置相同的 ID 名称，如图 1-3-68 和图 1-3-69 所示。当前代码与效果如图 1-3-70 所示。

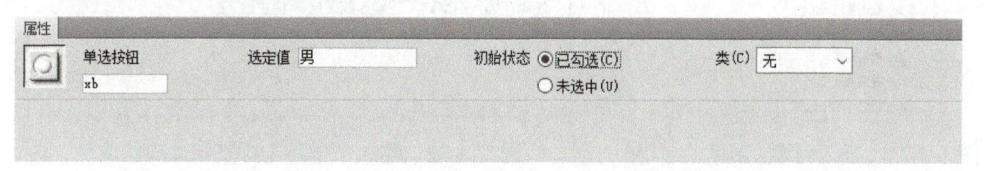

图 1-3-68 选定值为"男"的单选按钮属性

图 1-3-69 选定值为"女"的单选按钮属性

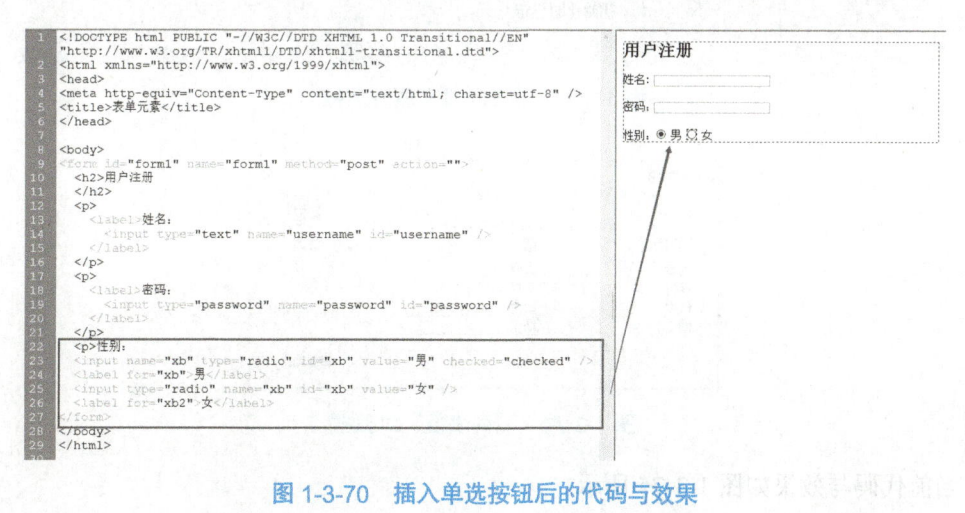

图 1-3-70 插入单选按钮后的代码与效果

第五步：选择"插入"菜单中"表单"选项下的"选择"选项，如图 1-3-71 所示。在弹出的"输入标签辅助功能属性"对话框中，在"ID"文本框中输入"degree"，在"标签"文本框中输入"学历"，"样式"选择"无标签标记"，其他选项默认，如图 1-3-72 所示。单击"确定"按钮，生成一个名为"degree"的列表元素。

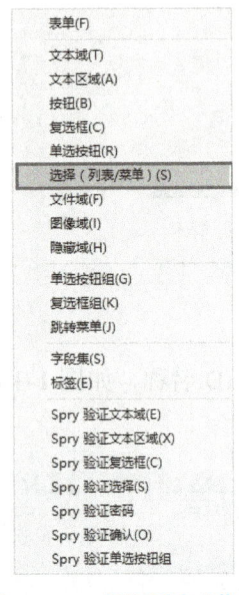

图 1-3-71 插入列表 / 菜单

图 1-3-72 输入"学历"标签辅助功能属性

选中"列表"框，打开其"属性"面板，单击"列表值"按钮，如图 1-3-73 所示。打开"列表值"对话框，单击"+"按钮可添加多个列表项，单击小三角形按钮可调整每个项目标签的顺序，如图 1-3-74 所示。

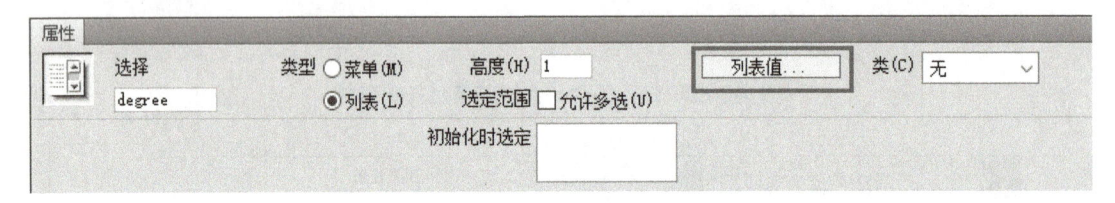

图 1-3-73 列表 / 菜单属性面板

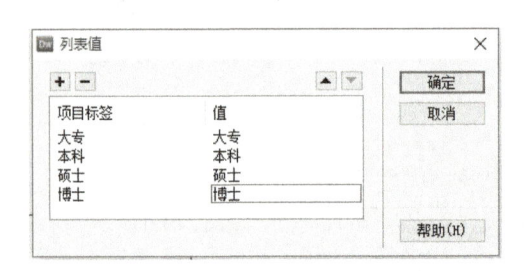

图 1-3-74 "列表值"对话框

当前代码与效果如图 1-3-75 所示。

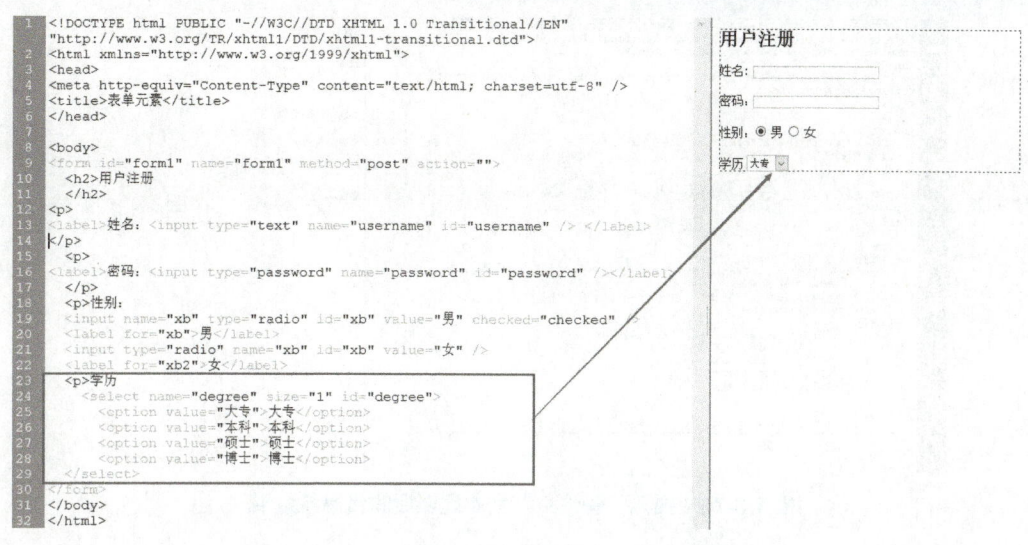

图 1-3-75　插入学历列表元素后的代码与效果

第六步：选择"插入"菜单中"表单"选项下的"文本区域"选项，如图 1-3-76 所示。在弹出的"输入标签辅助功能属性"对话框中，在"ID"文本框中输入"note"，在"标签"文本框中输入"备注："，"样式"选择"无标签标记"，其他选项默认，如图 1-3-77 所示。单击"确定"按钮，生成一个名为"note"的文本区域元素。

图 1-3-76　插入文本区域　　　图 1-3-77　输入"备注："标签辅助功能属性

当前代码与效果如图 1-3-78 所示。

第七步：选择"插入"菜单中"表单"选项下的"按钮"选项，如图 1-3-79 所示。在弹出的"输入标签辅助功能属性"对话框中，在"ID"文本框中输入"submit_btn"，在"标签"文本框中输入"提交"，"样式"选择"无标签标注"，其他选项默认，如图 1-3-80 所示。单击"确定"按钮，生成"提交"按钮。

图 1-3-78　插入"备注："文本区域后的代码与效果

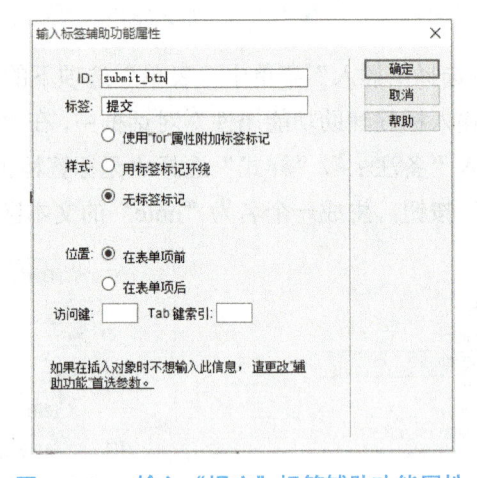

图 1-3-79　插入按钮　　　图 1-3-80　输入"提交"标签辅助功能属性

当前代码与效果如图 1-3-81 所示。

图 1-3-81　最后显示的网页代码与效果

项目一　走进网页设计

三、文本内区块元素 span

<span> 标签被用来组合文档中的内联元素，以便通过样式来格式化它们。<span> 标签没有固定的格式表现，当对它应用样式时，它才会发生视觉上的变化。其语法如下所示。

区块元素 div 与 span 的区别

```
<p><span>HTML5.0</span> 的应用将会越来越多！ </p>
```

如果不对 span 元素应用样式，那么 span 元素中的文本与其他文本不会有任何视觉上的差异。尽管如此，上例中的 span 元素仍然为 p 元素增加了额外的结构。

区块元素 div 与 span 的实例

可对 span 元素应用 class 或 id 属性，这样既可以增加适当的语义，又便于对其应用样式。class 与 id 属性两者的主要差异是，class 用于多个元素，而 id 用于标识单独且唯一的元素（在项目二任务一的 CSS 选择器中会重点讲解）。

注意：

div 元素与 span 元素的区别：div 是一个块级元素，可以包含段落、标题、表格，乃至诸如章节、摘要和备注等。而 span 是内联元素，span 的前后是不会换行的，它没有结构的意义，纯粹是应用样式，当其他内联元素都不合适时，可以使用 span 元素。

块级元素相当于内联元素在前后各加一个换行。其实，块级元素和内联元素也不是一成不变的，只要给块级元素定义 display：inline，块级元素就可转换成内联元素，同样地，给内联元素定义 display：block，内联元素就可转换成块级元素。

学以致用

请同学们利用 Dreamweaver 软件新建一个网页，在网页中创建滚动元素与表单元素，并在文本中添加 span 元素，观察每个元素所呈现出来的代码与效果。

_____

_____

项目小结

本项目通过 3 个任务，让学习者了解网页设计的基础知识，并能够运用 Dreamweaver 软件进行站点创建与管理。此外，本项目着重讲解了 HTML 的各个常见元素，HTML 是网页设计的核心，请学习者真正理解每个标签的含义与使用方法。

直从萌芽拔，高自毫末始——

项目二　CSS 基础

📑 学习目标

知识目标

了解 CSS 的语法与选择器；

掌握网页引入 CSS 样式的四种方式；

理解 CSS 盒子模型的语法与计算方法；

理解 CSS 浮动与定位的语法与属性；

理解 CSS 的简写与优化原理；

全面了解 Dreamweaver 中 CSS 规则的含义与使用方法。

能力目标

能够初步掌握 CSS 的基本概念与语法；

能够掌握 CSS 简单的使用方法；

能够利用 CSS 进行网页样式的定义；

能够利用 CSS 进行网页元素的排版与定位。

创新素质目标

培养学生清晰、有序的逻辑思维；

培养学生数据分析与总结的意识；

培养学生系统分析与解决问题的能力。

项目二　CSS 基础

> **思政目标**
> 增强学生民族自豪感与爱国主义情感；
> 弘扬优秀传统文化，培养学生文化自信；
> 树立正确的人生观、价值观与是非观。

思维导图

项目二　CSS基础

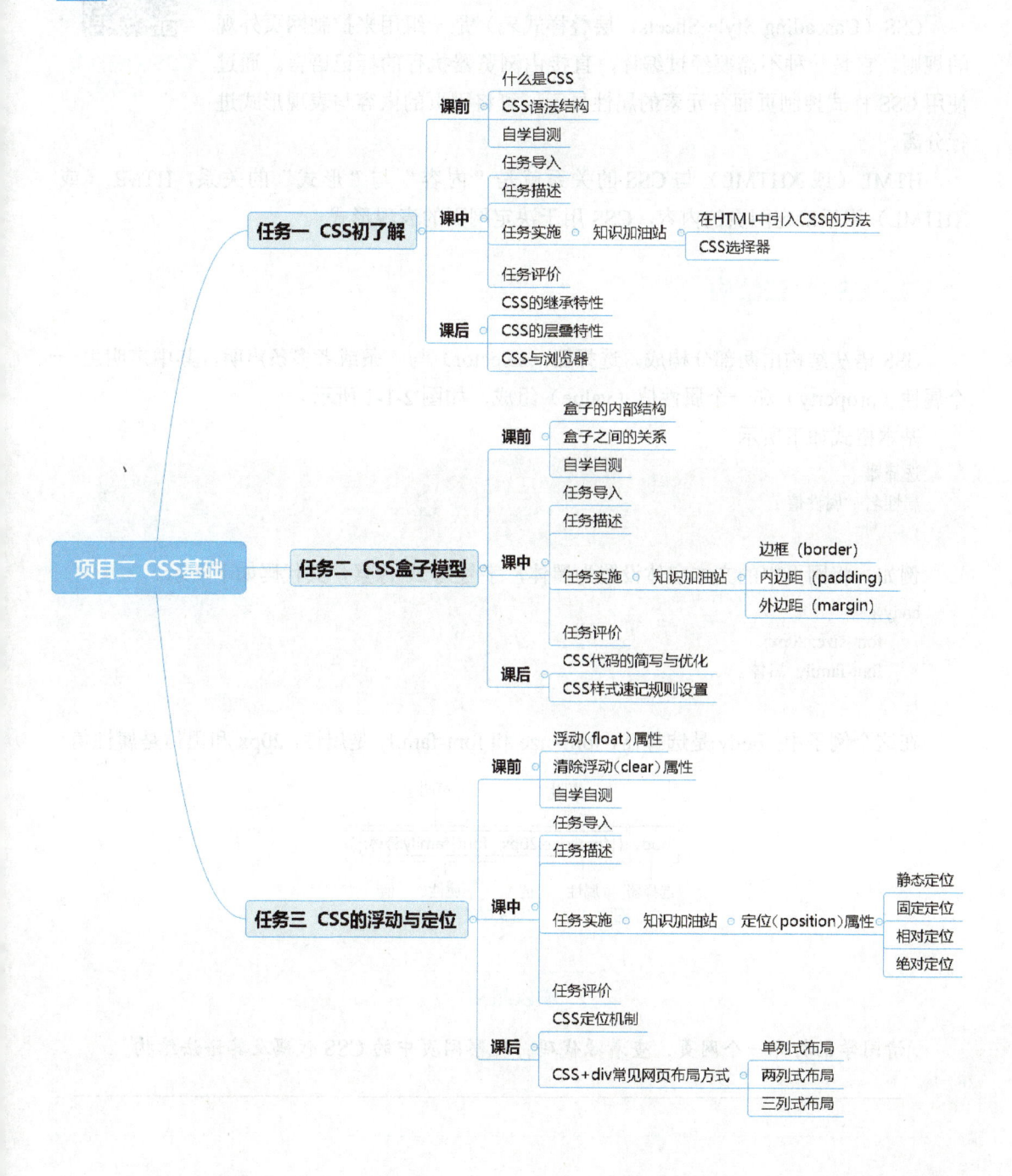

- **任务一　CSS初了解**
  - 课前
    - 什么是CSS
    - CSS语法结构
    - 自学自测
  - 课中
    - 任务导入
    - 任务描述
    - 任务实施 — 知识加油站
      - 在HTML中引入CSS的方法
      - CSS选择器
    - 任务评价
  - 课后
    - CSS的继承特性
    - CSS的层叠特性
    - CSS与浏览器

- **任务二　CSS盒子模型**
  - 课前
    - 盒子的内部结构
    - 盒子之间的关系
    - 自学自测
  - 课中
    - 任务导入
    - 任务描述
    - 任务实施 — 知识加油站
      - 边框（border）
      - 内边距（padding）
      - 外边距（margin）
    - 任务评价
  - 课后
    - CSS代码的简写与优化
    - CSS样式速记规则设置

- **任务三　CSS的浮动与定位**
  - 课前
    - 浮动（float）属性
    - 清除浮动（clear）属性
    - 自学自测
  - 课中
    - 任务导入
    - 任务描述
    - 任务实施 — 知识加油站 — 定位（position）属性
      - 静态定位
      - 固定定位
      - 相对定位
      - 绝对定位
    - 任务评价
  - 课后
    - CSS定位机制
    - CSS+div常见网页布局方式
      - 单列式布局
      - 两列式布局
      - 三列式布局

任务一　CSS 初了解

课前自学

一、什么是 CSS

CSS（Cascading Style Sheets，层叠样式表）是一组用来控制网页外观的规则。它是一种不需要经过编译，直接由浏览器执行的标记语言。通过使用 CSS 样式控制页面各元素的属性显示，可将网页的内容与表现形式进行分离。

CSS 的概念与语法结构

HTML（或 XHTML）与 CSS 的关系就是"内容"与"形式"的关系，HTML（或 XHTML）用于确定网页的内容，CSS 用于决定网页的表现形式。

二、CSS 语法结构

CSS 语法结构由两部分构成，选择器（selector）与一条或者多条声明，其中声明由一个属性（property）和一个属性值（value）组成，如图 2-1-1 所示。

基本格式如下所示。

```
选择器 {
属性名：属性值；
}
```

例如，将网页中的文本字体设置为黑体，字号为 20 像素，其代码如下所示。

```
body {
    font-size: 20px;
    font-family: 黑体；
}
```

在这个例子中，body 是选择器，font-size 和 font-family 是属性，20px 和黑体是属性值。

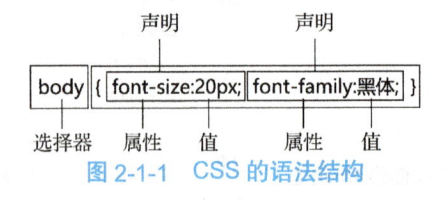

图 2-1-1　CSS 的语法结构

学以致用

请同学们打开一个网页，查看源代码，观察网页中的 CSS 代码及其语法结构。

自学自测

一、单项选择题

1. 关于 CSS 和 HTML 样式的区别，下列说法正确的是（　　）。

   A．HTML 样式只影响应用它的文本和使用所选 HTML 样式创建的文本

   B．CSS 只可以设置文字字体样式

   C．HTML 样式可以设置背景样式

   D．HTML 样式和 CSS 相同，没有区别

2. CSS 的英文全称是（　　）。

   A．Computer Style Sheets

   B．Cascading Style Sheets

   C．Creative Style Sheets

   D．Colorful Style Sheets

3. 下面关于 CSS 样式的说明中，不是 CSS 优势的是（　　）。

   A．Web 页面样式与结构分离

   B．页面下载速度更快

   C．轻松创建及编辑

   D．使用 CSS 能够增加维护成本

二、简答题

CSS 的基本语法结构是怎样的？

课中任务

任务导入

通过项目一的学习，小明已经基本认识源代码中的 HTML 元素了，并能够用 HTML 元素编写简单的网页。但是小明很快发现，网页中各元素的排列太难看了。为此，他特意请教了网页设计老师。老师告诉他："小明，你用 CSS 规则对网页各元素进行重新设置吧！"

小明听了老师的话，决定要把 CSS 学好，争取做一个美美的网页出来！

任务描述

本任务利用 "csslogo.jpg" 与 "bg.png" 两张图片，添加部分文字信息，制作如图 2-1-2 所示的网页。

图 2-1-2　CSS 初接触网页效果

任务实施

一、网页布局规划

图 2-1-3　布局规划图

思政园地 2-1　了解中华传统文化

从图 2-1-2 所示的网页效果图可以看出，该页面分为头部区域、主体内容区域和底部的版权区域。通过对页面的仔细观察与思考，这里将页面的布局规划图画出来，如图 2-1-3 所示。

图 2-1-3 中的多个名称指的是将要创建的 div 块级元素名称，其中 wrapper 是整个页面最外面的容器，用于放置其他元素；header 是页面的头部，用于放置标题信息；content 是页面的正文部分，用于放置具体内容（图片、文字等）；footer 是页面的页脚，用于放置版权信息。

二、创建站点

（1）启动 Dreamweaver CS6，执行"站点"—"新建站点"命令，打开"站点设置对象"对话框，如图 2-1-4 所示。

（2）在此对话框的左侧列表中选择"站点"选项，并在右侧"站点名称"文本框中输入"我的学习网站"，然后单击"本地站点文件夹"

CSS 初接触网页效果 教学视频

右边的图标，为本地站点文件夹选择存储路径。最后，单击"保存"按钮，完成本地站点的创建。

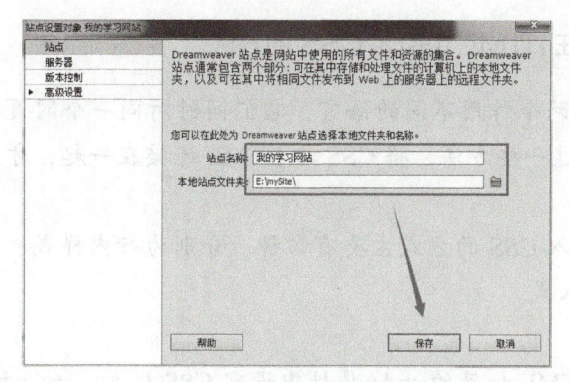

图 2-1-4 "站点设置对象"对话框

（3）在"文件"面板站点根目录下分别创建用于放置图片的 images 文件夹和放置 CSS 文件的 style 文件夹。

（4）将所需图片素材复制至站点的 images 文件夹中，如图 2-1-5 所示。

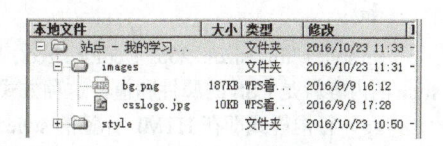

图 2-1-5 创建文件夹

三、创建空白文档

（1）执行"文件"—"新建"命令，打开"新建文档"对话框。

（2）选择对话框左侧的"空白页"选项，从"页面类型"列中选择"HTML"，在"布局"列中选择"<无>"。

导入外部样式与内部样式之间的优先级

（3）在"文档类型"下拉列表框中选择"XHTML 1.0 Transitional"，如图 2-1-6 所示。单击"创建"按钮，即可创建一个空白文档。

（4）将该网页保存在根目录下，并重命名为"css_1.html"，如图 2-1-7 所示。

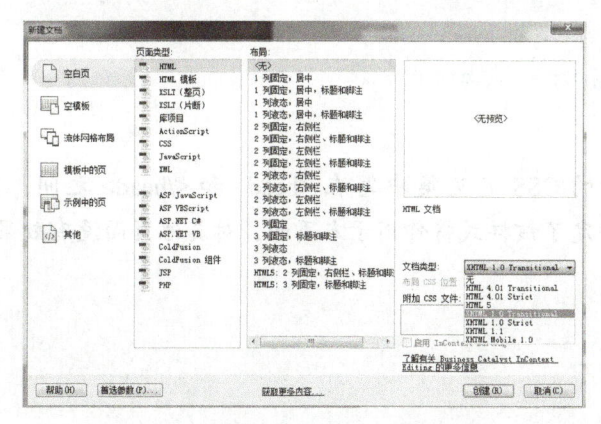

图 2-1-6 设置文档类型

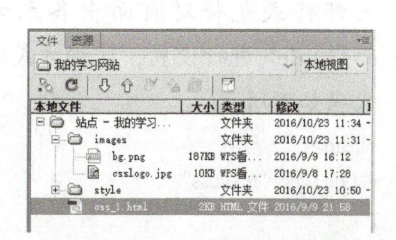

图 2-1-7 创建空白网页

四、创建 CSS 文档

> **知识加油站**　在 HTML 中引入 CSS 的方法

HTML 与 CSS 是两个作用不同的语言，它们同时对同一个网页产生作用，因此必须通过一些方法，将 CSS 与 HTML 连接在一起，才能正常工作。

在 HTML 中，引入 CSS 的方式主要有四种，分别为行内样式、内部样式、链接式和导入式。

在 HTML 中引入 CSS 的方法

1. 行内样式

行内样式即在 HTML 标签的 style 属性中设定 CSS 样式，style 的内容就是 CSS 的属性和值，这种方式可以很简单地对某个元素单独定义样式。

如：

```
<p style="font-size：20px；color：red；"> 行内样式即在 HTML 标签的 style 属性中设定 CSS 样式，style 的内容就是 CSS 的属性和值，这种方式可以很简单地对某个元素单独定义样式。</p>
<p > 行内样式即在 HTML 标签的 style 属性中设定 CSS 样式，style 的内容就是 CSS 的属性和值，这种方式可以很简单地对某个元素单独定义样式。</p>
```

以上代码中，页面内有两个段落，第一个 <p> 标签使用了行内样式，添加了 style 属性，字号为 20 像素，颜色为红色，该样式只对第一个段落有效，第二个段落则是默认显示，其代码与效果如图 2-1-8 所示。

```
1   <!DOCTYPE html PUBLIC "-//W3C//DTD XHTML 1.0
    Transitional//EN"
    "http://www.w3.org/TR/xhtml1/DTD/xhtml1-transitional.
    dtd">
2   <html xmlns="http://www.w3.org/1999/xhtml">
3   <head>
4   <meta http-equiv="Content-Type" content="text/html;
    charset=utf-8" />
5   <title>无标题文档</title>
6   </head>
7
8   <body>
9   <p style="font-size:20px;color:red;">行内样式即在HTML
    标签的style属性中设定CSS样式，style的内容就是CSS的属
    性和值，这种方式可以很简单的对某个元素单独定义样式。</p>
10  <p >行内样式即在HTML标签的style属性中设定CSS样式
    ，style的内容就是CSS的属性和值，这种方式可以很简单的
    对某个元素单独定义样式。</p>
11  </body>
12  </html>
```

行内样式即在HTML标签的style属性中设定CSS样式，style的内容就是CSS的属性和值，这种方式可以很简单的对某个元素单独定义样式。

行内样式即在HTML标签的style属性中设定CSS样式，style的内容就是CSS的属性和值，这种方式可以很简单的对某个元素单独定义样式。

图 2-1-8　行内样式

2. 内部样式

内部样式是将对页面中各元素的 CSS 定义集中写在 <head> 和 </head> 之间，用 <style></style> 进行设置，这种方式决定了该样式将作用于本页面，对其他页面没有效果。

代码如下所示。

```
<head>
<style type="text/css">
p {
    font-size: 20px;
    color: #F00;
}
```

```
</style>
</head>
```

对于单一的页面选择内部样式很方便，但对于一个包含很多页面的网站，如果每个页面都以内部样式设置各自的样式，就失去了 CSS 的巨大优势。

3. 链接式

链接式是将 CSS 单独写在一个扩展名为".css"的外部样式文件中，然后通过 link 标签将外部样式文件与 HTML 网页进行链接。它将 HTML 页面本身与 CSS 样式分离为两个或多个文件，实现了内容与样式的完全分离。

链接式是最常用的一种引入 CSS 样式的方法。

如：

```
<link href="style/css1_div.css" rel="stylesheet" type="text/css" />
```

以上代码显示了本网页引用外部样式文件 css1_div.css 中的样式。

4. 导入式

导入式与链接式的功能基本相同，二者都是将一个独立的外部样式 CSS 文件引入 HTML 文件中。

如果使用导入式，则需要使用如下语句。

```
<style type="text/css">
@import url ("style/css1_div.css");
</style>
```

链接式与导入式最大的区别在于链接式使用 <html> 标签引入外部 CSS 文件，而导入式则使用 CSS 的规则引入外部 CSS 文件。

使用链接式时，会在装载页面主体部分之前装载 CSS 文件，这样显示出来的网页从一开始就带有样式的效果；而使用导入式时，会在整个页面装载完成后再装载 CSS 文件，对于有些浏览器来说，在一些情况下，如果网页文件比较大，则会出现先显示无样式的页面，闪烁一下后再出现样式设置后的效果，这是使用导入式的一个缺陷。

对于一些比较大的网站，为了便于维护，可能会希望把所有的 CSS 样式分类别放到几个 CSS 文件中，这样如果使用链接式引入，就需要几个语句分别导入 CSS 文件。如果要调整 CSS 文件的分类，就需要同时调整 HTML 文件。这对于维护工作来说，也是其一个缺点。如果使用导入式，则可以只引入一个总的 CSS 文件，在这个文件中再导入其他独立的 CSS 文件，而链接式则不行。

因此这里给大家提供一条建议，如果需要引入一个 CSS 文件，则使用链接式；如果需要引入多个 CSS 文件，则首先用链接式引入一个"目录"CSS 文件，对这个"目录"CSS 文件再使用导入式引入其他 CSS 文件。

如果希望通过 JavaScript 来动态决定引入某个 CSS 文件，则必须使用链接式才能实现。

学以致用

请同学们想一想，如果将以上四种方式同时运用到同一个 HTML 文件的同一个元素上，是否会出现优先级的问题呢？以下的网页代码中，两个段落 p 中的文字最终会显示什么效果呢？

外部样式文件 mystyle.css 的代码如下所示。

```css
@charset "utf-8";
p {
    font-size: 30px;
    color: red;
    font-family: 黑体；
}
```

网页代码如下所示。

```html
<!DOCTYPE html PUBLIC "-//W3C//DTD XHTML 1.0 Transitional//EN" "http://www.w3.org/TR/xhtml1/DTD/xhtml1-transitional.dtd">
<html xmlns="http：//www.w3.org/1999/xhtml">
<head>
<meta http-equiv="Content-Type" content="text/html；charset=utf-8" />
<title> 无标题文档 </title>
<style type="text/css">
p {
    color: blue;
    font-family: 楷体；
    }
</style>
<link href="style/mystyle.css" rel="stylesheet" type="text/css" />
</head>
<body>
<p style="font-size: 20px: color: green; "> 湖南商务职业技术学院 </p>
<p> 湖南商务职业技术学院 </p>
</body>
</html>
```

（1）执行"文件"—"新建"命令，打开"新建文档"对话框。

（2）选择对话框左侧的"空白页"选项，从"页面类型"列中选择"CSS"，然后单击"创建"按钮，如图 2-1-9 所示，即可创建一个 CSS 空白文档。

（3）将此外部 CSS 文档保存在 style 文件夹中，并命名为"css1_div.css"，如图 2-1-10 所示。

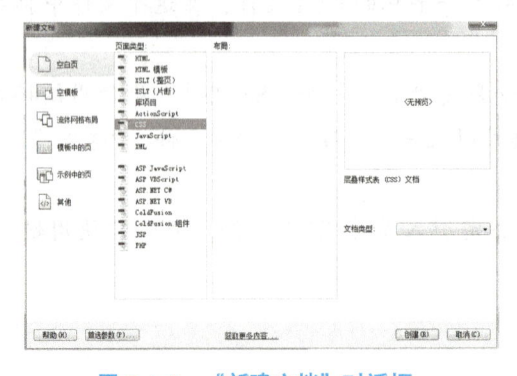

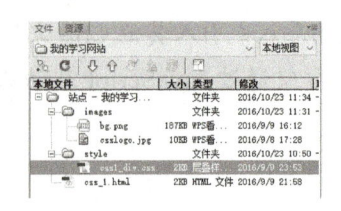

图 2-1-9　"新建文档"对话框　　　　图 2-1-10　创建 CSS 文档

五、将 CSS 文档链接到页面

（1）打开 css_1.html 文档，执行"窗口"—"CSS 样式"命令，打开"CSS 样式"面板，单击面板底部的附加样式表按钮，如图 2-1-11 所示。

（2）此时，弹出"链接外部样式表"对话框，单击"浏览"按钮，将外部样式文件 css1_div.css 链接到 css_1.html 页面中，如图 2-1-12 所示。

图 2-1-11　"CSS 样式"面板

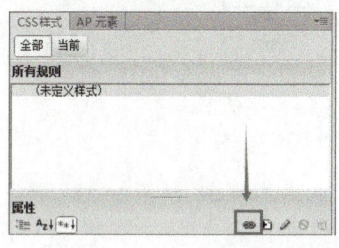

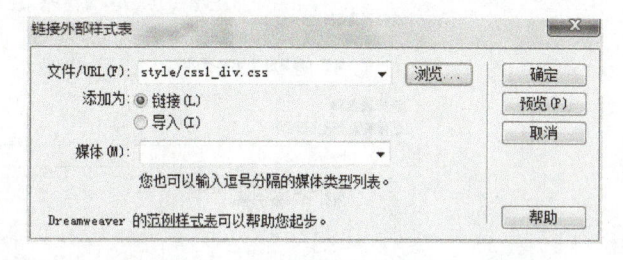

图 2-1-12　将 CSS 文档链接至页面

（3）此时，返回到 Dreamweaver CS6 界面，显示 HTML 与 CSS 两个文件已成功链接，如图 2-1-13 所示。单击其中一个，可以在 css_1.html 与 css1_div.css 两个文档之间相互切换。

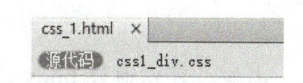

图 2-1-13　HTML 与 CSS 文件成功链接

（4）在 css_1.html 代码视图中，可以看到如下一条语句。

```
<link href="style/css1_div.css" rel="stylesheet" type="text/css" />
```

六、页面初始化

> **知识加油站**　CSS 选择器
>
> 选择器（selector）是 CSS 中非常重要的概念，也称选择符，所有 HTML 语言中标签样式都是通过不同的 CSS 选择器进行控制的，用户只需要通过选择器对不同的 HTML 标签进行选择，并赋予各种样式声明，即可实现各种效果。
>
> CSS 的基本选择器
>
> CSS 选择器分为基本选择器与复合选择器。基本选择器有通配选择器、标签选择器、ID 选择器与类选择器，复合选择器有交集选择器、并集选择器与后代选择器。
>
> CSS 的复合选择器
>
> 1. 通配选择器
>
> 通配选择器用"*"表示，j 用于清理标签的默认样式。一般用在样式文件的开始，用于初始化各元素。
>
> 代码如下所示。

```
* {
    margin: 0px;      /* 清除外边距 */
    padding: 0px;     /* 清除内边距 */
```

```
    border: 0px;          /* 清除默认边框 */
}
```

2. 标签选择器

标签选择器是指以网页中已有标签类型作为名称的选择器，如 body、img、p 等。可在 Dreamweaver CS6 中定义标签选择器规则，如图 2-1-14 所示。

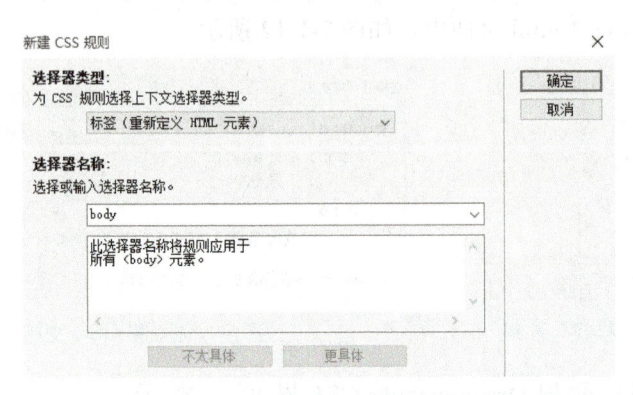

图 2-1-14　在 Dreamweaver CS6 中定义标签选择器规则

比如，可以通过 body 选择器来声明页面中 \<body\> 标签的 CSS 规则，代码如下所示。

```
body {
    font-size: 20px;
    font-family: 黑体；
}
```

上段 CSS 代码重新定义了 HTML 页面中的 \<body\> 标签，字号为 20 像素，字体为黑体，其结构如图 2-1-15 所示。

3. ID 选择器

ID 选择器以"#"开头，名称可以由用户自己定义，属性和值跟标签选择器一样，也必须符合 CSS 规范，其结构如图 2-1-16 所示。

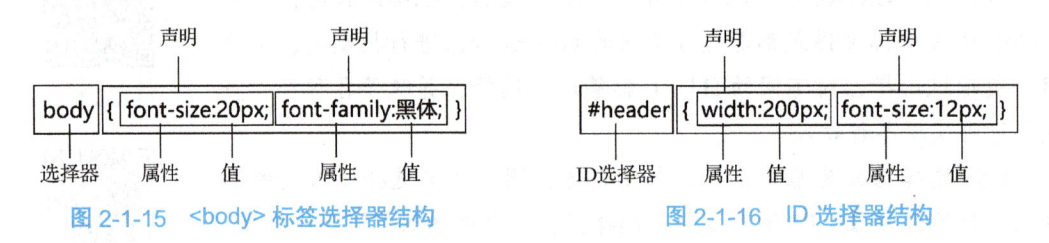

图 2-1-15　\<body\> 标签选择器结构

图 2-1-16　ID 选择器结构

在 Dreamweaver CS6 中定义 ID 选择器规则也很简单，如图 2-1-17 所示。

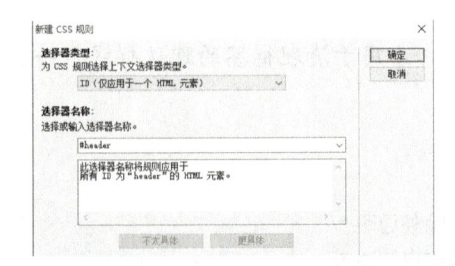

图 2-1-17　在 Dreamweaver CS6 中定义 ID 选择器规则

ID 选择器具有唯一性，它只能在 HTML 页面中使用一次。在 HTML 的标签中只需要利用 id 属性，就可以直接调用 CSS 中的 ID 选择器，如以下代码就直接在 <div> 标签中使用了 header 选择器。

```
<div id="header">CSS 初接触 </div>
```

4. 类选择器

类选择器以句点"."开头，这个句点用来标识一个类选择器，类名可以随便命名，但最好根据元素的用途来定义一个有意义的名称，属性和值也必须符合 CSS 规范。类选择器结构如图 2-1-18 所示。

在 Dreamweaver CS6 中定义类选择器规则也很简单，如图 2-1-19 所示。

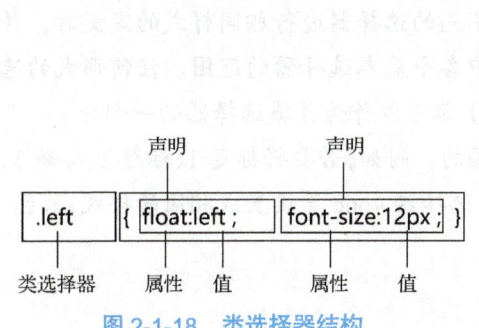

图 2-1-18　类选择器结构 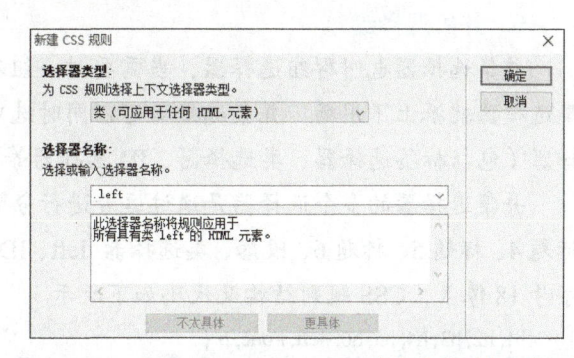　　　　图 2-1-19　在 Dreamweaver CS6 中定义类选择器规则

类选择器可以用在多个不同的 HTML 元素中，在 HTML 的标签中只需要利用 class 属性，就可以直接调用 CSS 中的类选择器，如以下代码就直接在 <p> 标签中使用了 left 选择器。

```
<p class="left"> 版权所有：&copy; 商务飞鹰工作室 </p>
```

注意：

ID 选择器与类选择器最大的区别在于，ID 选择器定义的 CSS 规则仅作用于一个元素，而类选择器定义的 CSS 规则可以同时作用于多个元素。

5. 交集选择器

交集选择器是由两个选择器直接连接而成的，其结果是选中二者各自元素范围的交集。其中第一个必须是标签选择器，第二个必须是类选择器或 ID 选择器，这两个选择器中间不能有空格，必须连续书写，如图 2-1-20 和图 2-1-21 所示，这两个选择器是交集复合选择器的两种形式。

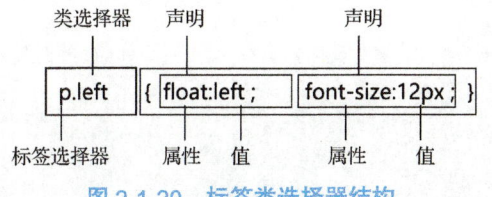

图 2-1-20　标签类选择器结构 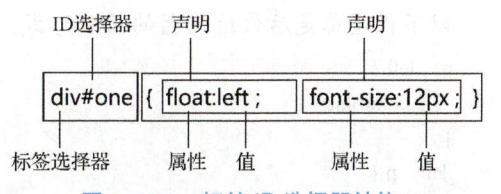　　　　图 2-1-21　标签 ID 选择器结构

在 Dreamweaver CS6 中定义交集选择器规则，如图 2-1-22 和图 2-1-23 所示。

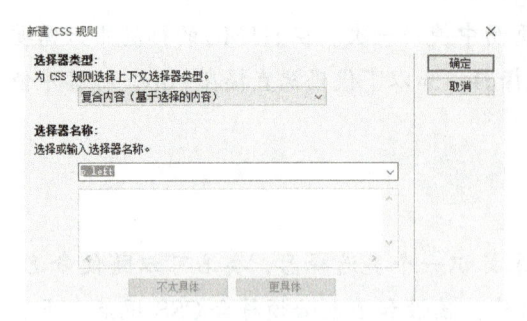

图 2-1-22　在 Dreamweaver CS6 中定义标签类选择器规则

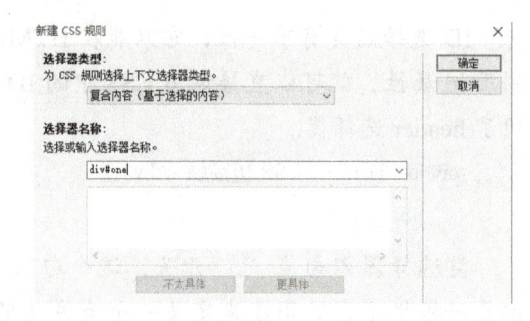

图 2-1-23　在 Dreamweaver CS6 中定义标签 ID 选择器规则

6. 并集选择器

并集选择器也叫群组选择器，当需要对一组不同的选择器进行相同样式的定义时，并集选择器就派上了用场。并集选择器可以同时选中各个基本选择器的范围。任何形式的选择器（包括标签选择器、类选择器、ID 选择器等）都可以作为并集选择器的一部分。

并集选择器的多个选择器是通过逗号进行分隔的。例如，若要将标题 1、标题 2、标题 3、标题 4、标题 5、标题 6、段落、类选择器 .left、ID 选择器 #one 等设置成相同的样式：蓝色，字号 18 像素，CSS 规则结构及代码如下所示。

```
h1, h2, h3, h4, h5, h6, .left, #one, p {
    color: blue;
    font-size: 18px;
}
```

7. 后代选择器

后代选择器也称包含选择器，是一种可以嵌套的选择器。后代选择器的写法就是将外层的标签（如标签选择器、类选择器、ID 选择器）写在前面，内层的标签（如标签选择器、类选择器、ID 选择器）写在后面，前后之间用空格分隔。当发生嵌套时，内层的标签就成为外层标签的后代。

例如，想要定义 p 元素中 span 元素颜色为红色时，就可以使用后代选择器进行相应的设置，代码如下所示。

```
p span {
    color: red;
}
```

以下代码都是后代选择器的正确形式。

```
p .left {
    colorblue;
}
.left p {
    colorblue;
}
p #left {
    colorblue;
}
```

```
#left  p {
    colorblue;
}
```

学以致用

请同学们判断图 2-1-24 中的选择器分别属于哪种类型,并进行连线。

```
p {
    font-size: 22px;
}
```
通配选择器

```
* {
    margin: 0px;
}
```
ID 选择器

```
.myred {
    font-size: 30px;
}
```
后代选择器

```
p span {
    font-size: 16px;
}
```
类选择器

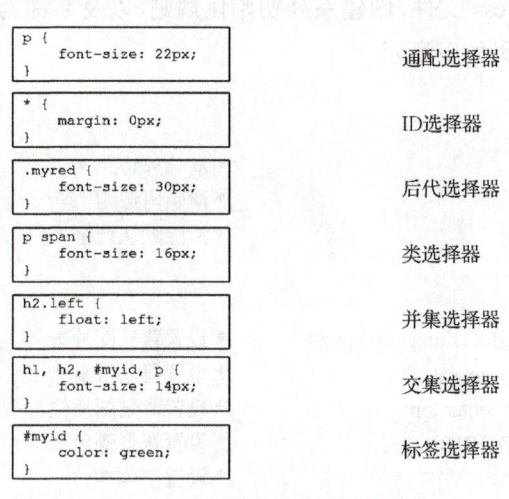

```
h2.left {
    float: left;
}
```
并集选择器

```
h1, h2, #myid, p {
    font-size: 14px;
}
```
交集选择器

```
#myid {
    color: green;
}
```
标签选择器

图 2-1-24 选择正确的选择器

(1) 将光标定位在设计视图,设置网页标题为"CSS 初接触"。
(2) 选择"插入"菜单中"布局对象"下的"Div 标签"选项,如图 2-1-25 所示。

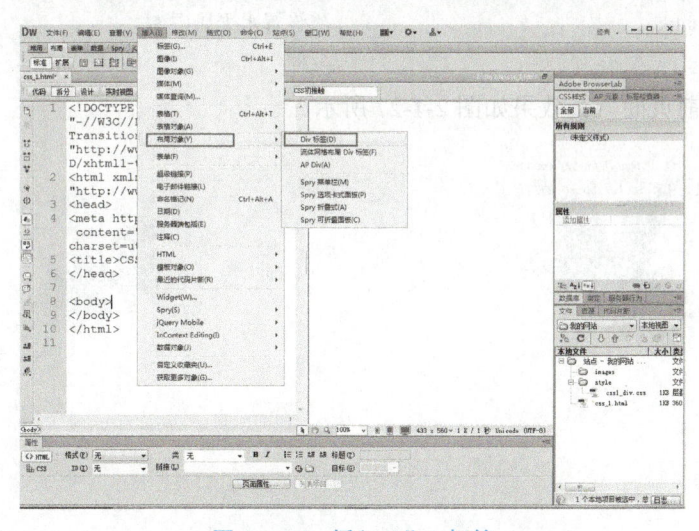

图 2-1-25 插入 <div> 标签

(3) 此时弹出对话框,选择"插入"下拉列表框中的"在插入点",在"ID"列表框中输入"wrapper",如图 2-1-26 所示。单击"确定"按钮,即可在网页中创建名为"wrapper"的 ID 选择器。

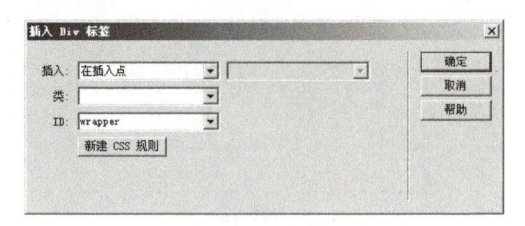

图 2-1-26　创建 wrapper 选择器

（4）返回到 css1_div.css 文件，创建系列初始化规则，以及名称为"*""body""#wrapper"选择器的 CSS 规则，代码如下所示。

```css
@charset "utf-8";
* {
    margin: 0px;                               /* 清除外边距 */
    padding: 0px;                              /* 清除内边距 */
    border: 0px;                               /* 清除默认边框 */
}
body {
    background-image: url（../images/bg.png）;  /* 设置背景图片 */
    background-repeat: no-repeat;              /* 设置背景重复 */
    background-position: center top;           /* 设置背景图片位置 */
    background-color: #D1F2BB;                 /* 设置背景颜色 */
    font-family: " 黑体 ";                     /* 设置字体 */
    font-size: 20px;                           /* 设置字号 */
    line-height: 1.5;                          /* 设置行高 */
}
#wrapper {
    width: 1000px;                             /* 设置宽度 */
    margin: 0 auto;                            /* 设置水平居中 */
}
```

（5）预览当前页面，其效果如图 2-1-27 所示。

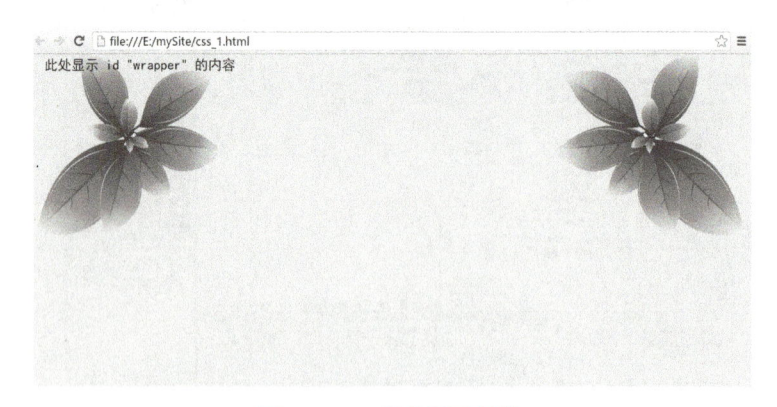

图 2-1-27　当前页面效果

（6）将光标定位在设计视图，删除 wrapper 选择器中的多余文字。选择"插入"菜单中"布局对象"下的"Div 标签"选项。在弹出的对话框中，选择"插入"下拉列表框中的"在开始标签之后"，并在后面标签下拉列表框中选择"<div id="wrapper">"，在"ID"

列表框中输入"header",如图 2-1-28 所示。单击"确定"按钮,即可在 wrapper 选择器中插入 ID 选择器 header。

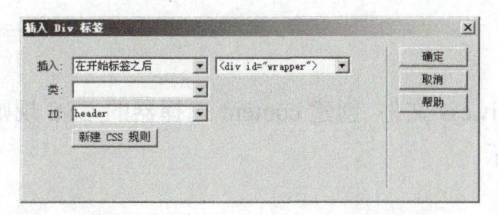

图 2-1-28 创建 header 选择器

(7)删除 header 选择器中的多余文字,输入"CSS 初接触"文字内容,当前页面结构代码如下所示。

```
<body>
<div id="wrapper">
<div id="header">CSS 初接触 </div>
</div>
</body>
```

(8)返回到 css1_div.css 文件,创建名为"#header"的选择器 CSS 规则,代码如下所示。

```
#header {
    text-align: center;                    /* 设置内容居中 */
    font-size: 40px;
    font-family: " 黑体 ";
    width: 700px;                          /* 设置宽度 */
    margin: 70px auto 10px auto;           /* 设置上外边距 70px,下外边距 10px */
}
```

(9)将光标定位在设计视图,选择"插入"菜单中"布局对象"下的"Div 标签"选项。在弹出的对话框中,选择"插入"下拉列表框中的"在标签之后",并在后面标签下拉列表框中选择"<div id="header">",在"ID"列表框中输入"content",如图 2-1-29 所示。单击"确定"按钮,即可在 header 选择器后插入 content 选择器。

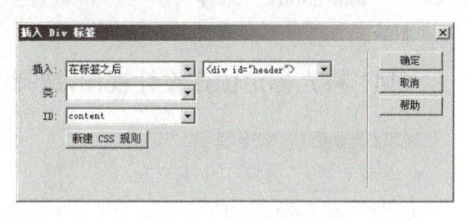

图 2-1-29 在 header 对象后插入 content

(10)删除 content 选择器中的多余文字,选择"插入"菜单中的"图像"选项,选择 images 中的 csslogo.jpg 文件,将图像文件插入到 content 选择器中。并在后面输入两个段落文字,此时页面结构与代码如下所示。

```
<body>
<div id="wrapper">
<div id="header">CSS 初接触 </div>
<div id="content"><img src="images/csslogo.jpg" width="352" height="220" />
<p> 层叠样式表(Cascading Style Sheets)是一种用来表现 HTML(标准通用标记语言的一个应用)或 XHTML(标准通用标记语言的一个子集)等文件样式的计算机语言。</p>
<p>CSS 目前最新版本为 CSS3,是能够真正做到网页表现与内容分离的一种样式设计语言。相对于传统 HTML 的表现而言,CSS 能够对网页中的对象的位置排版进行像素级的精确控制,支持几乎所有的字体、字号样式,拥有对网页对象和模型样式编辑的能力,并能够进行初步交互设计,是目前基于文本展示最优
```

秀的表现设计语言之一。CSS 能够根据不同使用者的理解能力，简化或者优化写法，针对各类人群，有较强的易读性。</p>
    </div>
    </div>
    </body>

（11）返回到 css1_div.css 文件，创建 content 选择器的 CSS 规则，设置宽度为 600 像素，整体居中，代码如下所示。

```
#content {
    width: 600px;                    /* 设置宽度 */
    margin: 40px auto 0px auto;      /* 设置整体居中 */
}
```

（12）为 content 选择器下的 img 元素创建 CSS 规则，设置图片左对齐，内外边距均为 5 像素，给图片添加 1 像素虚线边框，重新设置图片宽度与高度，代码如下所示。

```
#content img {
    float: left;                     /* 设置左浮动 */
    margin: 5px;                     /* 设置外边距 */
    width: 200px;                    /* 设置宽度 */
    height: 150px;                   /* 设置高度 */
    padding: 5px;                    /* 设置内边距 */
    border: 1px dashed #390;         /* 设置 1 像素虚线边框 */
}
```

（13）接着为 content 选择器下的段落 p 元素创建 CSS 规则，设置段落首行缩进 2 字符，字体为宋体，代码如下所示。

```
#content p {
    text-indent: 2em;                /* 设置首行缩进 2 字符 */
    font-family: " 宋体 ";            /* 设置字体 */
}
```

（14）将光标定位在设计视图，选择"插入"菜单中"布局对象"下的"Div 标签"选项。在弹出的对话框中，选择"插入"下拉列表框中的"在标签之后"选项，并在后面标签下拉列表框中选择"<div id="content">"，在"ID"列表框中输入"footer"，如图 2-1-30 所示。单击"确定"按钮，即可在 content 选择器后插入 footer 选择器。

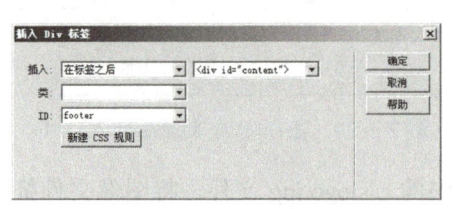

图 2-1-30　在 content 选择器后插入 footer 选择器

（15）删除 footer 选择器中的多余文字，在其中输入版权信息，此时页面结构及代码如下所示。

```
<body>
    <div id="wrapper">
        <div id="header">CSS 初接触 </div>
        <div id="content"><img src="images/csslogo.jpg" width="352" height="220" />
        <p> 层叠样式表（Cascading Style Sheets）是一种用来表现 HTML（标准通用标记语言的一个应用）或 XHTML（标准通用标记语言的一个子集）等文件样式的计算机语言。</p>
```

```
<p>CSS 目前最新版本为 CSS3，是能够真正做到网页表现与内容分离的一种样式设计语言。相对于传
统 HTML 的表现而言，CSS 能够对网页中的对象的位置排版进行像素级的精确控制，支持几乎所有的字体、
字号样式，拥有对网页对象和模型样式编辑的能力，并能够进行初步交互设计，是目前基于文本展示最
优秀的表现设计语言之一。CSS 能够根据不同使用者的理解能力，简化或者优化写法，针对各类人群，
有较强的易读性。</p>
    </div>
    <div id="footer">
    <p class="left">版权所有：&copy; 商务飞鹰工作室 </p>
    <p class="right">湖南长沙 </p>
    </div>
</div>
</body>
```

（16）返回到 css1_div.css 文件，创建 footer 选择器的 CSS 规则，设置宽度为 600 像素，代码居中对齐，代码如下所示。

```
#footer {
    width: 600px;          /* 设置宽度 */
    height: 50px;          /* 设置高度 */
    text-align: center;    /* 设置内容居中 */
    clear: both;           /* 清除环绕 */
    margin-top: 20px;      /* 设置上外边距 */
    margin-right: auto;    /* 设置右外边距 */
    margin-bottom: 0px;    /* 设置下外边距 */
    margin-left: auto;     /* 设置左外边距 */
}
```

（17）接着设置两个段落的 CSS 规则，名为"left"的段落左对齐，名为"right"的段落右对齐，代码如下所示。

```
#footer .left {
    float: left;           /* 设置左浮动 */
}
#footer .right {
    float: right;          /* 设置右浮动 */
}
```

至此，CSS 初接触页面的制作已经全部完成，读者可以根据自己的喜好进一步美化页面的文字和效果。

任务评价

评价项目	评价内容	评价等级				
		优	良	中	较差	差
知识评价	了解 HTML 与 CSS 的区别					
	掌握 CSS 的语法结构					
	能够掌握四种基本选择器的语法					
	能够掌握三种复合选择器的语法					

续表

评价项目	评价内容	评价等级				
		优	良	中	较差	差
知识评价	掌握在 HTML 中应用四种引用 CSS 的方法					
	理解 CSS 的继承特性					
	理解 CSS 的层叠特性					
	了解 CSS 与浏览器的关系					
能力评价	具有独立分析与思考的能力					
	具有识别与使用不同类型选择器的能力					
	具有在网页中应用四种 CSS 方法的能力					
	具有知识迁移的能力					
创新素质评价	能够清晰、有序地梳理与实现任务					
	能够挖掘出课本之外的其他知识与技能					
	能够利用其他方法来分析与解决问题					
	能够进行数据分析与总结					
思政评价	能够具备弘扬中华传统文化的意识					
	能够正确看待网络安全问题					
	能够诚信对待作品原创性					
课后建议及反思						

课后提升

一、CSS 的继承特性

CSS 继承特性指的是在 CSS 中子标签会继承父标签的所有样式风格，并可以在父标签样式风格的基础上进行修改，产生新的样式，而子标签的样式风格完全不影响父标签。

CSS 的继承特性

```
<p>CSS 继承特性指的是在 CSS 中子标签会继承父标签的所有样式风格，并可以在 <span> 父标签样式风格 </span> 的基础上进行修改，产生新的样式，而子标签的样式风格完全不影响父标签。</p>
```

以上 HTML 代码中，<p> 是父标签，<span> 是子标签，<span> 会继承 <p> 标签所有的样式风格，<span> 也可以有新的样式，不会影响到 <p> 标签。

注意：不是所有的 CSS 属性都可以继承。比如边框、外边框、内边距、背景、定位、元素高度等与块级元素相关的属性，都不具有继承性。

二、CSS 的层叠特性

CSS 的层叠特性

（1）当多个选择器用在同一个 HTML 元素上时，它们的优先级规则可以表述如下。

行内样式（style=""）> ID 选择器 > 类选择器 > 标签选择器

下列代码中，虽然段落 p 设置颜色为红色，同时还使用了 ID 选择器 pid 与类选择器 pcolor，但因为段落 p 元素中添加了 style 属性，且设置属性值为"color：yellow"，所以最终文字显示颜色为"黄色"。

```
<!DOCTYPE html PUBLIC "-//W3C//DTD XHTML 1.0 Transitional//EN" "http://www.w3.org/TR/xhtml1/DTD/xhtml1-transitional.dtd">
<html xmlns="http://www.w3.org/1999/xhtml">
<head>
<meta http-equiv="Content-Type" content="text/html;charset=utf-8" />
<title> 无标题文档 </title>
<style type="text/css">
p {    /* 标签选择器 */
    color: red;
}
.pcolor {   /* 类选择器 */
    color: green;
}
#pid {     /*ID 选择器 */
    color: blue;
}
</style>
</head>
<body>
<p class="pcolor" id="pid" style="color: yellow;">
猜猜看，我是什么颜色呢？ </p>
</body>
</html>
```

（2）同一个 HTML 元素携带了多个同名选择器，有冲突时，采取"就近原则"：

① 对于同一个 HTML 元素，如果用到了多个相同的内嵌（部）样式表，它的优先级为在定义的样式表中，离谁最近，就听谁的；

② 对于同一个 HTML 元素，如果引用了外部样式表、内部样式、行内样式等多种样式，它的优先级为在 HTML 文档中，引用样式表的位置离谁最近，就听谁的。

三、CSS 与浏览器

目前，绝大多数浏览器对 CSS 都有很好的支持性，但各种不同的浏览器对 CSS 细节的处理会有差异，设计者在某个浏览器上设计的 CSS 效果，与在其他浏览器上的显示效果很可能不一样。

不管是不同浏览器，还是同一浏览器的不同版本，如 IE 浏览器的 IE6、IE7、IE8、IE9、IE10，对相同页面的浏览效果都会存在一些差异。存在差异的根本原因不是不识别 CSS，而是它们对 CSS 最初的默认值的设置不同，因此可以通过对 CSS 文档各个细节严格、统一地编写，使得制作的网页在各个浏览器上呈现基本相同的效果。

注意：一般建议用户在计算机上安装多个主流浏览器，如 IE、Firefox、Opera 等。使用 CSS 制作网页时，通常的做法是一边编写 HTML 和 CSS 代码，一边在不同的浏览器上进行预览测试，及时调整各个细节，这对深入掌握 CSS 也是很有好处的。对于不同版本的 IE 浏览器，用户可以在计算机上安装一个高级版本的 IE 浏览器，然后使用 IETest 进行测试。另外，Dreamweaver 里面的设计视图模式只能在设计时参考使用，绝对不能作为最终显示效果的依据，只有在浏览器中看到的效果才是真正的效果。

学以致用

请同学们想一想，采用以下的代码，文字会显示什么颜色呢？

```html
<!DOCTYPE html PUBLIC "-//W3C//DTD XHTML 1.0 Transitional//EN" "http://www.w3.org/TR/xhtml1/DTD/xhtml1-transitional.dtd">
<html xmlns="http://www.w3.org/1999/xhtml">
<head>
<meta http-equiv="Content-Type" content="text/html; charset=utf-8" />
<title>无标题文档</title>
<style type="text/css">
a {
    color: red;
}
#navi {
    color: green;
}
#navi ul li {
    color: blue;
}
</style>
</head>
<body>
<div id="navi">
  <ul>
    <li><a href="#">文字</a></li>
    <li><a href="#">文字</a></li>
    <li><a href="#">文字</a></li>
    <li><a href="#">文字</a></li>
  </ul>
</div>
</body>
</html>
```

任务二　CSS 盒子模型

CSS 的盒子模型

▎课前自学▎

一、盒子的内部结构

在网页中，所有页面中的元素（如文本、图像、列表等）都可以看成一个盒子，占据着一定的页面空间。网页设计者对网页进行规划时，需要对每个盒子所占的空间进行精确的计算，以保证所设计出来的网页结构合理、排版美观。

在 CSS 中，一个独立的盒子模型由 content（内容）、border（边框）、padding（内边距）和 margin（外边距）四部分构成，每部分都有上、右、下、左四个方向的属性，如图 2-2-1 所示。

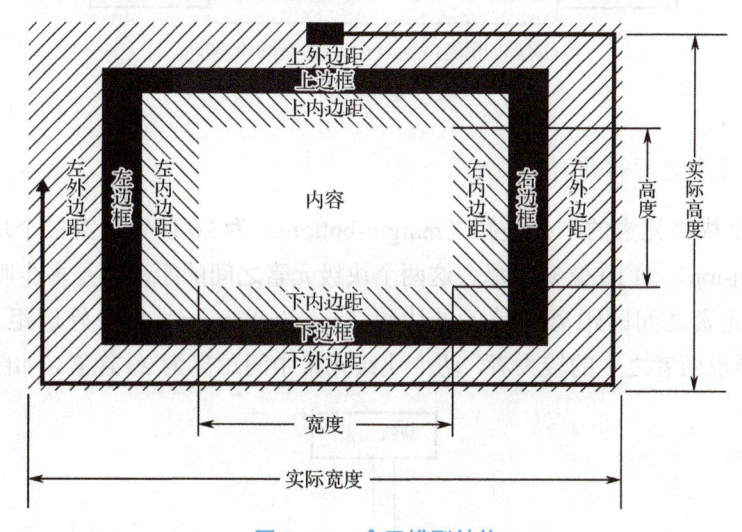

图 2-2-1　盒子模型结构

盒子模型的大小就是网页元素在页面中所占空间的大小。

盒子的宽度 = 左外边距（margin-left）+ 左边框（border-left）+ 左内边距（padding-left）+ 内容宽度（width）+ 右内边距（padding-right）+ 右边框（border-right）+ 右外边距（margin-right）。

盒子的高度 = 上外边距（margin-top）+ 上边框（border-top）+ 上内边距（padding-top）+ 内容高度（height）+ 下内边距（padding-bottom）+ 下边框（border-bottom）+ 下外边距（margin-bottom）。

二、盒子之间的关系

CSS 盒子间的关系

在一个网页中，各个盒子之间存在着一定关系，且相互影响。在前面的 HTML 学习中，已经了解到 HTML 元素分为内联元素与块级元素两种，内联元素不会在一个新行中显示，而块级元素会在一个新行中显示，它们之间可以通过 display 属性进行自由转换，如 display：block 可以将内联元素转换成块级元素，display：inline 可以将块级元素转换成内联元素。

在 CSS 盒子模型中，外边距（margin）能够精确地控制盒子与盒子之间的位置关系。

（一）内联元素之间的水平关系

假设第一个内联元素的右外边距（margin-right）为 20 像素，第二个内联元素的左外边距（margin-left）为 10 像素，那么这两个内联元素之间的距离到底是多少呢？

当两个内联元素相邻时，它们之间的距离为第 1 个元素的右外边距（margin-right）加上第 2 个元素的左外边距（margin-left），两个内联元素之间的距离为 30 像素，如图 2-2-2 所示。

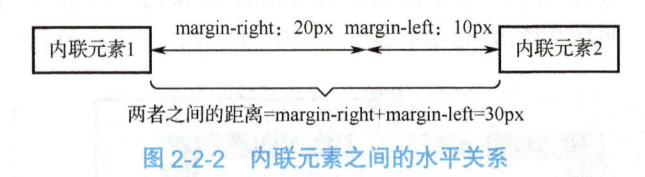

图 2-2-2　内联元素之间的水平关系

（二）块级元素之间的垂直关系

假设第一个块级元素的下外边距（margin-bottom）为 20 像素，第二个块级元素的上外边距（margin-top）为 10 像素，那么这两个块级元素之间的距离又是多少呢？

两个块级元素之间的距离不是下外边距（margin-bottom）与上外边距（margin-top）相加的和，而是取两者之中的较大者，两个块级元素中间距离为 20 像素，如图 2-2-3 所示。

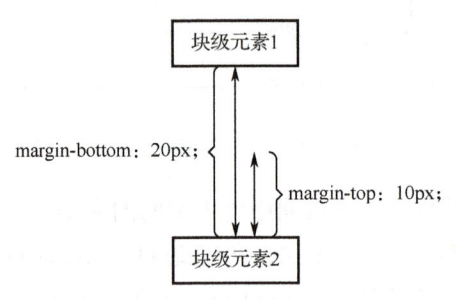

图 2-2-3　块级元素之间的垂直关系

学以致用

一个盒子的 margin 为 15 像素，border 为 1 像素，padding 为 5 像素，content 的宽度为 200 像素、高度为 50 像素，那么这个盒子在网页中的实际宽度和高度分别为多少？

_____

_____

_____

自学自测

一、单项选择题

1. 如何用 CSS 规则定义一个上边框为 10 像素、下边框为 5 像素、左边框为 20 像素与右边框为 1 像素的边框？（　　）

　　A．border-width: 10px 5px 20px 1px　　　B．border-width: 10px 20px 5px 1px
　　C．border-width: 5px 20px 10px 1px　　　D．border-width: 10px 1px 5px 20px

2. 盒子的 margin 为 20px，border 为 1 像素，padding 为 10 像素，content 宽度为 202 像素，高度为 50 像素。按照标准 IE 盒子模型的方法，计算盒子需要占据位置的高度为（　　）。

　　A．242 像素　　　B．52 像素　　　C．90 像素　　　D．112 像素

3. 下面的代码包含几个盒子？（　　）

```
<div> 欢迎进入 <span> 我的空间 </span>，网址如下：
<p><a href="#">www.worlduc.com/SpaceShow/Index.aspx?uid=8130</a></p>
</div>
```

　　A．3 个　　　B．4 个　　　C．1 个　　　D．2 个

4. box1 与 box2 是两个 div 区块，HTML 结构如下所示，其中 box1 的 margin-bottom 为 12 像素，box2 的 margin-top 为 22 像素。下面说法正确的是（　　）。

```
<body>
<div id="box1"></div>
<div id="box2"></div>
</body>
```

　　A．box1 和 box2 的垂直间距是 34 像素　　　B．box1 和 box2 的垂直间距是 12 像素
　　C．box1 和 box2 的垂直间距是 10 像素　　　D．box1 和 box2 的垂直间距是 22 像素

5. 关于盒子之间的位置关系下列说法正确的是（　　）。

　　A．水平盒子的间距取两个盒子的 margin 的最大值
　　B．垂直盒子的间距等于两个盒子中较大的 margin 值
　　C．重叠盒子是指两个盒子中，下面盒子的 border 值为负值时会自动向上移动
　　D．盒子的间距与其 padding 值有关系

二、简答题

1. 两个块级元素垂直重叠在一起时，两者之间的外边距是怎么计算的？
2. 两个内联元素水平排列时，两者之间的外边距是怎么计算的？

课中任务

任务导入

我国著名的红色旅游经典景区有井冈山、延安革命纪念馆、西柏坡、韶山毛泽东纪念馆、天安门广场、中国人民抗日战争纪念馆等。小明根据国内红色旅游资源整理了中国几大重

点红色旅游景区，包括沪浙红色旅游区、湘赣闽红色旅游区、黔北黔西红色旅游区、雪山草地红色旅游区、陕甘宁红色旅游区、大别山红色旅游区、太行山红色旅游区、川陕渝红色旅游区、京津冀红色旅游区等。小明想尝试做一个红色旅游景区介绍的网页，他该如何去做呢？

任务描述

本任务以介绍湘赣闽红色旅游区为例，制作出的网页效果如图 2-2-4 所示。

思政园地 2-2　红色旅游区

图 2-2-4　湘赣闽红色旅游区网页效果

湘赣闽红色旅游案例

如何判断 div 标签的不同插入位置

任务实施

一、网页布局规划

从图 2-2-4 的网页效果图可以看出，该页面可以分为主体内容区域和底部版权区域。通过对页面的仔细观察与思考，这里将页面的布局规划图画出来，如图 2-2-5 所示。

```
#wrapper(width:800px;)
    #content(width:800px;height:830px;margin-bottom:20px;)
        .box(width: 750px;  height: 250px; padding:5px;margin:0 20px;)

        .box(width: 750px;  height: 250px; padding: 5px;margin:0 20px;)

        .box(width: 750px;  height: 250px; padding: 5px;margin:0 20px;)

    #footer(width: 750px; height: 50px; margin:10px 20px 0px 20px; padding: 5px; )
```

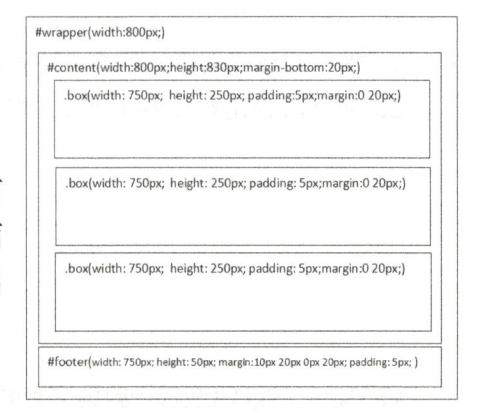

图 2-2-5　布局规划图

项目二　CSS 基础

二、创建站点

（1）启动 Dreamweaver CS6，执行"站点"—"新建站点"命令，打开"站点设置对象"对话框，在此对话框的左侧列表中选择"站点"选项，并在右侧"站点名称"文本框中输入"我的学习网站"，然后单击右边的图标，为本地站点文件夹选择存储路径。最后，单击"保存"按钮，完成本地站点的创建。

（2）在"文件"面板站点根目录下分别创建用于放置图片的 images 文件夹和放置 CSS 文件的 style 文件夹。

（3）将所需图片素材复制至站点的 images 文件夹，如图 2-2-6 所示。

图 2-2-6　创建文件夹

三、创建空白文档

（1）执行"文件"—"新建"命令，打开"新建文档"对话框。

（2）选择对话框左侧的"空白页"选项，从"页面类型"中选择"HTML"，然后在"布局"列中选择"<无>"。

（3）在"文档类型"下拉列表框中选择 HTML5.0 选项，单击"创建"按钮，即可创建一个空白文档。

（4）将该网页保存在根目录下，并重命名为"css_2.html"，如图 2-2-7 所示。

四、创建 CSS 文档

（1）执行"文件"—"新建"命令，打开"新建文档"对话框。

（2）选择对话框左侧的"空白页"选项，从"页面类型"中选择"CSS"，然后单击"创建"按钮，即可创建一个 CSS 空白文档。

（3）将此外部 CSS 文档保存在 style 文件夹中，并命名为"css2_div.css"，如图 2-2-8 所示。

图 2-2-7　创建空白网页

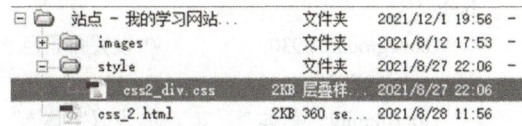

图 2-2-8　创建 CSS 文档

五、将 CSS 文档链接到页面

（1）打开 css_2.html 文档，执行"窗口"—"CSS 样式"命令，打开"CSS 样式"面板，单击面板底部的附加样式表按钮。

（2）此时弹出"链接外部样式表"对话框，单击"浏览"按钮，将外部样式文件 css2_div.css 链接到 css_2.html 页面中，如图 2-2-9 所示。

（3）回到 Dreamweaver CS6 界面，显示两个文件已链接，如图 2-2-10 所示。单击其中一个，可以在 css_2.html 与 css2_div.css 两个文档之间相互切换。

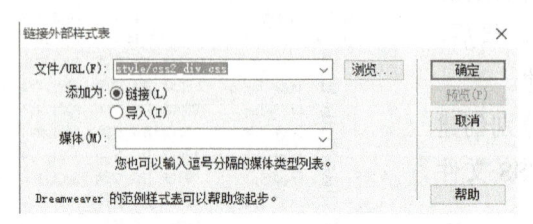

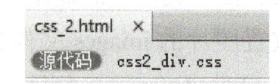

图 2-2-9 将 CSS 文档链接至页面   图 2-2-10 HTML 与 CSS 文档成功链接

（4）此时，在 css_2.html 代码视图中会看到如下一条语句。

<link href="style/css2_div.css" rel="stylesheet" type="text/css" />

六、页面初始化

（1）将光标返回到设计视图，选择"插入"菜单中"布局对象"下的"Div 标签"选项。此时弹出"插入 Div 标签"对话框，在"插入"下拉列表框中选择"在插入点"，在"ID"列表框中输入"wrapper"。单击"确定"按钮，即可在网页中创建名为"wrapper"的 ID 选择器。

（2）切换至 css2_div.css 文件，创建系列初始化规则，以及名称为"*"和"#wrapper"的选择器的 CSS 规则，代码如下所示。

```
@charset "utf-8";
* {
    margin: 0px;              /* 清除外边距 */
    padding: 0px;             /* 清除内边距 */
    border: 0px;              /* 清除默认边框 */
}
body {
    background: #930;         /* 设置背景色 */
    color: #FFF;
    font-family: " 黑体 ";      /* 设置字体 */
}
#wrapper {
    width: 800px;             /* 设置宽度 */
    margin: 0 auto;           /* 设置水平居中 */
}
```

七、content 区域的制作

> **知识加油站** 边框（border）

元素的边框（border）是指在元素的外边距内，围绕元素内容和内边距的一条或多条线。每个边框有 3 个属性：样式（style）、宽度（width）及颜色（color）。

1. 边框的样式

样式是边框最重要的一个属性，如果没有样式，将根本没有边框。

边框样式属性（border-style 属性）是一个不可继承的属性。其语法结构如下：

border-style : none | hidden | dotted | dashed | solid | double | groove | ridge | inset | outset ;

其中每个取值的含义如下。

none：没有边框，即忽略所有边框的宽度；

hidden：隐藏边框（IE 不支持）；

dotted：点线；

dashed：虚线；

solid：实线；

double：双线；

groove：3D 凹槽；

ridge：菱形边框；

inset：3D 凹边；

outset：3D 凸边。

其中，最后 4 个属性和边框颜色属性有关（并且 IE 浏览器并不能正常显示）。

（1）定义多种样式。可以为一个边框定义多个样式，例如：

p {border-style: solid dotted dashed double;}

（2）定义单边样式。如果希望为元素边框的某一条边设置样式，可以使用下面的单边边框样式属性：

border-top-style
border-right-style
border-bottom-style
border-left-style

下面两种方法是等价的：

p {border-style: solid solid solid none; }
p {border-style: solid; border-left-style: none; }

注意：如果使用第二种方法，则必须把单边属性放在简写属性之后。因为如果把单边属性放在 border-style 之前，简写属性的值就会覆盖单边属性值 none。

2. 边框的宽度

可以通过 border-width 属性为边框指定宽度。

为边框指定宽度有两种方法：可以指定宽度值，如 2px 或 0.1em；使用 3 个关键字之一，它们分别是 thin、medium（默认值）和 thick。

所以，用户可以这样设置边框的宽度：

p {border-style: solid; border-width: 5px; }

（1）定义单边宽度。可以按照 top-right-bottom-left 的顺序设置元素的各边边框，代码如下所示。

p {border-style: solid; border-width: 15px 5px; }

用户也可以通过下列属性分别设置边框各边的宽度，代码如下所示。

```
p {
    border-style: solid;
    border-top-width: 15px;
    border-right-width: 5px;
    border-bottom-width: 15px;
    border-left-width: 5px;
}
```

（2）没有边框。在前面的例子中，已经看到，如果希望边框按要求显示，就必须设置边框样式，如 solid 或 outset。那么如果把 border-style 设置为 none，会出现什么情况呢？

p {border-style: none; border-width: 50px;}

尽管边框的宽度设置为 50 像素，但是边框样式设置为 none。在这种情况下，不管边框的宽度设置成多少，该元素都没有边框。

根据下面代码规则，所有的 h1 元素都没有边框，更不用说 20 像素宽了。

h1 {border-width: 20px;}

由于 border-style 的默认值是 none，如果没有声明样式，就相当于 border-style : none。因此，如果希望边框出现，就必须声明一个边框样式（style）。

3. 边框的颜色

边框颜色的设置非常简单。在 CSS 中可使用一个简单的 border-color 属性，它一次最多可以接受 4 个颜色值。

可以使用任何类型的颜色值，如可以是命名颜色，也可以是十六进制和 RGB 值。

```
p {
    border-style: solid;
    border-color: blue rgb (25%, 35%, 45%) #909090 red;
}
```

如果颜色值小于 4 个，值复制就会起作用。例如，下面的代码规则声明了段落的上下边框是蓝色，左右边框是红色。

```
p {
    border-style: solid;
    border-color: blue red;
}
```

注意：默认的边框颜色是元素本身的前景色。如果没有为边框声明颜色，它将与元素的文本颜色相同。同时，如果元素没有文本内容，假设它是一个表格，且其中只包含图像，那么该表格的边框颜色就是其父元素的文本颜色（因为 color 可以继承）。这个父元素很可能是 body、div 或另一个 table。

还有一些单边边框颜色属性，它们的原理与单边样式和宽度属性相同。

```
border-top-color
border-right-color
border-bottom-color
border-left-color
```

要为 h1 元素设置实线黑色边框，右边框为实线红色，可以使用如下代码。

```
h1 {
    border-style: solid;
    border-color: black;
    border-right-color: red;
}
```

学以致用

若希望创建一个内容区尺寸宽度为 400 像素、高度为 100 像素、边框为红色 1 像素实线的 div 盒子，CSS 代码该如何编写呢？

_____

_____

知识加油站 内边距（padding）

padding 属性定义元素的内边距。padding 属性接受长度值或百分比值，但不允许使用负值。例如，如果用户希望所有 h1 元素的各边都有 10 像素的内边距，可以采用如下代码。

```
h1 {padding: 10px; }
```

用户还可以按照上、右、下、左的顺序分别设置各边的内边距，且各边均可以使用不同的单位或百分比值。

```
h1 {padding: 10px 0.25em 2ex 20%;}
```

1. 单边内边距属性

可以通过使用下面四个单独的属性，分别设置上、右、下、左内边距。

```
padding-top
padding-right
padding-bottom
padding-left
```

或者通过下面的代码实现与上面简写代码一样的效果。

```
h1 {
    padding-top: 10px;
    padding-right: 0.25em;
    padding-bottom: 2ex;
    padding-left: 20%;
}
```

2. 内边距的百分比数值

前面提到过，可以为元素的内边距设置百分比数值。百分比数值是相对于其父元素的 width 计算的，这一点与外边距一样。所以，如果父元素的 width 改变，它们也会改变。

下面这条代码把段落的内边距设置为父元素 width 的 10%。

p {padding：10%；}

如果一个段落的父元素是 div，那么它的内边距要根据 div 元素的 width 计算。

```
<div style="width：200px；">
<p>This paragragh is contained within a div that has a width of 200 pixels.</p>
</div>
```

注意：上下内边距与左右内边距一致，即上下内边距的百分比数值会根据父元素宽度来设置，而不是根据其高度来设置。

学以致用

请在上一个"学以致用"栏目中创建的红色盒子中插入一段文字，设置文字与盒子的上边框、左边框的距离为 20 像素。CSS 代码该如何编写呢？

_____

_____

知识加油站　外边距（margin）

设置外边距的最简单的方法就是使用 margin 属性。

margin 属性接受多种度量单位，可以是像素、英寸、毫米等。

margin 属性通常设置为 auto。更常见的做法是为外边距设置长度值。例如，下面的代码是在 h1 元素的各个边上设置 0.25 英寸宽的空白。

h1 {margin: 0.25in;}

又如，下面的代码为 h1 元素的四个边分别定义了不同的外边距，所使用的单位是像素。

h1 {margin: 10px 0px 15px 5px;}

与内边距的设置相同，margin 属性中数值的顺序是从上外边距（top）开始，围着元素顺时针旋转的，如下面代码所示。

margin: top right bottom left

另外，margin 属性还可以通过设置百分比数值来实现，如下面代码所示。

p {margin：10%；}

百分比数值是相对于父元素的 width 计算的。上面的代码为 p 元素设置的外边距是其父元素 width 的 10%。

body 本身也是一个盒子，在默认情况下，body 会有一个若干像素的外边框，其属性值对于不同浏览器来说不尽相同。

学以致用

请将上一个"学以致用"栏目中创建的红色盒子外边距设置为 10 像素。CSS 代码该如何编写呢？

_____

_____

（1）将光标返回到设计视图，删除 wrapper 选择器中的多余文字。选择"插入"菜单中"布局对象"下的"Div 标签"选项。在弹出的对话框中，选择"插入"下拉列表框中的"在开始标签之后"，并在后面标签下拉列表框中选择"<div id="wrapper">"，在"ID"列表框中输入"content"，如图 2-2-11 所示。单击"确定"按钮，即可在 wrapper 选择器中插入 ID 选择器 content。

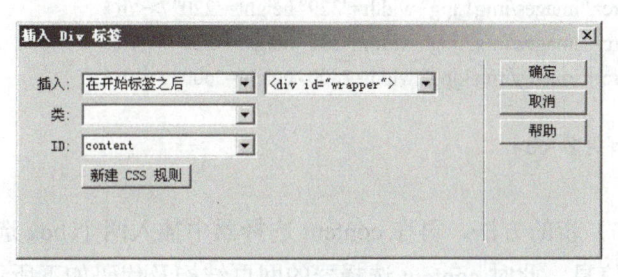

图 2-2-11　在 wrapper 选择器中插入 ID 选择器 content

（2）切换到 css2_div.css 文件，创建名称为"content"的选择器，设置宽度为 800 像素，下外边距为 20 像素，代码如下所示。

```
#content {
    width: 800px;              /* 设置宽度 */
    height: 830px;             /* 设置高度 */
    margin-bottom: 20px;       /* 设置下外边距 20 像素 */
    clear: both;               /* 清除环绕 */
}
```

（3）返回到 css_2.html 文件的代码视图，删除 content 选择器中的多余文字，在其中输入标题文字，代码如下所示。

```
<div id="wrapper">
<div id="content">
<h1> 湘赣闽红色旅游区 </h1>
```

（4）切换到 css2_div.css 文件，为 h1 选择器定义 CSS 规则，代码如下所示。

```
#content h1 {
    text-align: center;                    /* 文本居中 */
```

```
        padding: 10px;                    /* 设置内边距为 10 像素 */
        border-bottom: #fff 1px solid;    /* 设置下边线为 1 像素白色实线 */
}
```

（5）返回到 css_2.html 文件的代码视图，选择"插入"菜单中"布局对象"下的"Div 标签"选项。在弹出的对话框中，选择"插入"下拉列表框中的"在结束标签之前"，并在后面标签下拉列表框中选择"<div id="content">"，在"类"列表框中输入"box"，如图 2-2-12 所示。单击"确定"按钮，即可在 content 选择器后插入类选择器 box。

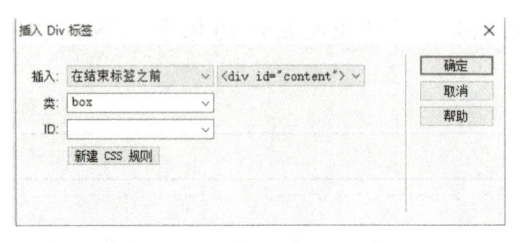

图 2-2-12　在 content 选择器中插入类选择器 box

（6）删除 box 选择器中的多余文字，然后在其中输入"江西省"二级标题内容，并利用项目列表，输入图片与文字信息，代码如下所示。

```
<div class="box">
    <h2 class="heading">江西省 </h2>
    <ul class="listclass">
        <li><img src="images/img1.jpg" width="329" height="220" /></li>
        <li><img src="images/img2.jpg" width="330" height="220" /></li>
        <li><img src="images/img3.jpg" width="800" height="600" /></li>
    </ul>
    <a>>> 了解更多 </a>
</div>
```

（7）利用第（5）步的方法，再在 content 选择器中插入两个 box 选择器，并分别在其中导入图片与文字信息，此时 content 选择器的网页结构及代码如下所示。

```
<div id="content">
    <h1>湘赣闽红色旅游区 </h1>
    <div class="box">
        <h2 class="heading">江西省 </h2>
        <ul class="listclass">
            <li><img src="images/img1.jpg" width="329" height="220" /></li>
            <li><img src="images/img2.jpg" width="330" height="220" /></li>
            <li><img src="images/img3.jpg" width="800" height="600" /></li>
        </ul>
        <a>>> 了解更多 </a>
    </div>
    <div class="box">
        <h2 class="heading"> 湖南省 </h2>
        <ul class="listclass">
            <li><img src="images/img4.jpg" width="450" height="327" /></li>
            <li><img src="images/img5.jpg" width="325" height="220" /></li>
            <li><img src="images/img6.jpg" width="292" height="220" /></li>
        </ul>
        <a>>> 了解更多 </a>
    </div>
    <div class="box">
```

```html
        <h2 class="heading"> 福建省 </h2>
        <ul class="listclass">
            <li><img src="images/img7.jpg" width="600" height="400" /></li>
            <li><img src="images/img8.jpg" width="600" height="399" /></li>
            <li><img src="images/img9.jpg" width="600" height="430" /></li>
        </ul>
        <a>>> 了解更多 </a>
    </div>
</div>
```

（8）切换到 css2_div.css 文件，为 box 选择器及其子对象设置属性值，代码如下所示。

```css
.heading {
    font-size: 30px;            /* 设置字号 */
    margin-top: 5px;            /* 设置上外边距为 5 像素 */
    margin-bottom: 5px;         /* 设置下外边距为 5 像素 */
}
.box {
    width: 750px;               /* 设置宽度 */
    height: 250px;              /* 设置高度 */
    margin: 0px 20px;           /* 设置上下外边距为 0 像素，左右外边距为 20 像素 */
    padding: 5px;               /* 设置内边距 */
    clear: both;                /* 清除环绕 */
}
.box img {
    height: 145px;              /* 设置图片高度 */
    width: 220px;               /* 设置图片宽度 */
    border: 1px solid #FFF;     /* 设置图片边框为 1 像素实线边框，颜色为白色 */
    padding: 5px;               /* 设置内边距 */
    margin: 5px;                /* 设置外边距 */
}
.box a {
    clear: both;                /* 清除浮动 */
    display: block;             /* 转换成块级元素 */
    width: 730px;
    height: 30px;
    line-height: 30px;          /* 设置行高 */
    text-align: right;
    padding: 5px;
}
.listclass li {
    float: left;                /* 设置左浮动 */
    width: 250px;               /* 设置宽度 */
    list-style-type: none;      /* 去除默认项目符号 */
}
.listclass li span {
    display: block;             /* 定义内联元素为块级元素 */
    width: 250px;               /* 设置宽度 */
    text-align: center;         /* 设置文字居中 */
    font-size: 16px;            /* 设置字号 */
    line-height: 1.5;           /* 设置行高 */
```

```
    height: 35px;                    /* 设置高度 */
}
```

（9）返回到 css_2.html，按 F12 键进行预览，效果如图 2-2-13 所示。

图 2-2-13　网页预览效果

八、footer 区域的制作

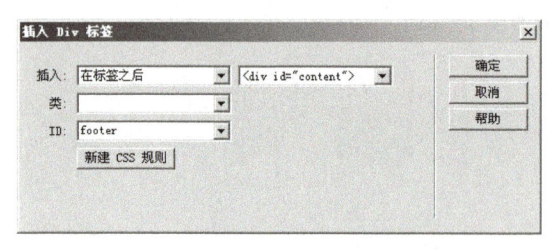

图 2-2-14　在 content 选择器后插入 ID 选择器 footer

（1）将光标定位到设计视图，选择"插入"菜单中"布局对象"下的"Div 标签"选项。在弹出的对话框中，选择"插入"下拉列表框中的"在标签之后"，并在后面标签下拉列表框中选择"<div id="content">"，在"ID"列表框中输入"footer"，如图 2-2-14 所示。单击"确定"按钮，即可在 content 选择器后插入 ID 选择器 footer。

（2）删除 footer 选择器中的多余文字，在其中输入版权信息，此时页面结构及代码如下所示。

```
<div id="footer">
<p class="left"> 版权所有：&copy; 商务飞鹰工作室 </p>
<p class="right"> 湖南长沙 </p>
</div>
```

（3）返回到 css2_div.css 文件，创建 footer 选择器的 CSS 规则，代码如下所示。

```css
#footer {
    width: 750px;              /* 设置宽度 */
    height: 50px;              /* 设置高度 */
    text-align: center;        /* 设置内容居中 */
    clear: both;               /* 清除环绕 */
    margin: 10px 20px 0px 20px;/* 设置外边距 */
    padding: 5px;              /* 设置内边距 */
}
#footer .left {
    float: left;               /* 设置左浮动 */
}
#footer .right {
    float: right;              /* 设置右浮动 */
}
```

至此，湘赣闽红色旅游区网页的制作已经全部完成，读者可以根据自己的喜好进一步美化其中的文字和格式效果。

任务评价

评价项目	评价内容	评价等级				
		优	良	中	较差	差
知识评价	了解盒子模型的基本知识					
	能够计算盒子模型实际大小					
	了解盒子模型的内边距、外边距、边框三个属性					
	了解盒子之间的位置关系					
	了解 CSS 代码的简写与优化					
能力评价	具有独立分析网页的能力					
	具有知识迁移的能力					
创新素质评价	能够清晰、有序地梳理与实现任务					
	能够挖掘出课本之外的其他知识与技能					
	能够利用其他方法来分析与解决问题					
	能够进行数据分析与总结					
思政评价	了解红色旅游资源，培养爱国情怀					
	了解红色文化，增强民族自信					
课后建议及反思						

课后提升

一、CSS 代码的简写与优化

提高代码文件的网络传输速度,是提高网站整体加载速度的一个重要手段。精简代码是一种压缩代码文件大小的手段。CSS 代码简写的最大好处,就是能够显著压缩 CSS 文件的大小,优化网站整体性能,更有利于阅读。下面分别介绍 CSS 常用元素属性代码的简写与优化。

CSS 代码简写和优化

(一) 外边距 (margin)

内边距(padding)与外边距(margin)相同,本处以外边距为例。

如以下代码:

```
margin-top: 1px;
margin-right: 2px;
margin-bottom: 3px;
margin-left: 4px;
```

可以简写为:

```
margin: 1px 2px 3px 4px;
```

上述简写的代码表示上、右、下、左(顺时针方向)的外边距属性值。

如果给出 1 个属性值,表示上右下左四个方向的属性值相同。如 margin: 1px;等同于 margin: 1px 1px 1px 1px;。

如果给出 2 个属性值,前者表示上下的属性值,后者表示左右的属性值。如 margin: 1px 2px;等同于 margin: 1px 2px 1px 2px;。

如果给出 3 个属性值,前者表示上的属性值,中间的数值表示左右的属性值,后者表示下的属性值。如 margin: 1px 2px 3px;等同于 margin: 1px 2px 3px 2px;。

如果给出 4 个属性值,依次表示上、右、下、左的属性值,即顺时针排序。如 margin: 1px 2px 1px 3px;。

(二) 边框 (border)

边框的属性由边框宽度(border-width)、边框样式(border-style)和边框颜色(border-color)构成。

如以下代码:

```
border-width: 1px;
border-style: solid;
border-color: #000;
```

可以简写为:

```
border: 1px solid #000;
```

由此可见，border 属性的基本语法为"border: border-width border-style border-color"。

对于边框宽度（border-width）、边框样式（border-style）和边框颜色（border-color）这三个属性，如果单独使用，其简写方式可以参照 margin 或 padding 的原则，如：

```
border-width: 1px 2px;          /* 边框上下边框宽度为 1 像素，左右边框宽度为 2 像素 */
border-style: solid;            /* 边框四个方向都为实线 */
border-color: red green blue;   /* 上边框为红色，下边框为蓝色，左右边框为绿色 */
```

（三）背景（background）

背景的属性包括背景颜色（background-color）、背景图像（background-image）、背景重复（background-repeat）、背景固定（background-attachment）与背景图片位置（background-position）五组。

如以下代码：

```
background-color: #f00;
background-image: url (bg.jpg);
background-repeat: no-repeat;
background-attachment: fixed;
background-position: 0 0;
```

可以简写为：

```
background: #f00 url (bg.jpg) no-repeat fixed 0 0;
```

由此可见，background 属性的基本语法为"background: background-color background-image background-repeat background-attachment background-position"，这些属性值可以缺省，浏览器会自动为未定义的背景属性使用其默认值来表现。

（四）字体（font）

字体属性定义文本的字体系列（font-family）、字体大小或字号（font-size）、加粗（font-weight）、风格（font-style）、变形（font-variant）和行高（line-height）等。

如以下代码：

```
font-style: italic;
font-variant: small-caps;
font-weight: bold;
font-size: 1em;
line-height: 140%;
font-family: "Lucida Grande", sans-serif;
```

可以简写为：

```
font: italic small-caps bold 1em/140% "Lucida Grande", sans-serif;
```

注意：以上字体属性中，至少要定义字体大小（font-size）和字体系列（font-family）两个值。

（五）列表（list）

在网页设置中经常用到列表，CSS 中设置列表的属性为 list-style。

如以下代码：

list-style-type: square;
list-style-position: inside;
list-style-image: url (icon1.gif);

可以简写为：

list-style: square inside url (icon1.gif);

注意：取消默认的无序列表中的圆点和有序列表中的编号，可以直接用 list-style：none 进行设置。

（六）颜色（color）

CSS 中对十六进制形式的每两位值相同的色彩值，可以缩写一半进行简写，如 #332277 可以简写为 #327，#0000ff 可以简写为 #00f。

注意：对于 #120088 这种颜色值是不能进行简写的。

（七）属性值为 0

如果 CSS 属性值为 0，则可以省略单位。

如以下代码所示。

padding: 10px 5px 0px 0px;

可以简写如下。

padding: 10px 5px 0 0;

（八）最后一个分号

在制定 CSS 规则时，最后一个属性值后面的分号可以不写。

如以下代码所示。

```
#content {
width: 800px;
height: 830px;
margin: 0 auto 20px auto;
clear: both;
}
```

可以简写如下。

```
#content {
width: 800px;
height: 830px;
margin: 0 auto 20px auto;
clear: both
}
```

二、CSS 样式速记规则设置

在 Dreamweaver 软件中，可以设置 CSS 样式速记规则，自动实现 CSS 代码的简写与优化。这里以背景属性为例，讲解 CSS 样式速记规则的设置方法。

在编写样式代码时，为了优化代码，可以把背景的各个属性合为一行，而不用每次都单独把它们写出来。在创建 CSS 样式表文件并进行链接后，编写代码前，进入首选参数菜单项，将创建 CSS 规则时使用速记的相关参数勾选上，如图 2-2-15 和图 2-2-16 所示。

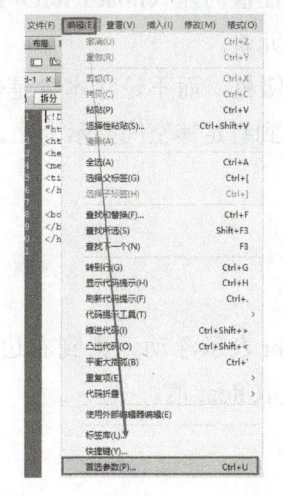

图 2-2-15　首选参数菜单选项　　　图 2-2-16　CSS 样式速记规则设置对话框

学以致用

请同学们将以下外边距各个属性合成一行进行简写。

margin-left: 20px;

margin-right: 20px;

margin-bottom: 5px;

margin-top: 20px;

任务三　CSS 的浮动与定位

CSS 的 display 属性

▍课前自学▍

一、浮动（float）属性

CSS 中的块级元素默认显示都是各占一个新行，如果想要将多个块级元素显示在同一行，有两种方法：

方法 1：设置块级元素的 display 属性值为 inline，即将块级元素

CSS 的 float 属性

转化为内联元素。

方法 2：利用 float 属性改变块级元素的环绕属性。

（一）什么是 float 属性

float 的中文意思是浮动，设置了 float 属性的元素会根据属性值向左（float：left）或向右（float：right）浮动，我们称设置了 float 属性的元素为浮动元素。

在 CSS 中，任何元素都可以浮动。浮动元素会生成一个块级框，而不论它本身是何种元素。如果一行的空间不够，那么这个元素会跳至下一行，直到有足够空间显示为止。

（二）float 的语法

```
#img{ float: right; }
```

以上代码用于设置名为 img 的对象左浮动。

fload 属性有四个可取的值：left 表示浮动元素到左边；right 表示浮动元素到右边；none 为默认值，表示元素不浮动；inherit 表示将会从父级元素获取 float 值。

（三）float 的应用

在以下 HTML 代码中可以看到，box 中插入了一张图片，图片对象名为"#box img"，图片后添加了一个段落，段落占据新的一行，若想让段落环绕着图片，就需要使用 float 属性来重新设置。

```
<div id="box"><img src="images/jzz1.jpg" width="400" height="500" />
    <p>橘子洲是湘江中最大的名洲，由南至北，纵贯江心，西瞻岳麓，东临古城。橘子洲景区始建于 1960 年 3 月，1962 年 10 月 20 日正式对外开放，1972 年 6 月 10 日改名为长沙市橘洲公园管理处，2001 年被正式评为国家 AAAA 风景名胜区后，更名为"长沙岳麓山风景名胜区橘子洲景区管理处"。橘子洲景区是全国文明风景旅游区示范点、全国首批"红色旅游"经典景点、省级文明单位、湖南百景单位、潇湘八景之一、长沙"山、水、洲、城"旅游格局的核心要素。</p>
</div>
```

给以上图片设置左浮动属性，CSS 规则代码如下所示。

```
#box {
    height: 300px;
    width: 400px;
    border: 1px solid #999;
    padding: 5px;
}
#box img {
    float: left;              /* 设置左浮动 */
    margin: 5px;
    padding: 5px;
    height: 180px;
    width: 200px;
}
#box p {
    font-size: 14px;
```

```
    line-height: 1.5;
    text-indent: 2em;
}
```

网页效果如图 2-3-1 所示。

图 2-3-1　float 属性左浮动效果

将 float 属性值改为右浮动后，显示效果如图 2-3-2 所示。

图 2-3-2　float 属性右浮动效果

二、清除浮动（clear）属性

CSS 的 clear 属性

（一）什么是 clear 属性

clear 属性规定元素的哪一侧不允许其他浮动元素。它主要清除其他浮动元素对本元素位置的影响，非浮动元素不受其影响。如果声明为左边或右边清除，会使元素的上外边框边界刚好在该边上浮动元素的下外边距边界之下。

（二）clear 的语法

`#content{clear: both;}`

以上代码用于清除 content 对象左右两边的环绕。

clear 属性有四个可取的值：none 为默认值，允许两边都可以有浮动对象；left 表示不允许左边有浮动对象；right 表示不允许右边有浮动对象；both 表示不允许有浮动对象。

（三）clear 的应用

如图 2-3-3 所示，当侧边框 siderbar 内容短于 content 内容时，页脚 footer 会自动"流"至侧边框 sidebar 的下面剩余空间。但在实际运用过程中，我们一般希望将页脚 footer 重新另起一行，放在 content 盒子的下边区域。如何来解决这个问题呢？

我们需要在页脚 footer 中，添加设置清除左右两边浮动的 CSS 规则，以使页脚 footer 另起一行，移至浮动元素的下方区域，代码如下所示。

`#footer { clear: both;}`

设置完代码后，效果如图 2-3-4 所示，成功解决了这个问题。

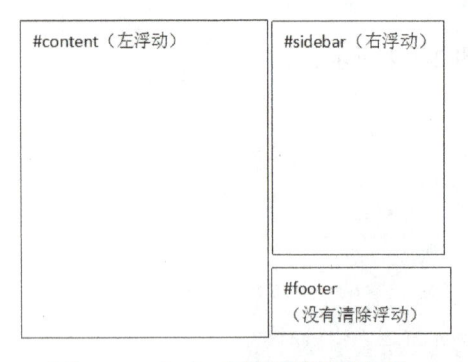

图 2-3-3　footer 对象没有清除浮动　　　　图 2-3-4　footer 对象清除浮动

注意：CSS 的清除浮动规则只能影响使用清除的元素本身，不能影响其他元素。

学以致用

请你为所在城市的某个红色旅游景点，利用 float 属性设计一个景点介绍的图文混排效果吧！

自学自测

一、单项选择题

1. 下列关于网页元素 overflow 的说法中，正确的是（　　）。

　A．网页元素的位置，距离左边框和上边框的距离

　B．网页元素的位置，距离右边框和下边框的距离

　C．网页元素的定位方式，其取值中包括 absolute

D．网页元素的内容溢出时，是否显示多余的内容
2．以下不属于 float 属性的是（   ）。
A．left   B．none   C．right   D．all
3．下列关于 float 属性的取值说明不正确的是（   ）。
A．取值为 left 表示浮动到左边
B．取值为 right 表示浮动到右边
C．取值为 none 表示元素不浮动
D．取值为 inherit 表示从父级元素获取 float 值，这是其默认值

二、简答题
clear 属性是用来干什么的？它包括哪些属性值？分别有什么意义呢？

课中任务

任务导入

小明很好地掌握了盒子模型的概念及盒子之间的关系后，他发现了一个重要的问题，如果仅仅按照默认的方式进行排版，网页所呈现出来的效果就没有多样化。那么，怎样才能把网页元素放在想要放的任意位置呢？

任务描述

本任务利用图片和文字素材，制作一个介绍红色旅游景点橘子洲景区的网页，网页效果如图 2-3-5 所示。

图 2-3-5　橘子洲景区简介网页效果

"橘子洲景区"网页制作

思政园地 2-3　橘子洲头：
见证共产党人的初心启航

任务实施

一、网页布局规划

从图 2-3-5 所示的网页效果可以看出,整个页面分为四部分,分别为头部(其中包括 logo 与 banner 内容)、导航栏部分、内容主体部分(包括左侧栏与右侧栏两部分)和页脚部分。通过对页面的仔细观察与思考,将页面的布局规划图展示出来,如图 2-3-6 所示。

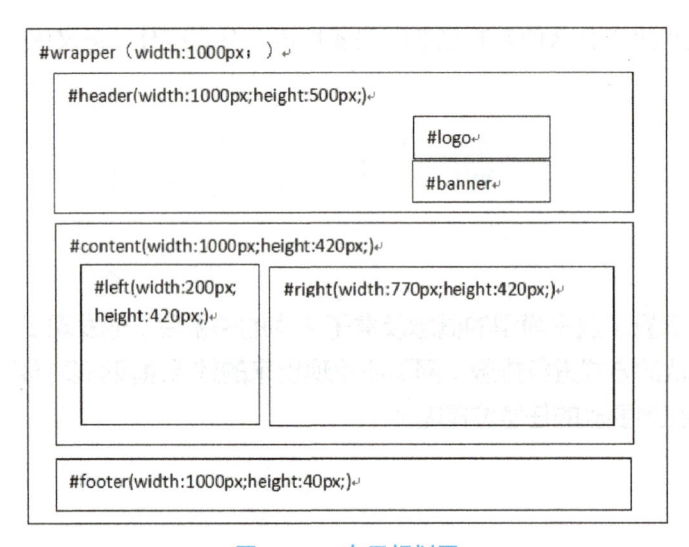

图 2-3-6　布局规划图

二、创建站点

(1)启动 Dreamweaver CS6,执行"站点"—"新建站点"命令,打开"站点设置对象"对话框。在此对话框的左侧列表中选择"站点"选项,并在右侧"站点名称"文本框中输入"我的学习网站",然后单击其右下角的图标,为本地站点文件夹选择存储路径。单击"保存"按钮,完成本地站点的创建。

(2)在"文件"面板站点根目录下分别创建用于放置图片的 images 文件夹和放置 CSS 文件的 style 文件夹,将所需图片素材复制到站点的 images 文件夹中。

三、创建并链接 HTML 与 CSS 文档

(1)执行"文件"—"新建"命令,打开"新建文档"对话框。选择对话框左侧的"空白页"选项,从"页面类型"列中选择"HTML",然后在"布局"列中选择"<无>"。在"文档类型"下拉列表框中选择"HTML5.0",单击"创建"按钮,即可创建一个空白文档。

将该网页保存在根目录下，并重命名为"css_3.html"。

（2）执行"文件"—"新建"命令，打开"新建文档"对话框。选择该对话框左侧的"空白页"选项，从"页面类型"列中选择"CSS"，然后单击"创建"按钮，即可创建一个 CSS 空白文档。将此外部 CSS 文档保存在 style 文件夹中，并命名为"css3_div.css"。

（3）打开 css_3.html 文档，执行"窗口"—"CSS 样式"命令，打开"CSS 样式"面板，单击面板底部的"附加样式表"按钮。此时弹出"链接外部样式表"对话框，单击"浏览"按钮，将外部样式文件 css3_div.css 链接到 css_3.html 页面中。

（4）返回 Dreamweaver CS6 界面，显示两个文件已链接，如图 2-3-7 所示。单击其中任意一个，可以在 css_3.html 与 css3_div.css 两个文档之间相互切换。

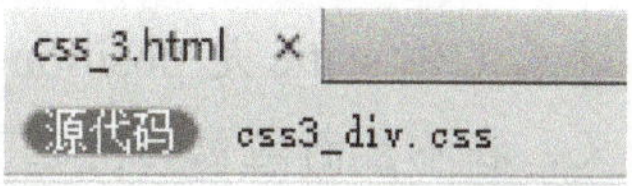

（5）在 css_3.html 代码视图中可以看到如下一条语句。

图 2-3-7　HTML 与 CSS 文件成功链接

```
<link href="style/css3_div.css" rel="stylesheet" type="text/css" />
```

四、页面初始化

（1）将光标定位在设计视图，选择"插入"菜单中"布局对象"下的"Div 标签"选项。在弹出的对话框中选择"插入"下拉列表框中的"在插入点"，在"ID"列表框中输入"wrapper"，单击"确定"按钮，即可在网页中创建名为"wrapper"的 DIV 选择器

（2）切换至 css3_div.css 文件，创建系列初始化规则，并定义选择器的 CSS 规则，代码如下所示。

```
@charset "utf-8";
* {
    margin: 0px;           /* 清除外边距 */
    padding: 0px;          /* 清除内边距 */
    border: 0px;           /* 清除默认边框 */
}
body {
    background-color: #FFC;    /* 设置背景颜色 */
    font-family: " 黑体 ";      /* 设置字体 */
    font-size: 16x;            /* 设置字体大小 */
    color: #666;               /* 设置文字颜色 */
    background: url（../images/jzz.jpg）center top no-repeat fixed #3abae2;
}                              /* 设置背景图片不重复、固定，并设置背景颜色 */

#wrapper {
    width: 1000px;             /* 设置宽度 */
    margin: 0px auto;          /* 设置水平居中 */
}
```

五、header 区域的制作

> **知识加油站** 定位（position）属性

position 的中文意思是定位，与 float 一样是 CSS 排版中非常重要的概念。position 属性可以解决各个元素在网页中的定位问题。position 属性有四个属性值：static（静态定位）、fixed（固定定位）、relative（相对定位）与 absolute（绝对定位）。

position 属性：static、fixed 与 relative 取值 教学视频

1. 静态定位

静态定位 static 是 position 属性的默认值，按照正常的方式进行布局，没有特殊的定位含义，在不重新定位的情况下，不会有任何变化。

2. 固定定位

固定定位 fixed 以浏览器窗口或其他显示设备窗口为基准进行定位，常用于页面滚动时固定在某个位置的广告展示。图 2-3-8 所示的代码中，不管在 body 中添加多少信息，box 对象一直固定在距离浏览器顶部 300 像素、右边框 0 像素的位置。

图 2-3-8　固定定位

3. 相对定位

相对定位 relative 使元素本身相对于它原来的起点进行重新定位，left、right 设置水平方向偏移值，top、bottom 设置垂直方向偏移值。在对 box 对象没有应用定位时，默认位于浏览器的左上角，即水平方向 0 像素，垂直方向 0 像素的位置，如图 2-3-9 所示。当对 box 对象进行了相对定位，如左边偏移 200 像素，上边偏移 300 像素，box 对象的位置就发生了变化，如图 2-3-10 所示。

图 2-3-9　没有应用定位的 box 对象

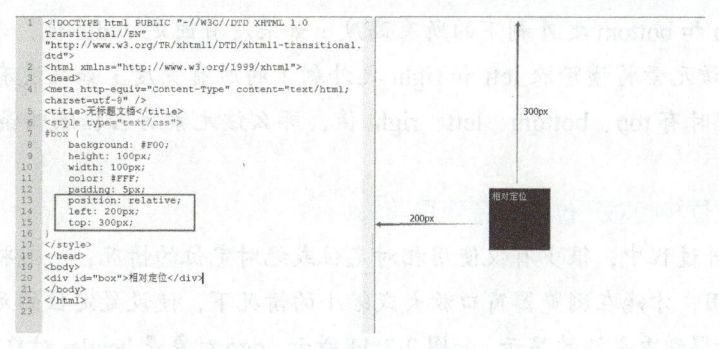

```
 1  <!DOCTYPE html PUBLIC "-//W3C//DTD XHTML 1.0
    Transitional//EN"
    "http://www.w3.org/TR/xhtml1/DTD/xhtml1-transitional.
    dtd">
 2  <html xmlns="http://www.w3.org/1999/xhtml">
 3  <head>
 4  <meta http-equiv="Content-Type" content="text/html;
    charset=utf-8" />
 5  <title>无标题文档</title>
 6  <style type="text/css">
 7  #box{
 8      background: #F00;
 9      height: 100px;
10      width: 100px;
11      color: #FFF;
12      padding: 5px;
13      position: relative;
14      left: 200px;
15      top: 300px;
16  }
17  </style>
18  </head>
19  <body>
20  <div id="box">相对定位</div>
21  </body>
22  </html>
```

图 2-3-10　应用相对定位的 box 对象

相对定位是相对于元素原本的位置来做的定位，元素在文档流中依然保持着其原来的默认位置，即使它做了偏移，其周围的元素也不会占领它（原来）的（偏移前）位置。

如果一个元素设置了相对定位（甚至是做了偏移），它周围的元素排版时参考的依然是这个元素原本的位置（没有偏移前的位置）。

如果同时设置 top 和 bottom 的值，top 值的优先级更高。如果同时设置 left 和 right 的值，优先级取决于网页的语言。比如，在英文网页中，left 的优先级更高；在阿拉伯文网页中，right 的优先级更高。

4. 绝对定位

默认状态下，绝对定位是以浏览器窗口为基准进行定位的。如果有最近的已经定位的祖先元素，那么就以最近的已经定位的祖先元素为基准进行定位。

position 属性：absolute 取值 教学视频

其中，已经定位元素的含义是指 position 属性被设置，并且被设置为不是 static 的任意一种方式的元素；祖先元素指的是包括父类元素在内的外层元素；最近指的是在一个元素的所有祖先元素中，找出所有已经定位的元素中距离该元素最近的一个元素，如父亲比祖父近、祖父比曾祖父近等。

position 的使用方法如下所示。

```
#logo {
    position: absolute;
    left: 330px;
    top: 44px;
}
```

以上 logo 元素定义了绝对定位，默认状态下以浏览器窗口为基准左偏移 330 像素，上偏移 44 像素，有最近的已经定位的祖先元素，就以最近的已经定位的祖先元素为基准左偏移 330 像素，上偏移 44 像素。

设置绝对定位的元素将脱离文档流，即在排版时，绝对定位的元素不再占有它原来的位置，后面的元素将占领它原来的位置。

当设置绝对定位的元素有固定的 height 和 width 值时，如果同时设置 top 和 bottom 值，top 值的优先级更高。如果同时设置 left 和 right 值，优先级取决于网页的语言。

如果设置绝对定位的元素没有固定 height 值，却同时有 top 和 bottom 值，那么该元素将横跨除 top 和 bottom 之外剩下的所有高度；如果没有固定 width 值，却同时有 left 和 right 值，那么该元素将横跨除 left 和 right 之外剩下的所有宽度；如果没有固定 height 和 width 值，却同时有 top、bottom、left、right 值，那么该元素将占据除四条边距离之外的所有空间。

5. 绝对定位与相对定位的结合使用

在网页设计过程中，很少有仅使用相对定位或绝对定位的情况，一般将绝对定位与相对定位结合使用，才能在浏览器窗口放大或缩小的情况下，使设置定位的元素随之改变位置，让页面元素得到更灵活的显示。如图 2-3-11 所示，logo 对象是 header 对象的下一级元素，若想要 logo 对象相对于 header 对象进行定位，就需要将 header 对象设置为除静态定位之外的其他定位，否则 logo 对象就会以浏览器窗口为基准进行定位。

```
 6  <style type="text/css">
 7  * {
 8      margin: 0px;       /* 清除外边距 */
 9      padding: 0px;      /* 清除内边距 */
10      border: 0px;       /* 清除默认边框 */
11  }
12  body {
13      font-family: "黑体";      /* 字体 */
14      font-size: 16px;         /* 字体大小 */
15      color: #666;
16      background: url(images/jzz.jpg) center top no-repeat #3abae2 fixed;
17  }
18  #wrapper {
19      width: 1000px;     /* 设置宽度 */
20      margin: 0 auto;    /* 设置其水平居中 */
21  }
22  #header {
23      height: 500px;     /* 高度 */
24      width: 1000px;     /* 宽度 */
25      position: relative; /* 设置定位 */
26  }
27  #logo {
28      width: 350px;           /* 宽度 */
29      font: bold 50px "楷体";  /* 设置字体属性 */
30      position: absolute;      /* 设置绝对定位属性 */
31      left: 550px;            /* 设置左偏移量 */
32      top: 80px;              /* 设置上偏移量 */
33      color: #666;            /* 设置字体颜色 */
34      padding-bottom: 5px;    /* 设置下内边距 */
35      border-bottom: #CCC 1px dashed; /* 设置边框 */
36  }
37  </style>
38  </head>
39
40  <body>
41  <div id="wrapper">
42      <div id="header">
43          <div id="logo">橘子洲景区</div>
44      </div>
45  </div>
46  </body>
47  </html>
```

图 2-3-11 绝对定位与相对定位的结合使用

在浏览器中预览的效果如图 2-3-12 所示，可以看到，logo 对象被定位于 header 对象中距离上边框 80 像素、左边框 550 像素的位置。

图 2-3-12 网页预览效果

学以致用

请仔细观察图 2-3-13 中的代码并分析：strong 元素的祖先元素有哪些？ strong 的绝对定位是以哪个元素为基准进行位置偏移的？

```
<style type="text/css">
#box {
    width: 500px;
    height: 200px;
    margin: 0 auto;
    position: relative;
}
p {
    position: static;
}
strong {
    position: absolute;
    left: 100px;
    top: 50px;
}
</style>
</head>
<body>
<div id="box">
    <p>红色旅游景点<strong>橘子洲风景区</strong></p>
</div>
</body>
```

图 2-3-13　学以致用代码

_____
_____

（1）将光标定位在设计视图，删除 wrapper 选择器中的多余文字。选择"插入"菜单中"布局对象"下的"Div 标签"选项。在弹出的对话框中，选择"插入"下拉列表框中的"在开始标签之后"，并在后面标签下拉列表框中选择"<div id="wrapper">"，在"ID"列表框中输入"header"，单击"确定"按钮，即可在 wrapper 选择器中插入 ID 选择器 header。

（2）将光标定位在设计视图，选择"插入"菜单中"布局对象"下的"Div 标签"选项。在弹出的对话框中，选择"插入"下拉列表框中的"在开始标签之后"，并在后面标签下拉列表框中选择"<div id="header">"，在"ID"列表框中输入"logo"，如图 2-3-14 所示。单击"确定"按钮，即可在 header 选择器中插入 ID 选择器 logo。

（3）将光标定位在设计视图，选择"插入"菜单中"布局对象"下的"Div 标签"选项。在弹出的对话框中，选择"插入"下拉列表框中的"在标签之后"，并在后面标签下拉列表框中选择"<div id="logo">"，在"ID"列表框中输入"banner"，如图 2-3-15 所示。单击"确定"按钮，即可在 logo 选择器后插入 ID 选择器 banner。

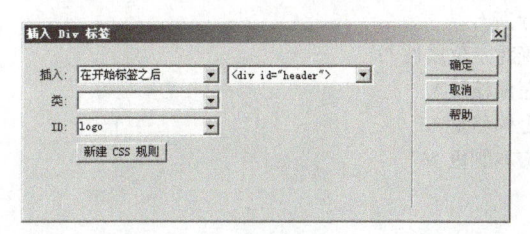

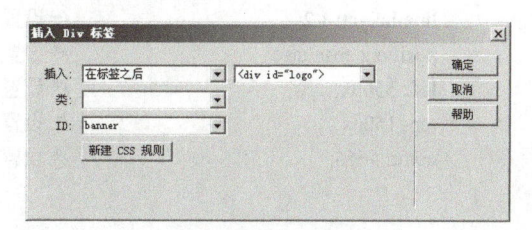

图 2-3-14　在 header 选择器中插入 ID 选择器 logo　　图 2-3-15　在 logo 选择器后插入 ID 选择器 banner

（4）在 logo 与 banner 选择器内，插入标题等文字，此时页面代码如下所示。

　　<body>

```html
<div id="wrapper">
  <div id="header">
    <div id="logo">橘子洲景区 </div>
    <div id="banner" >
      <h2>沁园春·长沙 </h2>
      <p>独立寒秋，湘江北去，橘子洲头。<br />
         看万山红遍，层林尽染；漫江碧透，百舸争流。<br />
         鹰击长空，鱼翔浅底，万类霜天竞自由。<br />
         怅寥廓，问苍茫大地，谁主沉浮？<br />
         携来百侣曾游。忆往昔峥嵘岁月稠。<br />
         恰同学少年，风华正茂；书生意气，挥斥方遒。<br />
         指点江山，激扬文字，粪土当年万户侯。<br />
         曾记否，到中流击水，浪遏飞舟？</p>
    </div>
  </div>
</div>
</body>
```

(5) 返回到 css3_div.css 文件，分别创建系列 CSS 规则，代码如下所示。

```css
#header {
    height: 500px;              /* 设置高度 */
    width: 1000px;              /* 设置宽度 */
    position: relative;         /* 设置定位 */
}
#logo {
    width: 350px;               /* 设置宽度 */
    font: bold 50px " 楷体 ";    /* 设置字体属性 */
    position: absolute;         /* 设置绝对定位属性 */
    left: 550px;                /* 设置左偏移量 */
    top: 80px;                  /* 设置上偏移量 */
    color: #666;                /* 设置文本颜色 */
    padding-bottom: 5px;        /* 设置下内边距 */
    border-bottom: #CCC 1px dashed;  /* 设置边框 */
}
#banner {
    width: 350px;               /* 设置宽度 */
    font: 16px " 楷体 ";         /* 设置字体属性 */
    line-height: 1.2;           /* 设置行高 */
    position: absolute;         /* 设置绝对定位属性 */
    left: 550px;                /* 设置左偏移量 */
    top: 150px;                 /* 设置上偏移量 */
    color: #666;                /* 设置文本颜色 */
}
```

(6) 保存当前文件，通过浏览器查看预览效果，如图 2-3-16 所示。其中的 header 对象设置了相对定位，那么 logo 与 banner 对象在使用绝对定位时，就会针对 header 对象进行位置的偏移。

图 2-3-16　当前网页预览效果

六、content 区域的制作

（1）将光标定位在设计视图，选择"插入"菜单中"布局对象"下的"Div 标签"选项。在弹出的对话框中，选择"插入"下拉列表框中的"在标签之后"选项，并在后面标签下拉列表框中选择"<div id="header">"，在"ID"列表框中输入"content"，如图 2-3-17 所示。单击"确定"按钮，即可在 header 选择器后插入 ID 选择器 content。

（2）删除 content 选择器中的多余文字，将光标定位在设计视图，选择"插入"菜单中"布局对象"下的"Div 标签"选项。在弹出的对话框中，选择"插入"下拉列表框中的"在开始标签之后"，并在后面标签下拉列表框中选择"<div id="content">"，在"ID"列表框中输入"left"，如图 2-3-18 所示。单击"确定"按钮，即可在 content 选择器中插入 ID 选择器 left。

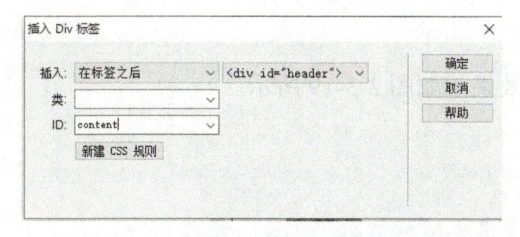

图 2-3-17　在 header 选择器后插入 ID 选择器 content

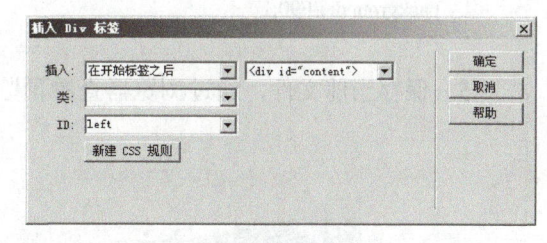

图 2-3-18　在 content 选择器中插入 ID 选择器 left

（3）删除 left 选择器中的多余文字，在其中输入相应网页代码，如下所示。

```
<div id="content">
    <div id="left"><img src="images/jzz1.jpg" width="400" height="500" />
    <ul>
        <li><a href="#" class="jqjj"> 景区简介 </a></li>
        <li><a href="#"> 景区动态 </a></li>
    </ul>
    </div>
</div>
```

（4）返回到 css3_div.css 文件，创建相关 CSS 规则，其代码如下所示。

```
#content {
    margin: 0 auto;          /* 设置水平居中 */
    height: 420px;           /* 设置高度 */
    width: 1000px;           /* 设置宽度 */
```

```css
        clear: both;                    /* 清除浮动 */
}
#left {
        width: 200px;                   /* 设置宽度 */
        height: 420px;                  /* 设置高度 */
        float: left;                    /* 设置左浮动 */
        background-color: #0090de;      /* 设置背景颜色 */
        text-align: center;             /* 设置文本居中对齐 */
}
#left img {
        width: 200px;                   /* 设置图片宽度 */
        height: 250px;                  /* 设置图片高度 */
}
#left li {
        list-style: none;               /* 去掉项目列表符号 */
}
#left a {
        display: block;                 /* 转换成块级元素 */
        width: 200px;
        height: 40px;
        line-height: 40px;
        text-decoration: none;          /* 去掉下画线 */
        color: #FFF;
}
#left a.jqjj {
        background: #F90;
}
```

（5）保存当前文件，通过浏览器查看预览效果，如图 2-3-19 所示。

图 2-3-19　当前网页预览效果

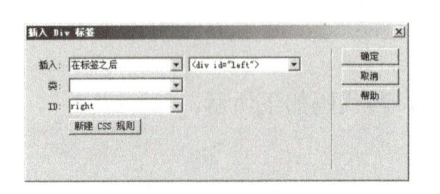

图 2-3-20　在 left 选择器后插入 ID 选择器 right

（6）将光标定位在设计视图，选择"插入"菜单中"布局对象"下的"Div 标签"选项。在弹出的对话框中，选择"插入"下拉列表框中的"在标签之后"，并在后面标签下拉列表框中选择"<div id="left">"，在"ID"列表框中输入"right"，如图 2-3-20 所示。单击"确定"按钮，即可在 left

选择器后插入 ID 选择器 right。

（7）删除 right 选择器中的多余文字，在其中输入相应内容，如下所示。

```
<div id="right">
    <h5> 您的位置 >> 景区简介 </h5>
    <h2> 橘子洲 </h2>
    <p> 橘子洲是湘江中最大的名洲，由南至北，纵贯江心，西瞻岳麓，东临古城。橘子洲景区始建于 1960 年 3 月，1962 年 10 月 20 日正式对外开放，1972 年 6 月 10 日改名为长沙市橘洲公园管理处，2001 年被正式评为国家 AAAA 风景名胜区后，更名为 " 长沙岳麓山风景名胜区橘子洲景区管理处 "。橘子洲景区是全国文明风景旅游区示范点、全国首批 " 红色旅游 " 经典景点、省级文明单位、湖南百景单位、潇湘八景之一、长沙 " 山、水、洲、城 " 旅游格局的核心要素。</p>
    <p><strong>（一）橘子洲核心景区 </strong></p>
    <p> 核心景区从原橘子洲景区往北扩展，总用地面积 37.43 公顷，是原橘子洲景区面积的 6 倍。园区主要充分利用和保留古建筑，积极营造以 " 红色旅游 " 为龙头，人文历史与植物景观相结合的景观氛围。<strong>（</strong></strong></p>
    <p><strong>（二）旅游配套服务区 </strong></p>
    <p> 该区位于橘子洲中部,总用地面积约 35.97 公顷，主要为整个橘子洲景区提供配套设施服务。包括百米高喷、焰火广场、音乐喷泉、水晶屋、游客服务中心、婚庆园、海关公廊、水上工人俱乐部、公共停车区、江神庙等。</p>
    <p><strong>（三）沙滩公园 </strong></p>
    <p> 沙滩公园位于洲尾，总用地面积 18.24 公顷，设置阳光沙滩、沙滩泳池、室内游泳及室内运动场以及室外游乐场等，可满足不同年龄、不同层次游客的不同需求，为人们的运动休闲和交流提供场所。</p>
    <p><strong>（四）水上运动区 </strong></p>
    <p> 水上运动区集中在橘子洲西面水域，水面长 2250 米，宽 280 米，规划为具有国际一流水准的水上项目活动区。该区水域景观优美，既可成为水上比赛及水上运动训练基地，也可开展水上游艇、龙舟竞赛、滑水、冲浪、水上跳伞、水上快艇等水上体育休闲活动，让市民和游客在竞勇、竞力、竞智中体验生活的乐趣和生命的活力。</p>
</div>
```

（8）返回到 css3_div.css 文件，创建相关 CSS 规则，其代码如下所示。

```
#right {
    float: left;              /* 设置左浮动 */
    width: 770px;             /* 设置宽度 */
    height: 420px;            /* 设置高度 */
    font: 15px/22px " 宋体 ";  /* 设置宋体，字号 15 像素，行距 22 像素 */
    background: #FFF;
    padding-right: 15px;      /* 设置右内边距 */
    padding-left: 15px;       /* 设置左内边距 */
}
#right h5 {
    margin-top: 5px;
    margin-bottom: 5px;
    font: 12px " 黑体 ";       /* 设置字体黑体，字号 12 像素 */
}
#right h2 {
    font-size: 20px;          /* 设置字体大小 */
    text-align: center;
```

```
        border-bottom: #666 solid 1px;
        padding-bottom: 5px;
        margin-bottom: 5px;
}
#right p {
        text-indent: 2em;          /* 设置首行缩进 2 个汉字的距离 */
        line-height: 1.5em;        /* 设置行高 1.5 个汉字的距离 */
        font-size: 12px;           /* 设置字体大小 */
}
```

（9）保存当前文件，通过浏览器查看预览效果，如图 2-3-21 所示。

图 2-3-21　当前网页预览效果

七、footer 区域的制作

（1）将光标定位在设计视图，选择"插入"菜单中"布局对象"下的"Div 标签"选项。在弹出的对话框中，选择"插入"下拉列表框中的"在标签之后"，并在后面标签下拉列表框中选择"<div id="content">"，在"ID"列表框中输入"footer"，如图 2-3-22 所示。单击"确定"按钮，即可在 content 选择器后插入 ID 选择器 footer。

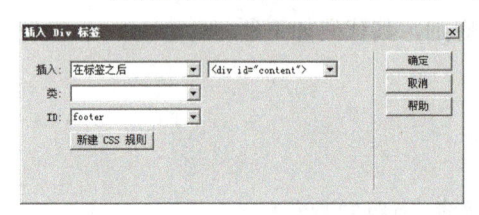

图 2-3-22　在 content 选择器后插入 ID 选择器 footer

（2）删除 footer 选择器中的多余文字，在其中输入版权信息，此时页面代码如下所示。

```
<div id="footer">
        <p class="left"> 版权所有：&copy；商务飞鹰工作室 </p>
        <p class="right"> 湖南 长沙 </p>
</div>
```

（3）返回到 css2_div.css 文件，创建 footer 选择器的 CSS 规则，代码如下所示。

```
#footer {
        width: 1000px;             /* 设置宽度 */
        height: 40px;              /* 设置高度 */
```

```
        text-align: center;          /* 设置内容居中 */
        clear: both;                 /* 清除浮动 */
        color: #FFF;
        line-height: 40px;           /* 设置行高 */
    }
    #footer .left {
        float: left;                 /* 设置左浮动 */
    }
    #footer .right {
        float: right;                /* 设置右浮动 */
        margin: 5px;                 /* 设置外边距 5 像素 */
    }
```

至此，红色旅游景点橘子洲介绍网页制作过程已经全部完成，读者可以根据自己的喜好进一步美化其中的文字和格式效果。

任务评价

评价项目	评价内容	评价等级				
		优	良	中	较差	差
知识评价	掌握 float 属性					
	掌握 clear 属性					
	掌握 position 属性					
	理解相对定位和绝对定位					
	了解网页定位机制					
能力评价	具有网页排版的能力					
	具有知识迁移的能力					
创新素质评价	能够清晰、有序地梳理与实现任务					
	能够挖掘出课本之外的其他知识与技能					
	能够利用其他方法来分析与解决问题					
	能够进行数据分析与总结					
思政评价	进一步了解本土红色文化					
	提升爱国情怀					
	能够诚信对待作品原创性					
课后建议及反思						

课后提升

一、CSS 定位机制

在 CSS 中,提供了三种定位机制,分别为普通流、浮动与定位。

CSS 的定位机制

(一)普通流定位

通常默认是在普通流中定位,普通流中元素框的位置由元素在 HTML 中的位置决定。块级元素从上到下依次排列,框与框之间的垂直距离,由框与框之间的垂直外边距计算得出;行内元素默认在一行中水平排列。如图 2-3-23 所示,div 为块级元素,默认设置为从上往下依次排列,每个元素独占一行。

(二)浮动定位

浮动的框可以左右移动,直到它的外边框边缘碰到包含框或另一个浮动框的边缘。浮动的框脱离普通流,相当于不再占有位置。如图 2-3-24 所示的 column 盒子设置了左浮动属性后,改变了默认的定位方式。

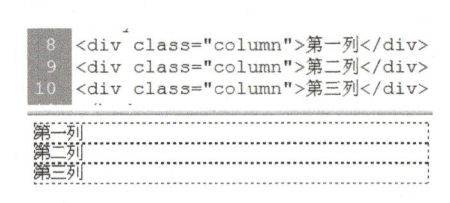

图 2-3-23　普通流定位　　　　图 2-3-24　浮动定位

(三)定位属性定位

定位属性可以将元素从页面流中偏移或分离出来,然后设定其具体位置,从而实现更精确的定位。定位属性在之前的内容中已经详细讲解,在此不再重复讲解。

以上三种 CSS 定位机制,大家可以结合实际情况灵活运用。

二、CSS+div 常见网页布局方式

CSS+div 实现网页布局常见的方式有单列式、两列式与三列式。

CSS 常见网页布局方式

(一)单列式布局

单行、单列结构是所有网页布局的基础,也是最简单的布局形式。

1. 固定单列

div 在默认状态下,宽度将占据整行的空间。宽度固定主要是设置 div 元素的 width 属

性，以下代码中的 div 元素就属于宽度固定的选择器，由于设置了布局对象的宽度属性和高度属性，因此这是一种固定宽度的布局。

```css
#divtest {
    width: 400px;                    /* 设置 div 的宽度 */
    height: 300px;                   /* 设置 div 的高度 */
    background-color: #CCCCCC;       /* 设置 div 的背景色 */
}
```

在 <body> 标签中插入 1 个 <div> 标签，代码如下所示。

```html
<div id="divtest"> 此处显示  id "divtest" 的内容 </div>
```

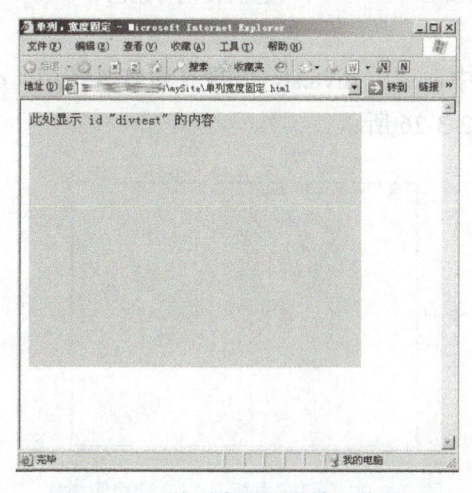

预览效果如图 2-3-25 所示。

图 2-3-25 单列宽度固定的预览效果

2. 单列自适应宽度

自适应布局能够根据浏览器窗口的大小，自动改变 div 的宽度或高度，是一种非常灵活的布局形式。自适应布局网站对于不同分辨率的显示器都能呈现较好的显示效果。

单列宽度自适应布局只需要将宽度由固定值改为百分数值的形式即可。如将上例代码中的 width：400px，修改为 width：90%，最后代码如下所示。

```css
#divtest {
    width: 90%;                      /* 设置 div 的宽度为浏览器窗口宽度的 90%*/
    height: 300px;                   /* 设置 div 的高度 */
    background-color: #CCCCCC;       /* 设置 div 的背景色 */
}
```

3. 单列居中

上述实例的特点是 div 元素位于左上方，宽度固定或自适应。在网页设计中经常见到的形式是网页整体居中，在传统的表格布局方式中，使用 align="center" 可以实现表格的居中。使用 CSS 的方法也能够实现 div 元素的居中，代码如下所示。

```css
    margin-top: 0px;
    margin-right: auto;
```

```
    margin-bottom: 0px;
    margin-left: auto;
```

或者简写如下所示。

```
    margin: 0 auto;
```

以下代码可实现 div 元素 divtest 在网页中居中。

```
#divtest {
    width: 400px;              /* 设置 div 的宽度 */
    height: 300px;             /* 设置 div 的高度 */
    margin: 0   auto;          /* 设置 div 居中显示 */
    border: 1px solid #990000; /* 设置 div 的边框 */
    background-color: #CCCCCC; /* 设置 div 的背景色 */
}
```

在 Dreamweaver 软件中，选中 divtest，发现在设计视图中，divtest 的左右两侧有宽度相等的外边距，效果如图 2-3-26 所示。

图 2-3-26　列居中显示的设计视图效果

（二）两列式布局

1. 两列固定宽度

两列式布局与单列式布局类似，只不过需要两个 <div> 标签和两个 CSS 样式。可利用 float 属性来实现两列式布局。以下 CSS 代码中定义了 left 选择器与 right 选择器的 CSS 样式，设置 left 选择器的宽度，使其宽度固定（可以使用相对值或者绝对值），同时设置 left 选择器左浮动属性（float: left），即可实现 left 与 right 选择器在同一行平行排列的效果。

```
#left {
    float: left;                /* 设置左浮动 */
    width: 300px;               /* 设置 div 的宽度，固定宽度 */
    height: 300px;              /* 设置 div 的高度 */
    background-color: #CCCCCC;  /* 设置 div 的背景色 */
}
#right {
    float: left;
    width: 300px;
    height: 300px;
    background-color: #99FF99;
}
```

在 <body> 标签中插入 2 个 <div> 标签，代码如下所示。

<div id="left"> 此处显示　id "left" 的内容 </div>
<div id="right"> 此处显示　id "right" 的内容 </div>

将上述两个样式表分别应用于对应的两个 div 元素，在浏览器中的预览效果如图 2-3-27 所示。

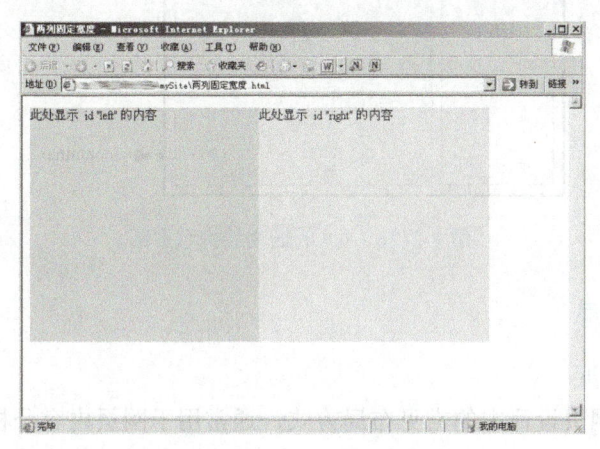

图 2-3-27　将两个样式分别应用于两个 div 元素

上例中 left 和 right 两个样式都使用了 float 属性。

2. 两列自适应宽度

对于两列式布局方式，除了固定宽度，还可以像表格一样做到自适应宽度。从单列宽度自适应布局中可以看出，将宽度值设定成百分数值即可实现自适应。修改代码如下所示。

```
#left {
    float: left;                        /* 设置左浮动 */
    width: 30%;                         /* 设置 div 的宽度，百分数值描述 */
    height: 300px;                      /* 设置 div 的高度 */
    margin: 10px;                       /* 设置 div 四周的边界 */
    background-color: #CCCCCC;          /* 设置 div 的背景色 */
}
#right {
    float: left;
    width: 50%;
    height: 300px;
    margin: 10px;
    background-color: #99FF99;
}
```

左栏设置宽度为 30%，右栏设置宽度为 50%。这种二分法是常见的一种网页布局结构，左侧一般是导航栏，右侧是要显示的内容。

3. 两列固定宽度居中显示

在单列式布局中，已经介绍了如何使一个 div 元素居中显示，在 CSS 代码中使用边界属性"margin : 0 auto ;"即可实现。

两列固定宽度要居中显示，实现办法类似，这时候需要运用 div 的嵌套来实现。即添加一个父 div 作为容器，将左右两列所对应的 div 放入容器中，然后通过将容器居中显示来达到左右两列居中显示的效果，如图 2-3-28 所示。

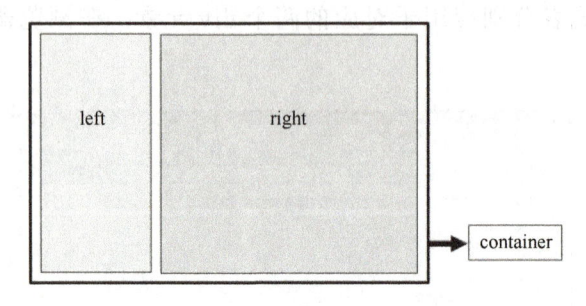

图 2-3-28 div 的嵌套结构示意图

（三）三列式布局

1. 三列固定宽度

三列式布局是网页设计中的常见布局方式，通常用于网页内容分栏。采用浮动定位方式，可以很容易地实现三列固定宽度布局，甚至是多列固定宽度布局。

以下 CSS 代码分别对 left、right 与 middle 选择器定义了 CSS 规则。

```css
#left{
    float: left;              /* 设置左浮动 */
    background: #99FF99;
    width: 200px;             /* 设置固定宽度 */
    height: 300px;
}
#right{
    float: left;              /* 设置左浮动 */
    margin-left: 10px;
    background: #99FF99;
    width: 200px;             /* 设置固定宽度 */
    height: 300px;
}
#middle{
    float: left;              /* 设置左浮动 */
    margin-left: 10px;
    background: #CCCCCC;
    width: 350px;             /* 设置固定宽度 */
    height: 300px;
}
```

在 \<body\> 标签中插入 3 个 \<div\> 标签，代码如下所示。

```html
<div id="left"> 此处显示 id " left " 的内容 </div>
<div id="middle"> 此处显示 id "middle " 的内容 </div>
<div id="right"> 此处显示 id " right " 的内容 </div>
```

在浏览器窗口中的预览效果如图 2-3-29 所示。

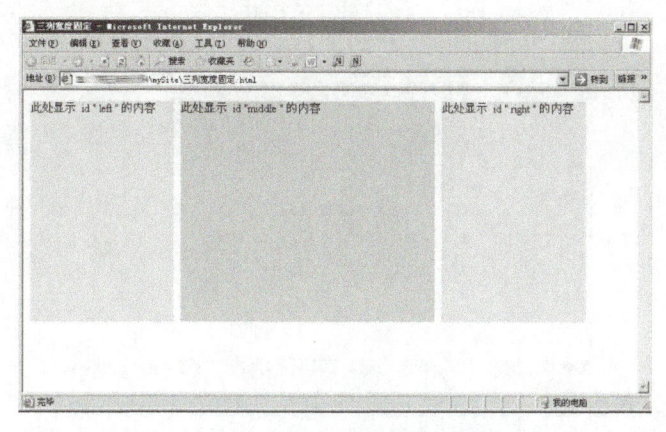

图 2-3-29　三列固定宽度布局预览效果

在图 2-3-29 中，三列固定宽度布局方式下宽度是不能随浏览器窗口大小的变化而自动适应的。也就是说，当浏览器窗口逐渐缩小，可供浮动的空间小于浮动元素时，它会被挤到下一行，直到拥有足够存放它的空间。在前面介绍两列自适应宽度布局时也碰到过类似的问题，所以这样的三列固定宽度布局有很大的局限性。采用左右规定宽度，中间宽度自适应布局从某种程度上可以解决这个问题。

2. 左右固定宽度，中间自适应宽度

采用左右固定宽度，中间自适应宽度布局，要求左栏固定宽度，且居左显示，右栏固定宽度，且居右显示，中间栏可以自适应浏览器窗口大小的变化。

以下 CSS 代码定义 left、right 选择器固定宽度，设置 middle 选择器自适应宽度。

```css
#left{
    float: left;                /* 设置左浮动 */
    background: #99FF99;
    width: 200px;               /* 设置固定宽度 */
    height: 300px;
}
#right{
    float: right;               /* 设置右浮动 */
    background: #99FF99;
    width: 200px;               /* 设置固定宽度 */
    height: 300px;
}
#middle{
    background: #CCCCCC;
    height: 300px;
    margin: 0 200px;
}
```

在 <body> 标签中插入 3 个 <div> 标签，代码如下所示。

```html
<div id="left"> 此处显示 id " left " 的内容 </div>
<div id="middle"> 此处显示 id " middle " 的内容 </div>
<div id="right"> 此处显示 id " right " 的内容 </div>
```

上述布局的预览效果如图 2-3-30 所示。

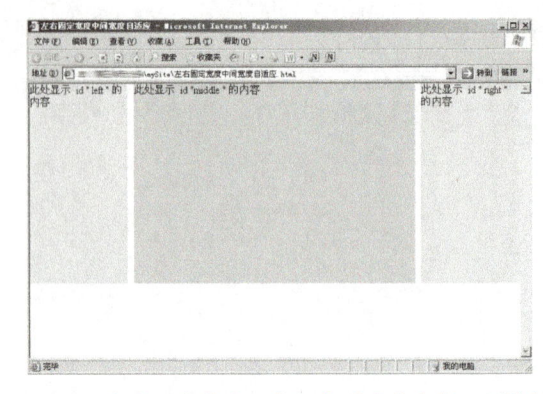

图 2-3-30　左右固定宽度，中间自适应宽度布局预览效果

3. 三列固定宽度居中

三列固定宽度居中布局与两列固定宽度居中布局实现方法类似，即采取 div 嵌套结构，具体实现可以采用 div 两层嵌套和 div 三层嵌套两种方式。

方式一：div 两层嵌套。在三列固定宽度布局的基础上，添加一个父 div 作为容器，将左（left）、中（middle）、右（right）三栏对应的 3 个 div 放入容器中，设置容器的宽度，并将其居中，来达到左、中、右三列居中显示的效果，如图 2-3-31 所示。

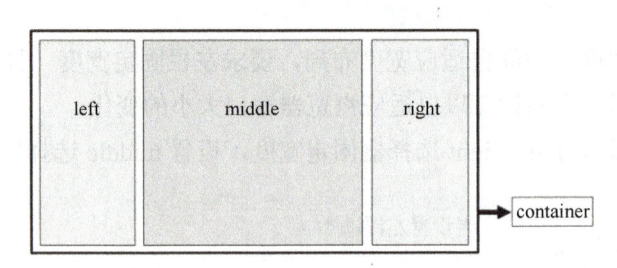

图 2-3-31　div 两层嵌套

在 Dreamweaver 中，首先插入名为 container 的 div 对象，然后在 container 对象里面再插入三个 div 对象 left、middle 与 right，4 个 div 的代码如下所示。

```
<div id="container">
    <div id="left"> 此处显示 id " left " 的内容 </div>
    <div id="middle"> 此处显示 id "middle " 的内容 </div>
    <div id="right"> 此处显示 id " right " 的内容 </div>
</div>
```

分别定义每个 div 对象的 CSS 规则，具体代码如下所示。

```
#container{
    width: 800px;              /* 设置固定宽度 */
    margin: 0 auto;            /* 设置居中 */
}
#left{
    float: left;
    background: #99FF99;
    width: 150px;
    height: 300px;
```

```
}
#middle{
    float: left;
    background: #CCCCCC;
    width: 480px;
    height: 300px;
    margin: 0 10px;
}
#right{
    float: left;
    background: #99FF99;
    width: 150px;
    height: 300px;
}
```

方式二：div 三层嵌套。在方式一的基础上，再添加一个父 div 作为容器，将中（middle）、右（right）两栏对应的 2 个 div 放入容器中，如图 2-3-32 所示。

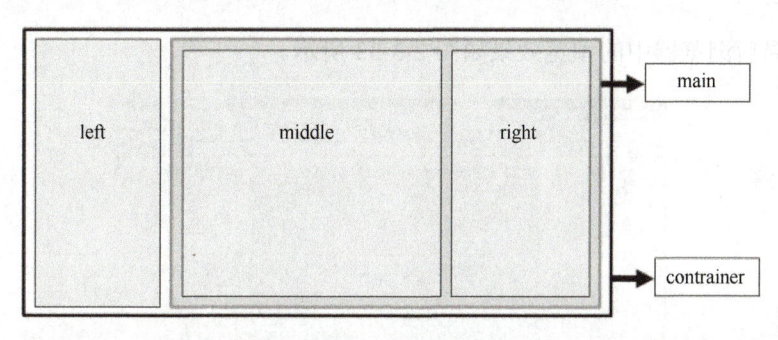

图 2-3-32　div 三层嵌套

在 Dreamweaver 中，首先插入名为 container 的 div 对象，然后在 container 对象里面插入 left 与 main 两个 div 对象，在 main 对象里插入 middle 与 right 两个 div 对象，5 个 div 对象的代码如下所示。

```
<div id="container">
    <div id="left"> 此处显示 id " left " 的内容 </div>
    <div id="main">
        <div id="middle"> 此处显示 id "middle " 的内容 </div>
        <div id="right"> 此处显示 id " right " 的内容 </div>
    </div>
</div>
```

分别定义每个 div 对象的 CSS 规则，具体代码如下所示。

```
#container{
    width: 800px;              /* 设置固定宽度 */
    margin: 0px auto;          /* 设置居中 */
}
#left{
    float: left;
    background: #99FF99;
    width: 150px;
    height: 300px;
}
```

```
#main{
    float: left;
    margin-left: 10px;
    width: 640px;
}
#middle{
    float: left;
    background: #CCCCCC;
    width: 480px;
    height: 300px;
}
#right{
    float: left;
    background: #99FF99;
    width: 150px;
    height: 300px;
    margin-left: 10px;
}
```

上述布局后浏览器中的预览效果如图 2-3-33 所示。

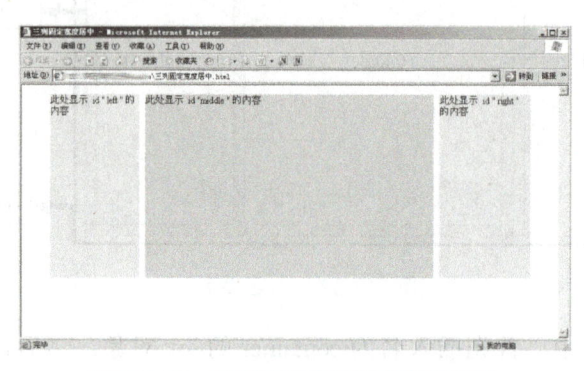

图 2-3-33　三列固定宽度居中布局效果

学以致用

请通过浮动和定位属性，完成如图 2-3-34 所示的网页框架的搭建，并实现框架在浏览器中的整体居中效果。

图 2-3-34　整体居中效果

项目二 CSS 基础

项目小结

本项目通过 3 个任务，让读者深刻理解盒子模型及盒子之间的关系，认识到浮动与定位对于页面排版的重要性。读者应该在实际操作的过程中把握要点，不断地总结规律，学会融会贯通，这样才能在实际工作中根据具体情况，灵活地选择最适当的方法。

问渠那得清如许？
为有源头活水来——

项目三　CSS 实现网页美化

📖 学习目标

知识目标

掌握 CSS 设置网页背景的方法；
掌握 CSS 设置图像与文本的方法；
掌握 CSS 设置网页链接效果的方法；
掌握 CSS 设置网页菜单的方法；
掌握 CSS 设置网页表格的方法；
掌握 CSS 设置网页表单的方法。

能力目标

能够掌握 CSS 美化网页元素的方法；
能够利用 CSS+div 进行网页布局。

创新素质目标

培养学生清晰、有序的逻辑思维；
培养学生数据分析与总结的意识；
培养学生系统分析与解决问题的能力。

项目三　CSS 实现网页美化

> **思政目标**
> 培养学生认识美、爱好美和创造美的能力；
> 增强对自然和人类社会的热爱及责任感，形成创造美好生活的愿望与能力。

思维导图

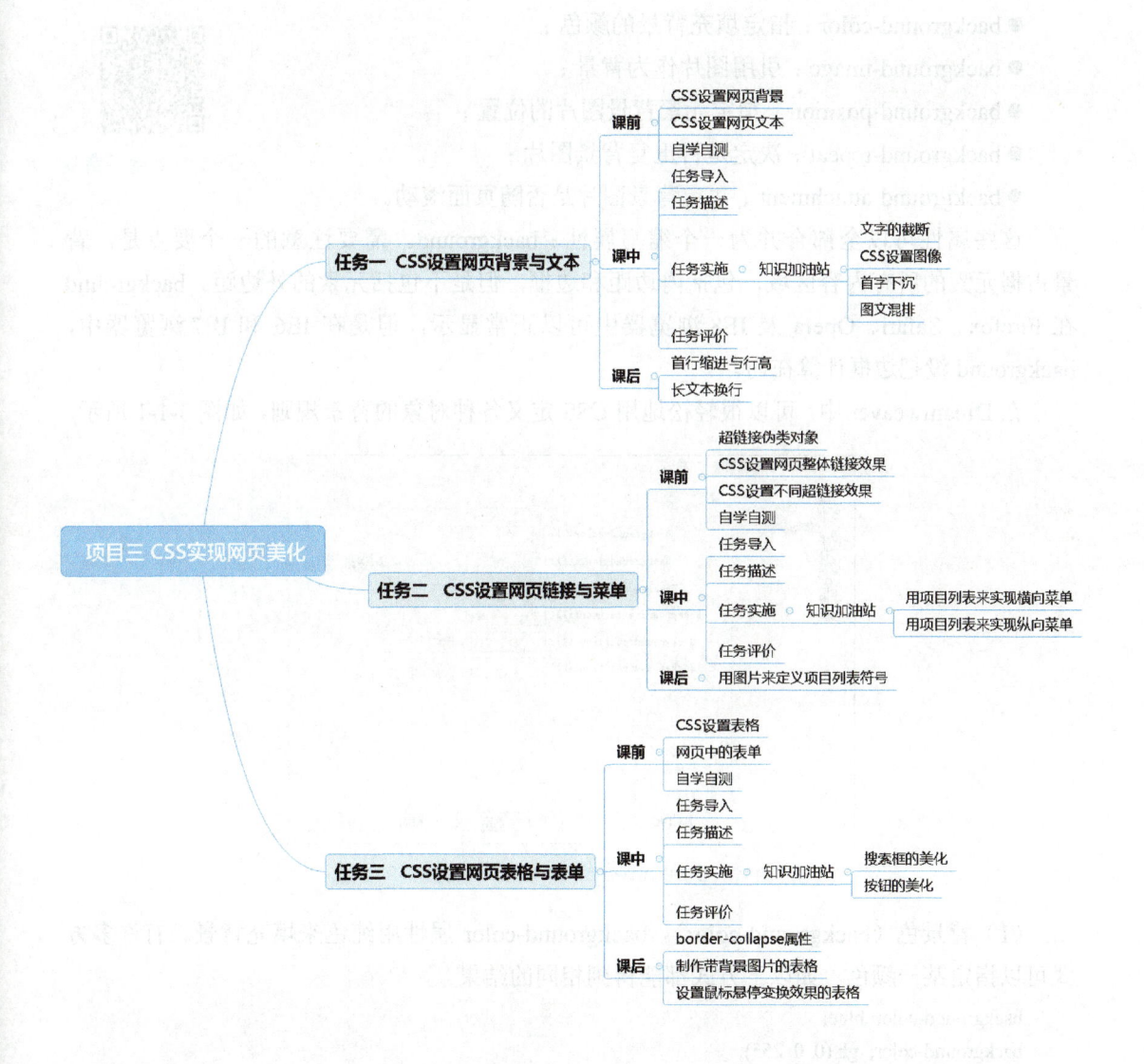

项目三 CSS实现网页美化
- 任务一　CSS设置网页背景与文本
  - 课前
    - CSS设置网页背景
    - CSS设置网页文本
    - 自学自测
  - 课中
    - 任务导入
    - 任务描述
    - 任务实施
    - 知识加油站
      - 文字的截断
      - CSS设置图像
      - 首字下沉
      - 图文混排
    - 任务评价
  - 课后
    - 首行缩进与行高
    - 长文本换行
- 任务二　CSS设置网页链接与菜单
  - 课前
    - 超链接伪类对象
    - CSS设置网页整体链接效果
    - CSS设置不同超链接效果
    - 自学自测
  - 课中
    - 任务导入
    - 任务描述
    - 任务实施
    - 知识加油站
      - 用项目列表来实现横向菜单
      - 用项目列表来实现纵向菜单
    - 任务评价
  - 课后
    - 用图片来定义项目列表符号
- 任务三　CSS设置网页表格与表单
  - 课前
    - CSS设置表格
    - 网页中的表单
    - 自学自测
  - 课中
    - 任务导入
    - 任务描述
    - 任务实施
    - 知识加油站
      - 搜索框的美化
      - 按钮的美化
    - 任务评价
  - 课后
    - border-collapse属性
    - 制作带背景图片的表格
    - 设置鼠标悬停变换效果的表格

任务一　CSS 设置网页背景与文本

课前自学

一、CSS 设置网页背景

背景（background）是网页的一个重要部分。CSS 中有 5 个主要的背景属性，它们分别是：
- background-color：指定填充背景的颜色；
- background-image：引用图片作为背景；
- background-position：指定元素背景图片的位置；
- background-repeat：决定是否重复背景图片；
- background-attachment：决定背景图片是否随页面滚动。

CSS 设置网页背景

这些属性可以全部合并为一个缩写属性：background。需要注意的一个要点是，背景占据元素的所有内容区域，包括内边距和边框，但是不包括元素的外边距。background 在 Firefox、Safari、Opera 及 IE8 浏览器中可以正常显示，但是在 IE6 和 IE7 浏览器中，background 没把边框计算在内。

在 Dreamweaver 中，可以很轻松地用 CSS 定义各种对象的背景规则，如图 3-1-1 所示。

图 3-1-1　Dreamweaver 中 CSS 背景规则的定义

（1）背景色（background-color）。background-color 属性用纯色来填充背景。有许多方式可以指定某一颜色，如以下方式都能得到相同的结果。

```
background-color: blue;
background-color: rgb (0, 0, 255);
background-color: #0000ff;
```

background-color 也可被设置为透明（transparent），这会使得其下的元素可见。

（2）背景图片（background-image）。background-image 属性允许指定一个图片显示在

背景中，可以和 background-color 属性连用，因此如果图片不重复的话，图片覆盖不到的地方都会被背景色填充。对应代码很简单，只需要记住，路径是相对于样式表的。下面的代码，图片和样式表是在同一个目录中的。

background-image: url (image.jpg);

但是如果图片在一个名为 images 的子目录中时，其代码如下。

background-image: url (images/image.jpg);

（3）背景平铺（background-repeat）。设置背景图片时，默认把图片在水平和垂直方向平铺，以铺满整个背景。

background-repeat: repeat;   /* 背景重复 */
background-repeat: no-repeat;   /* 背景不重复 */
background-repeat: repeat-x;   /* 背景水平重复 */
background-repeat: repeat-y;   /* 背景垂直重复 */
background-repeat: inherit;   /* 背景继承父元素的方式 */

（4）背景定位（background-position）。background-position 属性用来控制背景图片在元素中的位置。实际上指定的是图片左上角相对于元素左上角的位置。background-position 属性可以用其他数值，如关键词或百分数值来指定，这比较有用，尤其是当元素尺寸不用像素设置时。

在使用像素值时，第一个数值代表 x 轴，第二个数值代表 y 轴，代码如下所示。

background-position: 0 0;   /* 设置距离左边 0px，距离上边 0px*/
background-position: 75px 0;   /* 设置距离左边 75px，距离上边 0px*/
background-position: -75px 0;   /* 设置距离左边 -75px，距离上边 0px*/

关键词有两种，一种为 x 轴方向的 left、center、right；另一种为 y 轴方向的 top、center、bottom。

顺序与使用像素值时的顺序几乎一样，首先是 x 轴，其次是 y 轴，代码如下所示。

background-position: right top;   /* 设置背景图片水平居右，垂直居上 */

使用百分数时也类似。需要注意的是，使用百分数时，浏览器通过元素的百分数值来设置图片的位置，代码如下所示。

background-position: 100% 50%;
/* 设置距离左边 100%，距离上边 50% 的位置 */

（5）背景附着（background-attachment）。background-attachment 属性决定用户滚动页面时图片的状态，它有三个可用属性，分别为 scroll（滚动）、fixed（固定）和 inherit（继承）。inherit 单纯地指定元素继承它的父元素的 background-attachment 属性。

二、CSS 设置网页文本

文字是网页中最基本的元素之一，是网页传达信息不可缺少的基础元素。在 Dreamweaver 软件中，可以通过 CSS 规则定义字体和段落，如图 3-1-2 和图 3-1-3 所示。

CSS 的字体和文本属性

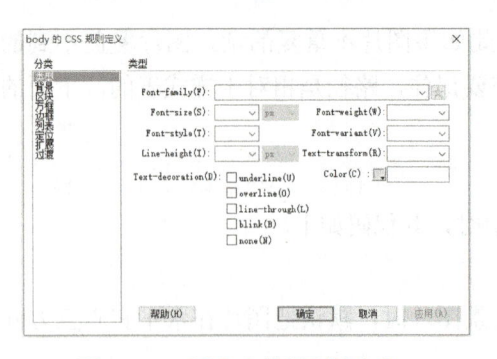

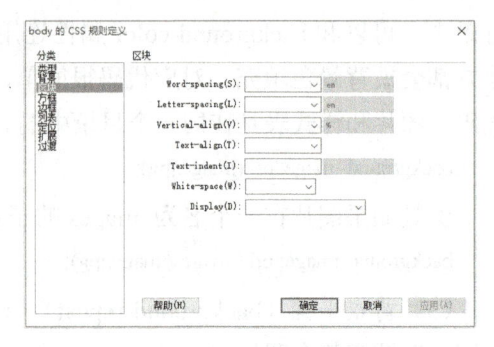

图 3-1-2　CSS 字体规则的定义　　　　图 3-1-3　CSS 段落规则的定义

在实际工作中，可以通过 CSS 定义各种文本效果，其常用的字体与文本属性如表 3-1-1 所示。

表 3-1-1　CSS 中常用的字体与文本属性

CSS 属性		解释
CSS 字体属性	font	该属性是字体简写属性
	font-family	设置字体类别，如 font-family: 黑体 等
	font-size	设置字体大小，如 font-size:12px 等
	font-weight	设置字体的粗细，如 font-weight:bold（加粗）等
	font-style	设置字体的样式，如 font-style:italic（斜体）等
	font-variant	设置字体为小型大写字母，如 font-variant:small-caps 等
CSS 文本属性	color	设置文本颜色，如 color:#ff0000 等
	text-transform	设置英文字母大小写，如 text-transform:uppercase 等
	line-height	设置行高，如 line-height:1.5px 等
	letter-spacing	设置字母间隔，如 letter-spacing:10px 等
	text-decoration	设置文本修饰效果，如 text-decoration:underline 等
	text-indent	设置文本首行缩进效果，如 text-index:2em 等
	text-align	设置文本的水平对齐方式，如 text-align:center 等
	vertical-align	设置文本的垂直对齐方式，如 vertical-align:top 等

学以致用

请说出 CSS 背景属性有哪些？相同的背景设置，在所有浏览器中显示效果都是相同的吗？背景图片名称及保存的路径能否使用中文呢？

_____

_____

自学自测

一、单项选择题

1. 在 HTML 页面中，CSS 样式的属性名为 background-image 对应的 style 对象的属

性名是（　　）。

A．background B．backgroungImage
C．image D．backgrounds

2．在 Dreamweaver 的"文本"菜单中，text-decoration 设置为 underline 表示（　　）。

A．从字体列表中添加或删除字体 B．将选定文本变为粗体
C．将选定文本变为斜体 D．在选定文本上加下画线

3．下列可用于改变背景颜色的属性是（　　）。

A．bgcolor B．background-color
C．color D．bg_color

4．下列选项可给所有的 <h1> 标签添加背景颜色的是（　　）。

A．h1 {background-color:#FFFFFF} B．h1 {background-color:#FFFFFF}
C．h1.all {background-color:#FFFFFF} D．#h1 {background-color:#FFFFFF}

5．下列可以改变某个元素的文本颜色的是（　　）。

A．text-color B．fgcolor C．color D．bgcolor

6．下列 CSS 属性可控制文本的字号的是（　　）。

A．font-size B．text-style C．font-style D．text-size

7．在以下选项中，可使所有 <p> 标签变为粗体的正确语法是（　　）。

A．<p style="font-size:bold"> B．<p style="text-size:bold">
C．p {font-weight:bold} D．p {text-size:bold}

8．下列选项可以显示没有下画线的超链接的是（　　）。

A．a {text-decoration:none} B．a {text-decoration:no underline}
C．a {underline:none} D．a {decoration:no underline}

二、简答题

1．text-indent 属性的作用是什么？
2．line-height 属性的作用是什么？

课中任务

任务导入

小明所在的青山文学社是学院第一社团，文学社想对社团网站进行改版。小明主动承担了网站的设计与制作任务，他搜集了大量与社团相关的图片与文字素材。接下来，小明怎么样才能实现整个页面的规划与布局呢？

任务描述

本任务利用社团素材与图片，制作一个以"青山文学社"为主题的页面，网页效果如图 3-1-4 所示。

图 3-1-4 "青山文学社"网页效果

青山文学社网页制作

任务实施

思政园地 3-1 大学生社团

一、网页布局规划

从图 3-1-4 所示的网页效果可以看出，页面可以分为头部 LOGO、头部导航、主导航、左侧公告内容区域、左侧风光展示内容区域、右侧介绍内容区域、右侧分类信息列表区域，以及页面底部版权区域。通过对页面的仔细观察与思考，画出页面的布局规划图，如图 3-1-5 所示。由图 3-1-5 可以看到，有两个 articles 类选择器，这两个区域的样式是一样的，可以使用 CSS 对 articles 类选择器进行统一规划。

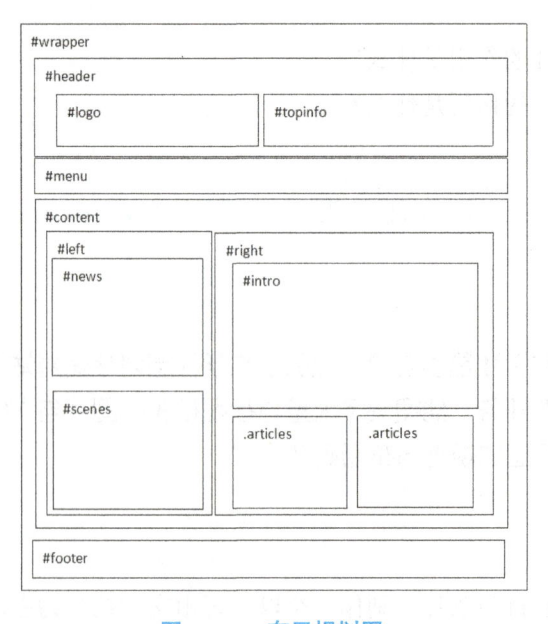

图 3-1-5 布局规划图

二、网页基本设置

（1）创建站点。启动 Dreamweaver CS6，执行"站点"—"新建站点"命令，打开"站点设置对象"对话框，根据情况设置相关信息。在"文件"面板站点根目录下分别创建用于放置图片的 images 文件夹和放置 CSS 文件的 style 文件夹。将所需图片素材复制到站点的 images 文件夹中。

（2）创建 index.html 文档。执行"文件"—"新建"命令，打开"新建文档"对话框。选择对话框左侧的"空白页"选项，从"页面类型"列中选择"HTML"，然后在"布局"列中选择"<无>"。在"文档类型"下拉列表框中选择"XHTML 1.0 Transitional"，单击"创建"按钮，即可创建一个空白文档。将该网页保存在根目录下，并重命名为 index.html。

（3）创建 css_div.css 外部样式文件。执行"文件"—"新建"命令，打开"新建文档"对话框。选择对话框左侧的"空白页"选项，从"页面类型"列中选择"CSS"，单击"创建"按钮，即可创建一个 CSS 空白文档。将此外部 CSS 文档保存在 style 文件夹中，并命名为 css_div.css。

（4）将外部样式文件 css_div.css 文档链接到 index.html 页面中。打开 index.html 文档，执行"窗口"—"CSS 样式"命令，打开"CSS 样式"面板，单击面板底部的"附加样式表"按钮。此时弹出"链接外部样式表"对话框，单击"浏览"按钮，将外部样式文件 css_div.css 链接到 index.html 页面中。

三、页面初始化

（1）将光标定位在设计视图，选择"插入"菜单中"布局对象"下的"Div 标签"选项。在弹出的对话框中，选择"插入"下拉列表框中的"在插入点"，在"ID"列表框中输入"wrapper"，单击"确定"按钮，即可在网页中创建名为"wrapper"的 div 选择器。

（2）返回到 css_div.css 文件，创建系列初始化规则，代码如下所示。

```
@charset "utf-8";
*{
    margin: 0px;
    padding: 0px;
    border: 0px;
}
body {
    background: url（../images/huawen.jpg）repeat fixed left top;
    /* 设置背景图片重复平铺，水平右对齐，垂直向上对齐，且当拖动滚动时，背景固定 */
}
#wrapper {
    width: 800px;
    background-color: #FFF;
    padding-top: 5px;
    padding-right: 5px;
    padding-left: 5px;
    margin: 0px auto;              /* 设置最外层盒子居中 */
```

}

（3）将光标定位在设计视图，删除 wrapper 选择器中的多余文字。选择"插入"菜单中"布局对象"下的"Div 标签"选项。在弹出的对话框中，选择"插入"下拉列表框中的"在开始标签之后"，并在后面标签下拉列表框中选择"<div id="wrapper">"，在"ID"列表框中输入"header"，单击"确定"按钮，即可在 wrapper 选择器中插入 ID 选择器 header。

（4）将光标定位在设计视图，选择"插入"菜单中"布局对象"下的"Div 标签"选项。在弹出的对话框中，选择"插入"下拉列表框中的"在开始标签之后"，并在后面标签下拉列表框中选择"<div id="header">"，在"ID"列表框中输入"logo"，如图 3-1-6 所示。单击"确定"按钮，即可在 header 选择器中插入 ID 选择器 logo。

（5）将光标定位在设计视图，选择"插入"菜单中"布局对象"下的"Div 标签"选项。在弹出的对话框中，选择"插入"下拉列表框中的"在标签之后"，并在后面标签下拉列表框中选择"<div id="logo">"，在"ID"列表框中输入"topinfo"，如图 3-1-7 所示。单击"确定"按钮，即可在 logo 选择器后插入 ID 选择器 topinfo。

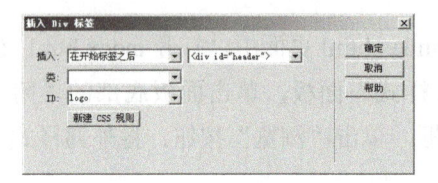

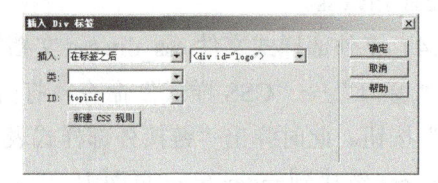

图 3-1-6　在 header 选择器中插入 ID 选择器 logo　　图 3-1-7　在 logo 选择器后插入 ID 选择器 topinfo

（6）在 logo 选择器中插入 LOGO 图片，在 topinfo 对象中插入无序列表信息，此时页面代码如下所示。

```
<body>
<div id="wrapper">
<div id="header">
<div id="logo"><img src="images/logo.jpg" width="280" height="100" /></div>
<div id="topinfo">
<ul>
<li><a href="#" target="_blank">《青山报》</a></li>
<li><a href="#" target="_blank">校园小说 </a></li>
<li><a href="#" target="_blank">抒情散文 </a></li>
<li><a href="#" target="_blank">古体诗词 </a></li>
<li><a href="#" target="_blank">散文随笔 </a></li>
<li><a href="#" target="_blank">专题投稿 </a></li>
<li><a href="#" target="_blank">连载小说 </a></li>
<li><a href="#" target="_blank">叙事散文 </a></li>
<li><a href="#" target="_blank">现代诗词 </a></li>
<li><a href="#" target="_blank">青山公告 </a></li>
</ul>
</div>
</div>
</div>
```

```
</body>
```

（7）返回到 css_div.css 文件，分别创建系列 CSS 规则，代码如下所示。

```css
#header {
    width: 800px;
    height: 100px;
    font-family: " 宋体 ";
    font-size: 14px;
    line-height: 18px;
    position: relative;   /* 为 header 设置相对定位 */
    margin: 0px auto;
}
#logo {
    float: left;          /* 设置左浮动 */
    height: 100px;
    width: 280px;
}
#topinfo {
    float: right;         /* 设置右浮动 */
    height: 60px;
    width: 460px;
    position: absolute;   /*topinfo 相对于 header 进行绝对定位 */
    bottom: 10px;
    right: 10px;
}
#topinfo ul {
    list-style-type: none;   /* 设置清除无序列表默认符号 */
    padding: 5px;            /* 设置内边距 */
}
#topinfo ul li {
    float: left;
    width: 90px;
    margin-top: 5px;
    margin-bottom: 5px;
}
#topinfo ul li a {
    color: #330;
    text-decoration: none;   /* 取消超链接默认时的下画线效果 */
}
#topinfo ul li a: hover {
    color: #F30;             /* 设置鼠标悬停时的颜色 */
    text-decoration: underline;   /* 设置超链接默认时的下画线效果 */
}
```

保存当前文件，通过浏览器查看当前网页的预览效果，如图 3-1-8 所示。

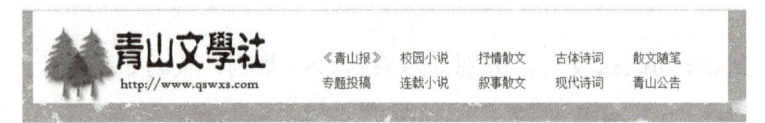

图 3-1-8　当前网页预览效果

四、menu 区域的制作

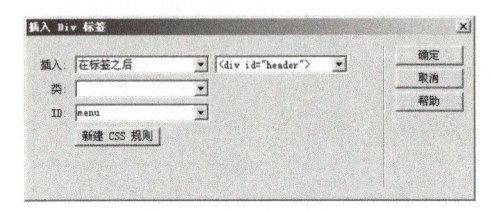

图 3-1-9　在 header 选择器后插入 ID 选择器 menu

（1）将光标定位在设计视图，选择"插入"菜单中"布局对象"下的"Div 标签"选项。在弹出的对话框中，选择"插入"下拉列表框中的"在标签之后"，并在后面标签下拉列表框中选择"<div id="header">"，在"ID"列表框中输入"menu"，如图 3-1-9 所示。单击"确定"按钮，即可在 header 选择器后插入 ID 选择器 menu。

（2）在 menu 选择器中插入无序列表信息，此时页面代码如下所示。

```
<body>
<div id="wrapper">
<div id="header">
此处省略
</div>
<div id="menu">
<ul>
<li><a href="#" title="网站首页 ">网站首页 </a></li>
<li><a href="#" title="青山动态 ">青山动态 </a></li>
<li><a href="#" title="青山散文 ">青山散文 </a></li>
<li><a href="#" title="青山诗歌 ">青山诗歌 </a></li>
<li><a href="#" title="青山小说 ">青山小说 </a></li>
<li><a href="#" title="青山图集 ">青山图集 </a></li>
<li><a href="#" title="留言青山 ">留言青山 </a></li>
</ul>
</div>
</div>
</body>
```

（3）返回到 css_div.css 文件，分别创建系列 CSS 规则，代码如下所示。

```
#menu {
    clear: both;                              /* 清除浮动 */
    width: 800px;
    height: 40px;
    text-align: center;
    margin: 0px auto;
}
#menu ul {
    background-image: url（../images/a_link1.jpg）;  /* 设置背景图片 */
```

```
        height: 40px;
        line-height: 40px;          /* 设置行高 */
        padding-left: 50px;         /* 设置左内边距 */
        list-style-type: none;      /* 设置清除默认列表 */
}
#menu ul li {
        float: left;                /* 设置左浮动 */
        }
#menu ul li a{
        display: block;             /* 内联元素转换成块级元素 */
        color: #FFF;
        text-decoration: none;      /* 设置取消超链接默认时的下画线效果 */
        text-align: center;
        font-weight: bold;
        height: 40px;               /* 定义链接区域的高度与宽度 */
        width: 100px;
}
#menu ul li a: hover {
background-image: url（../images/a_hover1.jpg）; /* 设置鼠标移至链接上方时背景图片变化 */
        }
```

（4）保存当前文件，通过浏览器查看当前网页预览效果，如图 3-1-10 所示。

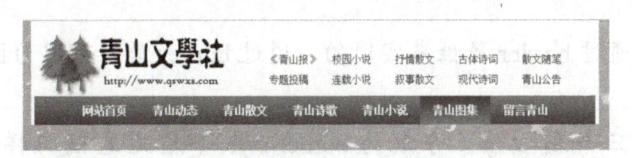

图 3-1-10　当前网页预览效果

五、content 区域及其 left 区域的制作

知识加油站　文字的截断

文字的截断

在图 3-1-4 中，我们看到"最新公告"、"青山诗歌"与"青山散文"等栏目下的标题末尾出现省略号的情况，这种效果就是文字截断效果。

在 CSS 中，可以通过 text-overflow 属性、white-space 属性与 overflow 属性同时配合，实现文字截断的效果。text-overflow 属性包含 clip（简单的裁剪，不显示省略标记）和 ellipsis（当文本溢出时显示省略标记）两个值。要想实现文字截断的效果，还需要设置 white-space:nowrap（强制文本在一行内显示）和 overflow:hidden（溢出内容隐藏）才能实现。

如图 3-1-4 网页中"最新公告"保存在 news 选择器中，每条新闻都是一个链接，以下代码可实现 a 链接文本的截断效果。

```
#news   a {
        display: block;             /* 块状化 a 元素 */
```

```
        width: 245px;                    /* 设置宽度 */
        overflow: hidden;                /* 溢出内容为隐藏 */
        text-overflow: ellipsis;         /* 文本溢出时显示省略标记（...）*/
        white-space: nowrap;             /* 强制文字在一行内显示 */
        text-decoration: none;           /* 设置取消超链接默认时的下画线效果 */
        border-bottom: 1px dashed #999;  /* 设置下边框线的粗细、颜色与线形 */
    }
```

学以致用

请在网页中实现文字截断效果。想一想，实现文字截断效果还有其他方法吗？

_____

_____

知识加油站　CSS 设置图像

图像是网页设计中不可缺少的元素，与文本相比，图像更能够吸引浏览者的注意力。

1. 图像的边框

图像的边框是通过 border 属性来实现的。通过 border 属性可以为图像添加各式各样的边框。

border 属性有三个属性值，分别为 border-style（定义边框的样式）、border-width（定义边框的宽度）与 border-color（定义边框的颜色）。border 属性可以分别对上、右、下、左 4 个边框设置不同的样式，即分别设定 border-top、border-right、border-bottom 与 border-left 的样式。

如给名为 img1 的图像添加边框，实现方法如图 3-1-11 所示。

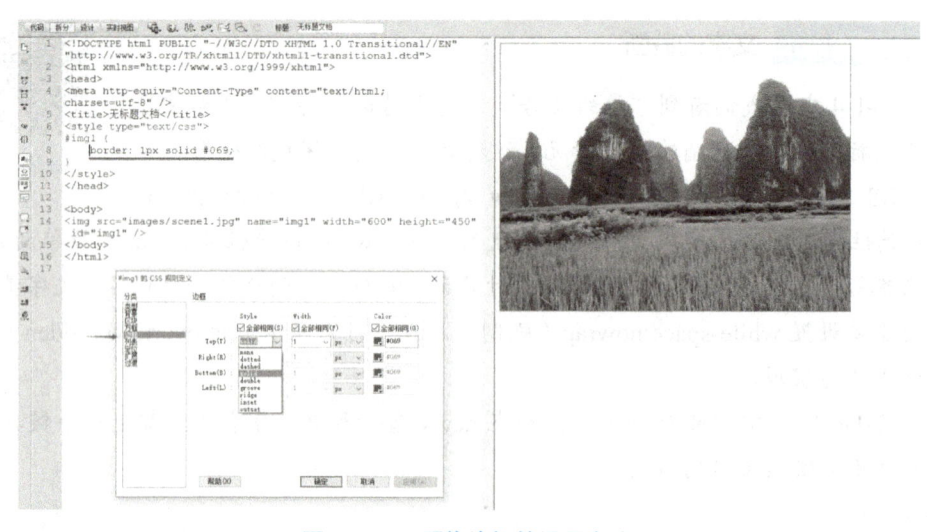

图 3-1-11　图像边框的设置方法

若想要图像与边框之间多一些空间，可以在 img1 中适当设置内边距，如图 3-1-12 所示。

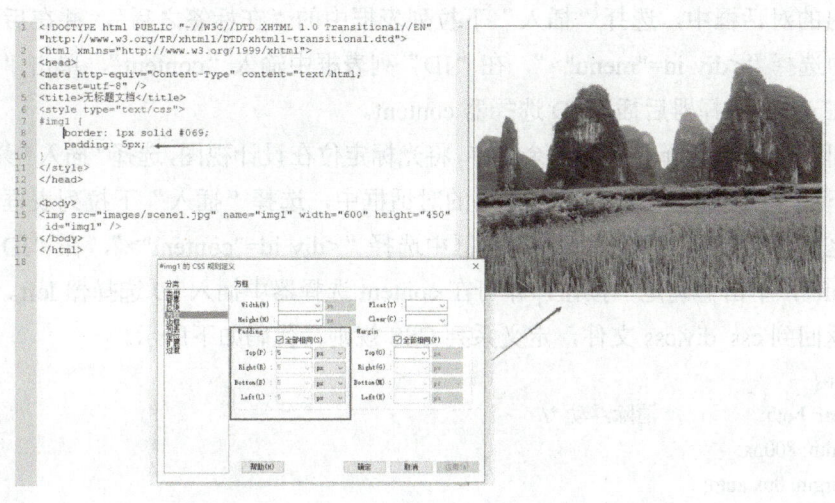

图 3-1-12　图像与边框之间内边距的设置方法

2. 图像的缩放

CSS 通过 width 和 height 两个属性来控制元素的大小，这两个属性的取值可以是精确的像素值，也可以是百分数值（相对于父元素而言）。

如给 img1 图像重新定义大小，宽度为 200 像素，高度为 120 像素，实现方法如图 3-1-13 所示。

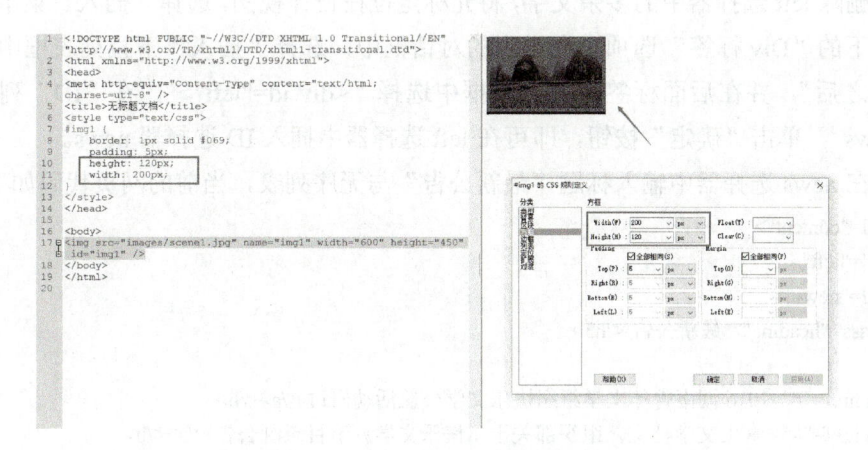

图 3-1-13　图像大小的设置方法

学以致用

若要设置一张产品展示图的尺寸，要求宽度为 400 像素、高度为 100 像素，上下边框为红色 1 像素实线的 div 盒子，该如何编写 CSS 代码呢？

_____

_____

（1）将光标定位在设计视图，选择"插入"菜单中"布局对象"下的"Div 标签"选项。在弹出的对话框中，选择"插入"下拉列表框中的"在标签之后"，并在后面标签下拉列表框中选择"<div id="menu">"，在"ID"列表框中输入"content"，单击"确定"按钮，即可在 menu 选择器后插入 ID 选择器 content。

（2）删除 content 选择器中的多余文字，将光标定位在设计视图，选择"插入"菜单中"布局对象"下的"Div 标签"选项。在弹出的对话框中，选择"插入"下拉列表框中的"在开始标签之后"，并在后面标签下拉列表框中选择"<div id="content">"，在"ID"列表框中输入"left"，单击"确定"按钮，即可在 content 选择器中插入 ID 选择器 left。

（3）返回到 css_div.css 文件，定义系列 CSS 规则，代码如下所示。

```css
#content {
    clear: both;        /* 清除浮动 */
    width: 800px;
    margin: 0px auto;
}
#left {
    float: left;        /* 设置左浮动 */
    width: 290px;
    padding-top: 10px;
    padding-left: 10px;
}
```

（4）删除 left 选择器中的多余文字，将光标定位在设计视图，选择"插入"菜单中"布局对象"下的"Div 标签"选项。在弹出的对话框中，选择"插入"下拉列表框中的"在开始标签之后"，并在后面标签下拉列表框中选择"<div id="left">"，在"ID"列表框中输入"news"，单击"确定"按钮，即可在 left 选择器中插入 ID 选择器 news。

（5）在 news 选择器中输入标题"最新公告"与无序列表，当前的网页代码如下所示。

```html
<div id="content">
<div id="left">
<div id="news">
<h3 class="heading"> 最新公告 </h3>
<ul>
<li><a href="#">2016 湖南青年文学组织快乐文学公益活动研讨 </a></li>
<li><a href="#"> 青山文学社文艺组织部关于《快乐文学》节目录制公告 </a></li>
<li><a href="#"> 青山文学社组织 2016 年母亲节感恩签字祝福活动 </a></li>
<li><a href="#"> 青山文学社周末活动之：岳麓山游 </a></li>
<li><a href="#"> 青山文学社活动：参加橘子洲头中秋节灯会 </a></li>
<li><a href="#"> 青山文学社周末活动之：湘江轮船夜游 </a></li>
<li><a href="#"> 青山文学社周末活动之：韶山毛泽东故居游 </a></li>
<li><a href="#"> 青山文学社成功举办第三届社团风采展 </a></li>
<li><a href="#"> 青山文学社新一届社员凤凰爱心之行 </a></li>
<li><a href="#"> 青山文学社组织"母亲节写下对母亲的爱"公益活动 </a>
</li>
<li><a href="#"> 青山文学社献艺湖南商务职院 2016 年毕业生晚会 </a></li>
</ul>
```

```
        </div>
    </div>
</div>
```

（6）返回到 css_div.css 文件，定义系列 CSS 规则，设置文字截断效果，代码如下所示。

```css
.heading{
    padding-left: 20px;
    height: 25px;
    line-height: 25px;
    margin-top: 5px;
    margin-bottom: 5px;
    background: url（../images/icon1.jpg）no-repeat left center;
        /* 设置背景图片不重复，水平左对齐，垂直居中对齐 */
}
#news {
    padding: 5px;
    border: 1px solid #696;          /* 添加边框 */
    margin-top: 5px;
    margin-bottom: 5px;
    width: 270px;
}
#news ul {
    list-style-type: none;           /* 清除默认列表符号 */
}
#news ul li {
    list-style: none;
    background: url（../images/icon2.jpg）no-repeat left center;
        /* 设置背景图片不重复，水平左对齐，垂直居中对齐 */
    padding-left: 25px;
}
#news ul li a {
    display: block;                  /* 块状化 a 元素 */
    width: 245px;                    /* 设置宽度 */
    overflow: hidden;                /* 设置溢出内容为隐藏 */
    text-overflow: ellipsis;         /* 设置文本溢出时显示省略标记（...）*/
    white-space: nowrap;             /* 强制文字在一行内显示 */
    text-decoration: none;           /* 设置取消超链接默认时的下画线效果 */
    font-size: 14px;
    border-bottom: 1px dashed #999;  /* 设置下边框线的粗细、颜色与线型 */
    padding-top: 5px;
    padding-bottom: 5px;
    color: #000;
}
#news ul li a: hover {
    color: #060;                     /* 设置鼠标悬停时的颜色 */
}
```

（7）在浏览器中查看当前网页预览效果，如图 3-1-14 所示。

图 3-1-14　当前网页预览效果

（8）将光标定位在设计视图，选择"插入"菜单中"布局对象"下的"Div 标签"选项。在弹出的对话框中，选择"插入"下拉列表框中的"在标签之后"，并在后面标签下拉列表框中选择"<div id="news">"，在"ID"列表框中输入"scenes"，单击"确定"按钮，即可在 news 选择器后插入 ID 选择器 scenes。

（9）删除 scenes 选择器中的多余文字，在其中添加标题与无序列表，每个列表项都放置一张图片，当前网页代码如下所示。

```
<div id="scenes">
    <h3 class="heading"> 青山风光 </h3>
    <ul>
    <li><img src="images/scene1.jpg" width="600" height="450" /></li>
    <li><img src="images/scene2.jpg" width="303" height="220" /></li>
    <li><img src="images/scene3.jpg" width="331" height="220" /></li>
    <li><img src="images/scene4.jpg" width="391" height="220" /></li>
    <li><img src="images/scene5.jpg" width="800" height="600" /></li>
    <li><img src="images/scene6.jpg" width="800" height="600" /></li>
    </ul>
</div>
```

（10）返回到 css_div.css 文件，添加系列 CSS 规则，代码如下所示。

```
#scenes {
    padding: 5px;
    border: 1px solid #696;      /* 设置盒子边框 */
    margin-top: 5px;
    margin-bottom: 5px;
    height: 190px;
    width: 270px;
    clear: both;                 /* 清除浮动 */
}
#scenes ul li {
    list-style-type: none;       /* 清除默认列表符号 */
    float: left;
```

```
}
#scenes img {
    height: 50px;              /* 设置图片高度与宽度 */
    width: 65px;
    margin: 5px;               /* 设置图片外边距 */
    border: 1px dashed #CCC;   /* 设置图片边框 */
    padding: 5px;              /* 设置图片内边距 */
}
```

（11）用浏览器查看当前网页预览效果，如图 3-1-15 所示。

图 3-1-15　当前网页预览效果

六、content 区域中 right 区域的制作

知识加油站　首字下沉

从图 3-1-4 中，可以看到"社团介绍"栏目中的"青"字实现了首字下沉效果。在 CSS 中，利用伪对象：first-letter，再配合 font-size 属性和 float 属性能够实现对对象中第一个字的样式控制。实现代码如下所示。

```
<style type="text/css">
p.firstp: first-letter{
    font-size: 2em;         /* 设置下沉文字大小为其他文字的 2 倍 */
    font-weight: bold;      /* 设置首字加粗显示 */
    float: left;            /* 设置浮动，其目的是占据多行空间 */
}
</style>
<p class="firstp">青山文学社成立于 2008 年 9 月，是湖南商务职业技术学院第一社团，自成立以来，青山文学社始终本着服务于我校人文学子的积极态度，努力营造浓厚的校园文学氛围。文学社设常任部门五个，外设一个特约记者组及一个非常任部门——青山文学社天工小组。部门机构分别为：编辑部、广告
```

```
策划部、网络技术部、文艺组织部、外联部及记者组、青山文学社天工小组。各部门均设有部长、组长，
并设立社委会。文学社定期出版社刊《青山报》。</p>
```

学以致用

请在网页中实现自然段首字下沉效果。想一想，实现首字下沉还有其他方法吗？

____

____

知识加油站 图文混排

网页设计中经常会使用图像与文字混排的方式布局，用 CSS 可以实现各种图文混排的效果。这里的图文混排既包括图像与文字的混排，也包括图像与其他元素的混排，如图像与无序列表的混排、图像与其他盒子的混排等。

图文混排最关键的原理就是要对图像设置 float 属性，结合 padding 属性与 margin 属性实现文字环绕图像的效果。

图 3-1-16 中就是对 box 对象中的图像与文字实现图文混排效果。

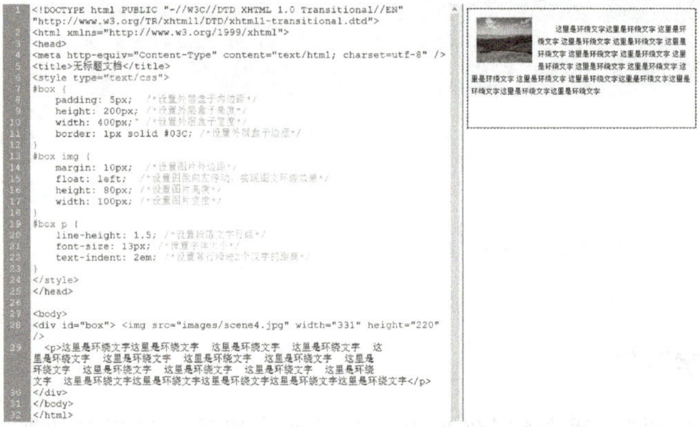

```
<!DOCTYPE html PUBLIC "-//W3C//DTD XHTML 1.0 Transitional//EN"
"http://www.w3.org/TR/xhtml1/DTD/xhtml1-transitional.dtd">
<html xmlns="http://www.w3.org/1999/xhtml">
<head>
<meta http-equiv="Content-Type" content="text/html; charset=utf-8" />
<title>无标题文档</title>
<style type="text/css">
#box {
    padding: 5px;   /*设置外层盒子内边距*/
    height: 200px;  /*设置外层盒子高度*/
    width: 400px;   /*设置外层盒子宽度*/
    border: 1px solid #03C; /*设置外层盒子边框*/
}
#box img {
    margin: 10px;   /*设置图片外边距*/
    float: left;    /*设置图像向左浮动，实现图文环绕效果*/
    height: 80px;   /*设置图片高度*/
    width: 100px;   /*设置图片宽度*/
}
#box p {
    line-height: 1.5;  /*设置段落文字行距*/
    font-size: 13px;   /*设置字体大小*/
    text-indent: 2em;  /*设置首行缩进2个汉字的距离*/
}
</style>
</head>

<body>
<div id="box"> <img src="images/scene4.jpg" width="331" height="220"
/>
  <p>这里是环绕文字这里是环绕文字   这里是环绕文字   这里是环绕文字   这
里是环绕文字   这里是环绕文字   这里是环绕文字   这里是环绕文字   这里是
环绕文字   这里是环绕文字   这里是环绕文字   这里是环绕文字   这里是环绕
文字   这里是环绕文字这里是环绕文字这里是环绕文字这里是环绕文字这里是环绕文字</p>
</div>
</body>
</html>
```

图 3-1-16 图文混排效果

学以致用

图文混排的关键是什么？请在网页中添加一张图像与一段文字，实现图像居右、文字环绕的效果。

____

____

（1）将光标定位在设计视图，选择“插入”菜单中“布局对象”下的“Div 标签”选项。

在弹出的对话框中，选择"插入"下拉列表框中的"在标签之后"，并在后面标签下拉列表框中选择"<div id="left">"，在"ID"列表框中输入"right"，单击"确定"按钮，即可在 left 选择器后插入 ID 选择器 right。

（2）删除 right 选择器中的多余文字，选择"插入"菜单中"布局对象"下的"Div 标签"选项。在弹出的对话框中，选择"插入"下拉列表框中的"在开始标签之后"，并在后面标签下拉列表框中选择"<div id="right">"，在"ID"列表框中输入"intro"，如图 3-1-17 所示，单击"确定"按钮，即可在 right 选择器中插入 ID 选择器 intro。

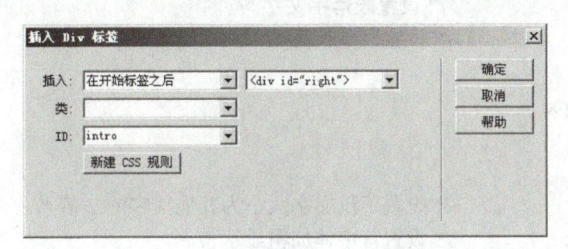

图 3-1-17　在 right 选择器中插入 ID 选择器 intro

（3）删除 intro 选择器中的多余文字，添加标题与段落文字，代码如下所示。

```
<div id="right">
<div id="intro">
<h3 class="heading"> 社团介绍 </h3>
<p><img src="images/acts.jpg" width="293" height="220" /></p>
<p class="firstp">青山文学社成立于 2008 年 9 月，是湖南商务职业技术学院第一社团，自成立以来，青山文学社始终本着服务于我校人文学子的积极态度，努力营造浓厚的校园文学氛围。文学社设常任部门五个，外设一个特约记者组及一个非常任部门——青山文学社天工小组。部门机构分别为：编辑部、广告策划部、网络技术部、文艺组织部、外联部及记者组、青山文学社天工小组。各部门均设有部长、组长，并设立社委会。文学社定期出版社刊《青山报》。</p>
<p class="others">青山文学社始终本着实践，锻炼，学习的思想，积极开发每一名社员的潜力，充实社员课余生活，力求"进社必有学，进社必能学"。经过青山文学社全体社员七年的共同努力，青山文学社代表本校多次参与众多高校的征稿、征文比赛、文学论坛等文学交流活动，并在校内成功组织多个大型公益活动。</p>
</div>
</div>
```

（4）返回到 css_div.css 文件，为 intro 选择器添加 CSS 规则，代码如下所示。

```
#right {
    float: right;
    width: 480px;
    padding-top: 10px;
    padding-left: 10px;
    padding-right: 10px;
}
#intro {
    padding: 5px;              /* 设置内边距 */
    margin-top: 5px;           /* 设置上外边距 */
    margin-bottom: 5px;        /* 设置下外边距 */
}
```

```css
#intro img {
    float: left;              /* 设置图片左浮动 */
    padding: 5px;             /* 设置内边距 */
    margin: 5px;              /* 设置外边距 */
    height: 100px;            /* 设置图片的大小 */
    width: 150px;
    border: 1px solid #999;   /* 设置边框 */
}
#intro p {
    font-size: 15px;          /* 设置段落字文字 */
    line-height: 22px;        /* 设置段落行高 */
    margin-top: 5px;
    margin-bottom: 5px;
}
p.firstp: first-letter{
    font-size: 2em;           /* 设置下沉文字大小为其他文字的 2 倍 */
    font-weight: bold;        /* 设置首字体加粗显示 */
    float: left;              /* 设置浮动，其目的是占据多行空间 */
}
p.others {
    text-indent: 2em;         /* 设置首行缩进 2 个字符 */
}
```

（5）在浏览器中查看当前网页预览效果，如图 3-1-18 所示。

图 3-1-18 当前网页预览效果

（6）将光标定位在设计视图，选择"插入"菜单中"布局对象"下的"Div 标签"选项。在弹出的对话框中，选择"插入"下拉列表框中的"在标签之后"，并在后面标签下拉列表框中选择"<div id="intro">"，在"类"列表框中输入"articles"，如图 3-1-19 所示，单击"确定"按钮,即可在 intro 选择器后插入类选择器 articles。

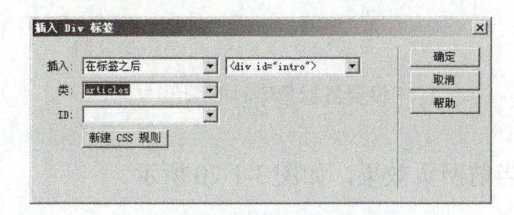

图 3-1-19 在 intro 选择器后插入类选择器 articles

(7)删除 articles 选择器中的文字,添加标题与段落文字,代码如下所示。

```
<div id="right">
<div id="intro">
此处省略
</div>
<div class="articles">
<h3 class="heading"> 青山诗歌 </h3>
<ul>
<li><a href="#"> 青山诗歌青山诗歌青山诗歌青山诗歌青山诗歌 </a></li>
<li><a href="#"> 青山诗歌青山诗歌青山诗歌青山诗歌青山诗歌 </a></li>
<li><a href="#"> 青山诗歌青山诗歌青山诗歌青山诗歌青山诗歌 </a></li>
<li><a href="#"> 青山诗歌青山诗歌青山诗歌青山诗歌青山诗歌 </a></li>
<li><a href="#"> 青山诗歌青山诗歌青山诗歌青山诗歌青山诗歌 </a></li>
</ul>
</div>
</div>
```

(8)返回到 css_div.css 文件,为 articles 选择器添加 CSS 规则,代码如下所示。

```
.articles {
    padding: 5px;
    border: 1px solid #696;          /* 设置边框 */
    width: 210px;                    /* 设置宽度 */
    float: left;                     /* 设置左浮动 */
    margin: 5px;                     /* 设置外边距 */
}
.articles ul li {
    list-style: none;
    background: url (../images/icon2.jpg) no-repeat left center;
    /* 设置背景图标不重复,水平左对齐,垂直居中对齐 */
    padding-left: 25px;              /* 设置左内边距 25 像素 */
}
.articles ul li a {
    display: block;                  /* 块状化 a 元素 */
    width: 170px;
    overflow: hidden;                /* 设置溢出内容为隐藏 */
    text-overflow: ellipsis;         /* 设置文本溢出时显示省略标记 (...)*/
    white-space: nowrap;             /* 强制文字在一行内显示 */
    text-decoration: none;           /* 设置取消超链接默认时的下画线效果 */
    font-size: 14px;
    border-bottom: 1px dashed #999;  /* 设置下边框线的粗细、颜色与线形 */
    padding-top: 5px;
```

```css
        padding-bottom: 5px;
        color: #000;
}
.articles ul li a: hover {
        color: #060;              /* 设置鼠标悬停时的颜色 */
}
```

(9) 用浏览器预览当前网页效果，如图 3-1-20 所示。

图 3-1-20　当前网页预览效果

(10) 在代码视图中复制 articles 对象，粘贴生成另外一个 articles 对象，修改其中的标题与内容，代码如下所示。

```html
<div id="right">
<div id="intro">
此处省略
</div>
<div class="articles">
<h3 class="heading"> 青山诗歌 </h3>
<ul>
<li><a href="#"> 青山诗歌青山诗歌青山诗歌青山诗歌青山诗歌 </a></li>
<li><a href="#"> 青山诗歌青山诗歌青山诗歌青山诗歌青山诗歌 </a></li>
<li><a href="#"> 青山诗歌青山诗歌青山诗歌青山诗歌青山诗歌 </a></li>
<li><a href="#"> 青山诗歌青山诗歌青山诗歌青山诗歌青山诗歌 </a></li>
<li><a href="#"> 青山诗歌青山诗歌青山诗歌青山诗歌青山诗歌 </a></li>
</ul>
</div>
<div class="articles">
<h3 class="heading"> 青山散文 </h3>
<ul>
<li><a href="#"> 青山散文青山散文青山散文青山散文青山散文 </a></li>
<li><a href="#"> 青山散文青山散文青山散文青山散文青山散文 </a></li>
<li><a href="#"> 青山散文青山散文青山散文青山散文青山散文 </a></li>
```

```
<li><a href="#"> 青山散文青山散文青山散文青山散文 </a></li>
<li><a href="#"> 青山散文青山散文青山散文青山散文 </a></li>
</ul>
</div>
</div>
```

(11) 用浏览器预览当前网页效果, 如图 3-1-21 所示。

图 3-1-21　当前网页预览效果

七、footer 区域的制作

(1) 将光标定位在设计视图。选择"插入"菜单中"布局对象"下的"Div 标签"选项, 在弹出的对话框中, 选择"插入"下拉列表框中的"在标签之后", 并在后面标签下拉列表框中选择"<div id="content">", 在"ID"列表框中输入"footer", 单击"确定"按钮, 即可在 content 选择器后插入 footer 选择器。

(2) 删除 footer 选择器中的多余文字, 在其中输入版权信息, 此时页面代码如下所示。

```
<div id="footer">
<p>Copyright@2016-2020    网址：<a href="#">www.qswxs.com</a>    技术支持：商务飞鹰工作室 </p>
</div>
```

(3) 切换到 css_div.css 文件, 创建 footer 选择器的 CSS 规则, 代码如下所示。

```
#footer {
    clear: both;                         /* 清除浮动 */
    height: 40px;
    width: 800px;
    border-top: 6px solid #096228;       /* 设置 6 像素的上边框线 */
```

```
        background: #FFC;
        text-align: center;
        line-height: 40px;
        font-size: 15px;
}
#footer   a {
        color: #060;       /* 设置链接默认颜色 */
        text-decoration: none;    /* 设置链接默认为下画线效果 */
}
```

至此，青山文学社网页的制作过程已经全部完成，读者可以根据自己的喜好进一步美化其中的文字和格式效果。

任务评价

评价项目	评价内容	评价等级				
		优	良	中	较差	差
知识评价	掌握 CSS 设置网页背景的方法					
	掌握 CSS 设置图像与文本的方法					
	掌握 CSS 设置网页链接效果的方法					
	掌握 CSS 设置网页菜单的方法					
	掌握 CSS 设置网页表格的方法					
	掌握 CSS 设置网页表单的方法					
	理解 CSS+div 页面布局的方法与原理					
能力评价	能够掌握 CSS 美化网页元素的方法					
	能够利用 CSS+div 进行网页布局					
创新素质评价	培养学生清晰、有序的逻辑思维					
	培养学生数据分析与总结的意识					
	培养学生系统分析与解决问题的能力					
	能够进行数据分析与总结					
思政评价	培养学生认识美、鉴赏美和创造美的能力					
	丰富学生的课余文化生活、培养自主创新能力，提高学生的综合素质，促进学生高层次就业					
课后建议及反思						

课后提升

一、首行缩进与行高

CSS 样式中可以通过 text-indent 属性设置首行缩进效果，通过 line-height 属性设置段落中两行之间的距离。

如要为段落设置首行缩进效果，可以采用如下代码。

```
p { text-indent: 2em;}      /* 相对值，首行缩进当前字号两倍大的距离 */
p { text-indent: 32px;}     /* 绝对值，首行缩进 32 像素的距离 */
```

其中 text-indent 属性值可以是精确的数值（如 32px）、相对值（如 2em），也可以是百分比（如 90%），且允许为负值（如 -5px）。

如要为段落设置行高，可以采用如下代码。

```
p { line-height: 1.5;}      /* 相对值，行距为当前字号 1.5 倍大的距离 */
p { line-height: 18px;}     /* 绝对值，行距为 18 像素的距离 */
```

其中 line-height 属性值可以使用百分比（如 90%）、精确的像素值（如 18px）和相对值（如 1.5），且允许为负值（如 -5px）。

二、长文本换行

如果外层盒子设置了宽度，则在输入单词与汉字时，系统自动判断每个单词与汉字的宽度。如果某个单词太长，超过了外层盒子的宽度，它就会拓展到盒子外面，代码如下。在浏览器中的显示效果如图 3-1-22 所示。

```
<style type="text/css">
p {
    width: 50px;
    border: 1px solid #990;
    padding: 5px;
    float: left;
    margin: 30px;
    }
</style>
</head>
<body>
<p id="myp1">Welcome to the Electronic Commerce College of Hunan University of Commerce and Technology!</p>
<p id="myp2"> 湖南商务技术学院电子商务学院欢迎您！ </p>
</body>
```

图 3-1-22　单词过长不换行的显示效果

在 CSS3 中，有自动换行属性可以实现强制长文本换行。

```
p {word-wrap: break-word;}
```

在外层盒子中设置了"word-wrap：break-word；"规则后，系统对单词强制进行了换行，效果如图 3-1-23 所示。

```
 4  <meta http-equiv="Content-Type" content=
    "text/html; charset=utf-8" />
 5  <title>无标题文档</title>
 6  <style type="text/css">
 7  p {
 8      width: 50px;
 9      border: 1px solid #990;
10      padding: 5px;
11      float: left;
12      margin: 30px;
13      word-wrap:break-word; /*强制长文本换行*/
14  }
15  </style>
16  </head>
17
18  <body>
19  <p id="myp1">Welcome to the Electronic Commerce
    College of Hunan University of Commerce and
    Technology!</p>
20  <p id="myp2">湖南商务技术学院电子商务学院欢迎您！</p>
21  </body>
22  </html>
```

图 3-1-23　强制执行文本换行属性效果

学以致用

请在网页中添加两个段落，在第一个段落添加中文"湖南商务技术学院电子商务学院欢迎您！"，在第二个段落添加英文"Welcome to the Electronic Commerce College of Hunan University of Commerce and Technology!"。然后为这两个段落统一设置 CSS 属性：宽度 50 像素，边框 1 像素红色实线边框，内边距 5 像素，外边框 5 像素，左浮动，行高为 25 像素。然后观察其在浏览器中的效果。

_____

_____

任务二　CSS 设置网页链接与菜单

CSS 设置链接效果

课前自学

一、超链接伪类对象

超链接是网站中使用比较频繁的 HTML 元素，网站的各种页面都是由超链接串接而成的。超链接实现了页面之间的跳转，是浏览者和服务器间相互交互的主要手段。

超链接伪类对象

网页中的超链接用 a 元素来设置，a 元素的语法设置如下。

`<a href="http://www.baidu.com" target="_blank" title=" 百度 "> 百度 </a>`

CSS 控制超链接样式主要通过以下四个伪类对象进行定义。

- a:link：设置 a 对象在未被访问前（未点击过和鼠标未经过）的样式属性。
- a:visited：设置 a 对象在链接地址已被访问过的样式属性。
- a:hover：设置 a 对象在鼠标悬停时的样式属性。
- a:active：设置 a 对象在被用户激活（在鼠标单击与释放之间发生的事件）时的样式属性。

注意：以上四个伪类对象在设置时必须遵循一个顺序，a:hover 必须位于 a:link 和 a:visited 之后，a:active 必须位于 a:hover 之后，否则得不到正确的链接样式。而 a:active 很少使用，因为用户在单击链接时，会很快跳转到目标网页，一般会忽略单击时链接效果的设置。

```
a: link {color: #FF0000;}         /* 未被访问的链接 */
a: visited {color: #00FF00;}      /* 已被访问的链接 */
a: hover {color: #FF00FF;}        /* 鼠标指针移动到链接上 */
a: active {color: #0000FF;}       /* 正在被单击的链接 */
```

通过定义以上四个伪类对象的 CSS 规则，可以得到非常丰富的链接效果。

> **学以致用**
>
> CSS 主要通过哪几个伪类对象对超链接样式进行定义？这些伪类对象在设置时又是怎样排列顺序的呢？
> _____
> _____

二、CSS 设置网页整体链接效果

对网页中所有超链接进行统一的样式设置，可以直接对 a 元素进行 CSS 定义，在 Dreamweaver CS 软件中单击 CSS 样式面板，在"新建 CSS 规则"对话框中进行设置，如图 3-2-1 所示。

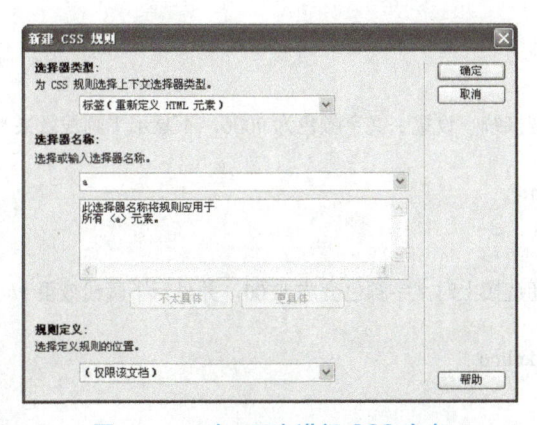

图 3-2-1 对 a 元素进行 CSS 定义

在图 3-2-2 所示的 CSS 规则定义对话框中，定义 a 元素的样式，如文本修饰（text-decoration）、链接颜色（color）、链接字体、边框、方框等。

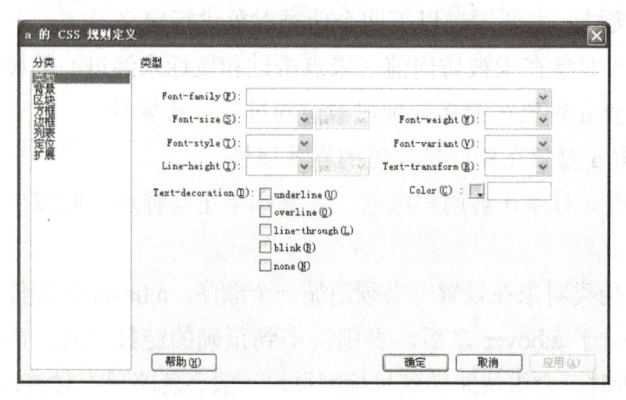

图 3-2-2 "a 的 CSS 规则定义"对话框

如果需要对 a:link、a:visited、a:hover 与 a:active 四个伪类对象进行定义，则可在"新建 CSS 规则"对话框中进行设置，如图 3-2-3 所示。

图 3-2-3 定义伪类对象

通过对 a 元素与 a:hover 伪类对象的规则定义，得到如下代码。

```
<style type="text/css">
<!—
a{
    /* 对网页中所有链接统一设置：文字颜色为 #000，不显示下画线效果 */
    color: #000;
    text-decoration: none;
}
a: hover {
    /* 当鼠标悬停到超链接上时文字颜色变成 #F00，并显示下画线效果 */
    color: #F00;
    text-decoration: underline;
}
</style>
```

学以致用

请在网页中添加图 3-2-4 所示的代码，观察其在浏览器中的效果。

```
<style type="text/css">
a{
    color: #000;
    text-decoration: none;
}
a:hover {
    color: red;
    text-decoration: underline;
}
</style>
</head>
<body>
<a href="#">链接1 </a><a href="#">链接2 </a><a href="#">链接3</a>
</body>
```

图 3-2-4　网页整体链接效果

_____

_____

三、CSS 设置不同超链接效果

网页中经常会有多种不同的链接效果，如有的链接正常显示时文字为红色，没有下画线，鼠标悬停时为有下画线；有的链接正常显示时文字为黑色，有下画线，鼠标悬停时为无下画线，文字颜色变成红色。

当在一个网页中出现多个链接时，就需要将 a 元素进行分类处理，用类选择器来实现 a 元素的分类。在 Dreamweaver 软件中单击 CSS 样式面板，在"新建 CSS 规则"对话框中进行设置，选择器类型选择"复合内容（基于选择的内容）"，选择器名称采取"a.red:hover"的格式，如图 3-2-5 所示。单击"确定"按钮，直接进入图 3-2-6 所示的 CSS 规则定义对话框，可以定义各种链接样式。

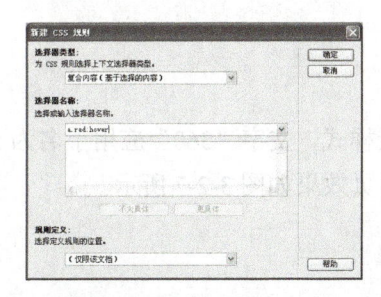

图 3-2-5　定义 a.red:hover 选择器 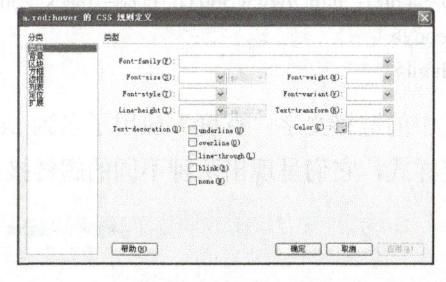　　　图 3-2-6　"a.red:hover 的 CSS 规则定义"对话框

注意：像 a.red 这种链接分类对象至少需要对 a:link 与 a:hover 两个伪类对象进行设置，一般网页中 a:link 与 a:visited 的样式设置一致。

给链接元素使用单独的超链接效果,是通过在 a 元素中设置 class 属性来实现的,如给链接使用 red 类选择器,可采取 "<a class="red">" 这种格式。

以下网页代码定义了 a 元素的两个分类,一个为 .red,另一个为 .black,每个 a 元素的分类都有 a:link、a:visited、a:hover 与 a:active 四个伪类对象,分别代表每个类别链接的四个状态。

```
<!DOCTYPE html PUBLIC "-//W3C//DTD XHTML 1.0 Transitional//EN" "http: //www.w3.org/TR/xhtml1/DTD/xhtml1-transitional.dtd">
<html xmlns="http: //www.w3.org/1999/xhtml">
<head>
<meta http-equiv="Content-Type" content="text/html; charset=utf-8" />
<title> 无标题文档 </title>
<style type="text/css">
<!--
a.red: link { /* 名为 .red 的 a 元素的正常链接样式 */
    color: #F00;
    text-decoration: none;
}
a.red: hover { /* 名为 .red 的 a 元素的鼠标悬停时链接样式 */
    text-decoration: underline;
}
a.black: link { /* 名为 .black 的 a 元素的正常链接样式 */
    color: #000;
    text-decoration: underline;
}
a.black: hover { /* 名为 .black 的 a 元素的鼠标悬停时链接样式 */
    text-decoration: none;
    color: #F00;
}
-->
</style>
</head>
<body>
<p><a href="http: //www.baidu.com" class="red"> 百度 </a></p>
<p><a href="http: //www.360.cn" class="black">360</a></p>
</body>
</html>
```

其中的链接文字"百度"应用了名为 .red 的链接样式,文字"360"应用了名为 .black 的链接样式,它们呈现出两种不同的超链接效果。网页效果如图 3-2-7 所示。

图 3-2-7　网页中不同超链接效果

学以致用

请在网页中添加两种超链接效果。第 1 种超链接效果：正常链接时，文字颜色为黑色，字体为黑体，字号为 14 像素，没有下画线；当鼠标悬停时，文字变成红色，字号变为 15 像素，有下画线。第 2 种超链接效果：正常链接时，文字颜色为白色，字体为宋体，字号为 16 像素，背景为橙色，无下画线；当鼠标悬停时，背景变成深绿色。然后观察这两种设置在浏览器中的效果。

_____
_____

自学自测

一、单项选择题

1. 下列 CSS 语言中，属于"列表样式图像"语法的是（　　）。
   A. width:< 值 >　　　　　　　　B. height:< 值 >
   C. white-space:< 值 >　　　　　D. list-style-image:< 值 >

2. 下列选项中，能够定义列表的项目符号为小正方形的是（　　）。
   A. list: square　　　　　　　　B. type: 2
   C. type: square　　　　　　　　D. list-style-type: square

3. 下列选项中，可以在新窗口打开链接的是（　　）。
   A. <a href="url" new>　　　　　　B. <a href="url" target="_blank">
   C. <a href="url" target="_self">　D. <a href="url" target="_parent">

4. 要想链接样式正常显示，链接的四个伪类应该按照（　　）顺序依次定义。
   A. a:link　a:visited　a:hover　a:active　　B. a:link　a:hover　a:active　a:visited
   C. a:link　a:hover　a:active　a:visited　　D. a:active　a:link　a:visited　a:hover

5. 要给链接定义一个类别 .red，以下格式正确的是（　　）。
   A. a:link.red(color:red; text-decoration:none);
   B. .red.a:link(color:red; text-decoration:none);
   C. a.red:link(color:red; text-decoration:none);
   D. a.red.class:link(color: red;text-decoration:none);

二、简答题

超链接被访问后 hover 样式不能正常显示的原因是什么？如何解决？

课中任务

任务导入

小明的网页设计水平得到了青山文学社读者的认可,改版后,网站浏览量增加了很多,这给了小明很大的信心。小明所在学校旁边有一家名为"湘果贸易有限公司"的水果公司,主要销售湖南各地当季时令水果,以帮助当地果农解决水果滞销难题。有一天,该公司的市场主管找到了小明,想要小明帮他设计一个网站,以此打开网络销售渠道的大门。

任务描述

本任务利用湘果贸易有限公司提供的素材与图片,制作一个以"湘果"为主题的网上商城页面,网页效果如图 3-2-8 所示。

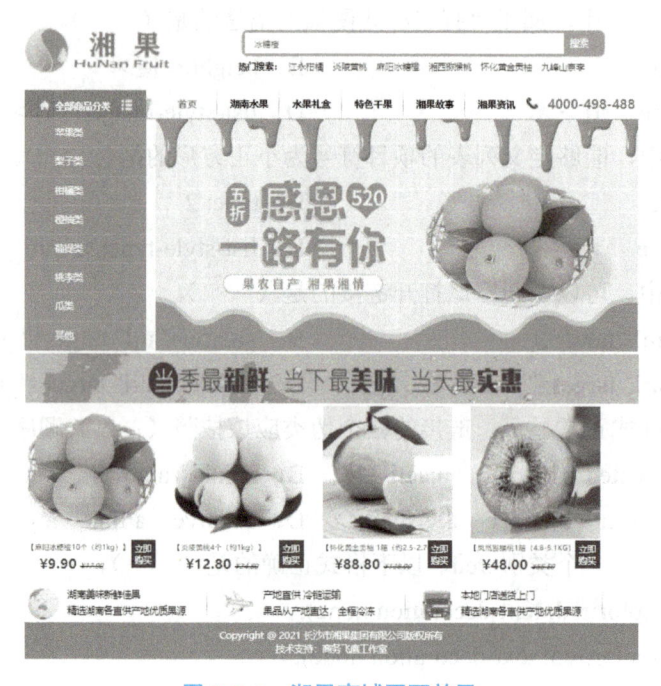

图 3-2-8 湘果商城网页效果

任务实施

一、网页布局规划

思政园地 3-3
电商助农

从图 3-2-8 所示的网页效果可以看出,页面主要分为四大区域,分别为头部区域(包括 LOGO 与搜索区域)、导航区域(包括纵向菜单、顶部菜单与电话信息)、主体内容区域(包括左侧纵向菜单、右侧广告、产品展示区域、物流与售后服务信息区域）和页脚区域。页面的布局规划图如图3-2-9所示。

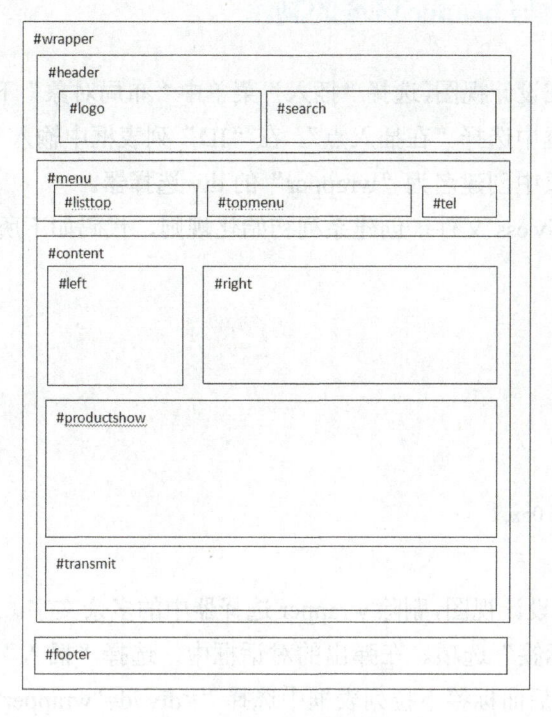

图 3-2-9　布局规划图

二、网页基本设置

（1）创建站点。启动 Dreamweaver CS6，执行"站点"—"新建站点"命令，打开"站点设置对象"对话框，根据情况设置相关信息。在"文件"面板站点根目录下分别创建用于放置图片的 images 文件夹和放置 CSS 文件的 style 文件夹。将所需图片素材复制到站点的 images 文件夹中。

（2）创建 index.html 文档。执行"文件"—"新建"命令，打开"新建文档"对话框。选择对话框左侧的"空白页"选项，从"页面类型"列中选择"HTML"，然后在"布局"列中选择"＜无＞"。在"文档类型"下拉列表框中选择"XHTML 1.0 Transitional"，单击"创建"按钮，即可创建一个空白文档。将该网页保存在根目录下，并重命名为 index.html。

（3）创建 css_div.css 外部样式文件。执行"文件"—"新建"命令，打开"新建文档"对话框。选择对话框左侧的"空白页"选项，从"页面类型"列中选择"CSS"，然后单击"创建"按钮，即可创建一个 CSS 空白文档。将此外部 CSS 文档保存在 style 文件夹下，并命名为 css_div.css。

（4）将 CSS 外部样式文件 css_div.css 链接至 index.html 文档。打开 index.html 文档，执行"窗口"—"CSS 样式"命令，打开"CSS 样式"面板，单击面板底部的"附加样式表"按钮。此时弹出"链接外部样式表"对话框，单击"浏览"按钮，将外部样式文件

css_div.css 链接到 index.html 页面中。

三、页面初始化与 header 区域的制作

（1）将光标定位在设计视图，选择"插入"菜单中"布局对象"下的"Div 标签"选项。在"插入"下拉列表框中选择"在插入点"，在"ID"列表框中输入"wrapper"，单击"确定"按钮，即可在网页中创建名为"wrapper"的 div 选择器。

（2）切换到 css_div.css 文件，创建系列初始化规则，代码如下所示。

```css
*{
    margin: 0px;
    padding: 0px;
    border: 0px;
}
#wrapper {
    width: 1000px;
    margin: 20px auto 0px;
}
```

（3）将光标定位在设计视图，删除 wrapper 选择器中的多余文字。选择"插入"菜单中"布局对象"下的"Div 标签"选项。在弹出的对话框中，选择"插入"下拉列表框中的"在开始标签之后"，并在后面标签下拉列表框中选择"<div id="wrapper">"，在"ID"列表框中输入"header"，单击"确定"按钮，即可在 wrapper 选择器中插入 ID 选择器 header。

（4）删除 header 选择器中的多余文字，将光标定位在设计视图，选择"插入"菜单中"布局对象"下的"Div 标签"选项。在弹出的对话框中，选择"插入"下拉列表框中的"在开始标签之后"，并在后面标签下拉列表框中选择"<div id="header">"，在"ID"列表框中输入"logo"，单击"确定"按钮，即可在 header 选择器中插入 ID 选择器 logo，如图 3-2-10 所示。

（5）将光标定位在设计视图，选择"插入"菜单中"布局对象"下的"Div 标签"按钮。在弹出的对话框中，选择"插入"下拉列表框中的"在标签之后"，并在后面标签下拉列表中选择"<div id="logo">"，在"ID"下拉列表框中输入"search"，单击"确定"按钮，即可在 logo 选择器后插入 ID 选择器 search，如图 3-2-11 所示。

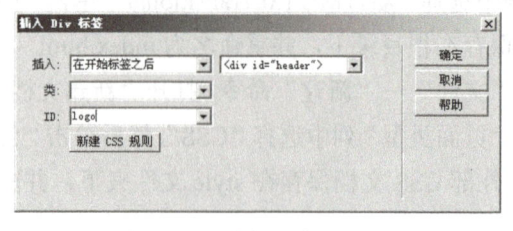

图 3-2-10　在 header 选择器中插入 ID 选择器 logo 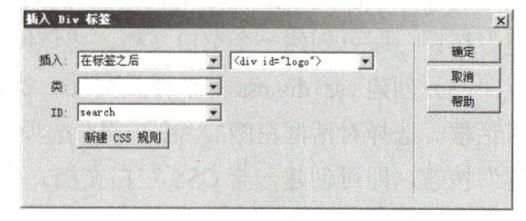　　图 3-2-11　在 logo 选择器后插入 ID 选择器 search

（6）删除 logo 选择器与 search 选择器中的多余文字。在 logo 选择器中添加 logo 图像，

在 search 选择器中添加表单、段落与链接文字等信息。当前网页结构及代码如下所示。

```
<body>
<div id="wrapper">
  <div id="header"><a name="top" id="top"></a>
<div id="logo"><img src="images/logo.jpg" width="272" height="73" /></div>
<div id="search">
 <form class="sousuo">
   <input name="searchname" type="text" id="searchname" value=" 冰糖橙 " />
   <input type="submit" name="searchbtn" id="searchbtn" value=" 搜索 " />
 </form>
   <p><strong> 热门搜索：</strong>
<a href="#" > 江永柑橘 </a>
<a href="#" > 炎陵黄桃 </a>
<a href="#" > 麻阳冰糖橙 </a>
<a href="#" > 湘西猕猴桃 </a>
<a href="#" > 怀化黄金贡柚 </a>
<a href="#" > 九峰山奈李 </a> </p>
</div>
</div>
</div>
</body>
```

（7）返回到 css_div.css 文件，按照由上至下、由外向内的原则，为 heade 选择器、logo 选择器与 search 选择器设置 CSS 规则，代码如下所示。

```
#header {
    height: 100px;
    width: 1000px;
    margin: 0px auto;
}
#logo {
    height: 80px;
    width: 275px;
    float: left;              /* 设置左浮动 */
}
#search {
    float: right;             /* 设置右浮动 */
    height: 80px;             /* 设置高度 */
    width: 650px;             /* 设置宽度 */
    margin-left: 20px;        /* 设置左外边距 */
}
```

（8）接着继续为 search 选择器内部元素定义 CSS 规则，代码如下所示。

```
#search .sousuo {
    height: 50px;             /* 设置表单 form 盒子的高度与宽度 */
    width: 600px;
    background: url（../images/search.png）no-repeat left top;
    /* 设置表单 form 盒子的背景图片 */
}
```

```css
#searchname {                        /* 定义搜索文本框的样式 */
    height: 34px;                    /* 设置搜索文本框的高度与宽度 */
    width: 500px;
    float: left;                     /* 设置搜索文本框左浮动 */
    line-height: 34px;               /* 设置搜索文本框内文本的行高 */
    padding-left: 15px;              /* 设置搜索文本框左内边距 */
    color: #960;                     /* 设置搜索文本框中文本颜色 */
    margin: 8px 0px 8px 10px;        /* 设置搜索文本框的外边距 */
}
#searchbtn {                         /* 定义搜索按钮的样式 */
    height: 34px;
    background-color: #43BA28;
    font-size: 15px;
    color: #FFF;
    text-align: center;
    float: left;
    margin: 8px 0px 8px 10px;
}
#search    strong {
    font-size: 14px;
}
#search    a {                       /* 设置搜索框下热点词的链接样式 */
    color: #333;
    font-size: 14px;
    text-decoration: none;           /* 设置取消默认下画线效果 */
    margin-right: 5px;
    margin-left: 5px;
}
#search    a:hover {                 /* 设置搜索框下热点词的鼠标悬停链接样式 */
    color: #F00;
    text-decoration: underline;      /* 设置链接有下画线效果 */
}
```

（9）此时通过浏览器预览的网页效果如图 3-2-12 所示。

图 3-2-12　网页预览效果

四、menu 区域的制作

知识加油站　用项目列表来实现横向菜单

在网页中经常会见到各式各样的菜单，有横向菜单，也有纵向菜单，均可以直接用链接 a 元素来定义（见课后提升）。目前常用列表来定义菜单。

用项目列表来实现横向菜单

项目三 CSS 实现网页美化

网页中常用 ul 无序列表元素来定义菜单，其中的 li 列表项元素定义每个菜单项，在 li 列表中添加 a 链接元素，定义每个菜单链接效果。图 3-2-13 就是一个用无序列表元素定义的横向菜单，具体制作步骤如下所述。

图 3-2-13 用项目无序列表元素来定义横向菜单

第一步：打开 Dreamweaver 软件，新建一个 HTML 文档；

第二步：将光标定位在设计视图，选择"插入"菜单中"布局对象"下的"Div 标签"选项，在网页中插入名为"topmenu"的 div 选择器。

第三步：在 topmenu 对象中插入无序列表，代码如下所示。

```
<div id="topmenu">
<ul>
<li> 首页 </li>
<li> 进口水果 </li>
<li> 国产水果 </li>
<li> 水果礼盒 </li>
<li> 特色干果 </li>
<li> 绿叶资讯 </li>
</ul>
</div>
```

第四步：为每个列表项中的文字添加链接。第一个链接为当前打开的页面，显示被选中的效果，单独对一个 a 元素的分类 current 进行设置，代码如下所示。

```
<div id="topmenu">
<ul>
<li><a href="#" class="current"> 首页 </a></li>
<li><a href="#"> 进口水果 </a></li>
<li><a href="#"> 国产水果 </a></li>
<li><a href="#"> 水果礼盒 </a></li>
<li><a href="#"> 特色干果 </a></li>
<li><a href="#"> 绿叶资讯 </a></li>
</ul>
</div>
```

第五步：根据由外向内、由上至下的原则，对 topmenu 选择器及其中的元素定义 CSS 规则。

```
<style type="text/css">
<!--
#topmenu {
    width: 600px;      /* 设置外层盒子的宽度，根据网页布局来决定 */
    height: 40px;      /* 设置外层盒子的高度，根据网页布局来决定 */
    overflow: hidden;  /* 设置溢出部分隐藏 */
}
#topmenu *{            /* 清除默认样式 */
    margin: 0;
```

185

```css
        padding: 0;
        border: 0;
}
#topmenu li {
    float: left;          /* 设置列表项左浮动,实现列表项的横向排列 */
    list-style: none;     /* 清除默认项目符号 */
}
#topmenu a {
    display: block;       /* 块状化 a 元素 */
    height: 40px;         /* 设置块级元素 a 的高度 */
    width: 100px;         /* 设置块级元素 a 的宽度 */
    text-decoration: none;   /* 清除默认链接下画线 */
    line-height: 44px;    /* 设置行高 */
    text-align: center;   /* 设置文本居中 */
    color: #FFF;          /* 设置文本颜色 */
    font-size: 15px;      /* 设置字体大小 */
    font-weight: bold;    /* 设置文字加粗 */
    background: url(images/a_link.jpg)no-repeat left top;
    /* 设置背景图片不重复,左上角对齐 */
}
#topmenu a:hover {        /* 设置鼠标悬停时链接背景图片切换 */
    background: url(images/a_hover.jpg)no-repeat left top;
}
#topmenu a.current {      /* 定义 .current 的 a 元素类别,为当前页设置链接效果 */
    color: #FFF;
    background: url(images/a_hover.jpg)no-repeat left top;
}
-->
</style>
```

用项目列表实现横向菜单时,应注意以下几点。

(1)将无序列表中的列表项 li 元素添加左浮动属性(float: left),让每个列表项左浮动对齐。

(2)将无序列表 ul 或其外层盒子(如 #topmenu)的宽度值设置得更大一点,足够容纳整个横向菜单。

(3)要扩大鼠标在菜单选项上的选择区域,其关键在于用"display: block"将内联元素 a 定义成块级元素,定义 a 元素的宽度与高度。

(4)若要设置菜单选项为背景图片,关键在于要事先准备好两张图片,一张用于正常链接状态下的背景图片,另一张用于鼠标悬停状态下的背景图片。然后用"display: block"将内联元素 a 定义成块级元素,定义 a 元素的宽度与高度,设置 background 属性为背景图片,当鼠标悬停到链接上时,设置 background 属性为另外一张图片,即可实现背景图片菜单效果。

项目三 CSS 实现网页美化

> **学以致用**
>
> 用项目列表制作横向菜单时，应该特别关注哪些关键因素？
> _____
> _____

（1）将光标定位在设计视图，选择"插入"菜单中"布局对象"下的"Div 标签"选项。在弹出的对话框中，选择"插入"下拉列表框中的"在标签之后"，并在后面标签下拉列表框中选择"\<div id="header"\>"，在"ID"列表框中输入"menu"，单击"确定"按钮，即可在 header 选择器后插入 ID 选择器 menu。

（2）将光标定位在设计视图，选择"插入"菜单中"布局对象"下的"Div 标签"选项。在弹出的对话框中，选择"插入"下拉列表框中的"在开始标签之后"，并在后面标签下拉列表框中选择"\<div id="menu"\>"，在"ID"列表框中输入"listtop"，单击"确定"按钮，即可在 menu 选择器中插入 ID 选择器 listtop。

（3）删除 listtop 选择器中的多余文字，在 listtop 选择器中添加文字"全部商品分类"，设置其为标题 2 格式，此时网页代码如下所示。

```
<div id="menu">
<div id="listtop">
<h2> 全部商品分类 </h2>
</div>
</div>
```

（4）返回到 css_div.css 文件，为 menu 选择器与 listtop 选择器定义 CSS 规则，代码如下所示。

```
#menu {
    clear: both;                      /* 清除浮动 */
    height: 44px;
    width: 1000px;
    border-bottom: 2px solid #3C0;    /* 定义 2 像素的绿色实线下边框 */
}
#listtop {
    float: left;                      /* 设置左浮动 */
    height: 44px;
    width: 216px;
    background: url（../images/liststop.jpg）no-repeat left top;
    /* 设置背景图片，左上角对齐，不重复 */
}
#listtop h2 {
    font-size: 15px;
    color: #FFF;
    height: 29px;
    padding-left: 50px;
    padding-top: 15px;
}
```

（5）将光标定位在设计视图，选择"插入"菜单中"布局对象"下的"Div 标签"选项。在弹出的对话框中，选择"插入"下拉列表框中的"在标签之后"，并在后面标签下拉列表框中选择"<div id="listtop">"，在"ID"列表框中输入"topmenu"，单击"确定"按钮，即可在 listtop 选择器后插入 ID 选择器 topmenu。

（6）删除 topmenu 选择器中的多余文字，在其中添加无序列表、链接等内容，代码如下所示。

```
<div id="topmenu">
<ul>
<li><a href="#" class="current"> 首页 </a></li>
<li><a href="#"> 湖南水果 </a></li>
<li><a href="#"> 水果礼盒 </a></li>
<li><a href="#"> 特色干果 </a></li>
<li><a href="#"> 湘果故事 </a></li>
<li><a href="#" class="last"> 湘果资讯 </a></li>
</ul>
</div>
```

（7）返回到 css_div.css 文件，为 topmenu 选择器定义 CSS 规则，代码如下所示。

```
#topmenu {
    float: left;
    height: 44px;
    overflow: hidden;    /* 设置溢出部分隐藏 */
    width: 600px;
}
#topmenu li {
    float: left;         /* 设置列表项左浮动，实现横向排列效果 */
    list-style: none;    /* 清除默认列表符号 */
}
#topmenu a {
    display: block;      /* 块状化 a 元素 */
    text-decoration: none;          /* 设置取消默认的链接下画线效果 */
    height: 44px;                   /* 设置链接区域 */
    width: 100px;
    text-align: center;             /* 设置链接内的文本水平居中 */
    color: #000;
    background: url（../images/line.jpg）no-repeat right center;
    /* 设置链接项的背景图片不重复，水平右对齐，垂直居中对齐 */
    font: bold 15px/44px " 黑体 ";  /* 定义链接文字加粗，字号 15 像素，行高 44 像素 */
}
#topmenu a.current {
    color: #449701;                 /* 定义链接颜色 */
}
#topmenu a.last {
    background: #FFF url();         /* 设置取消背景图像，定义颜色为白色 */
}
#topmenu a: hover {
```

text-decoration: underline; /* 设置链接下画线效果 */
}

（8）将光标定位在设计视图，选择"插入"菜单中"布局对象"下的"Div 标签"选项。在弹出的对话框中，选择"插入"下拉列表框中的"在标签之后"，并在后面标签下拉列表框中选择"<div id="topmenu">"，在"ID"列表框中输入"tel"，单击"确定"按钮，即可在 topmenu 选择器后插入 ID 选择器 tel。

（9）删除 tel 选择器中的多余文字，并添加内容，代码如下所示。

```
<div id="tel">
<img src="images/tel.jpg" name="telimg" width="19" height="19" id="telimg" />
<strong>4000-498-488 </strong>
</div>
```

（10）返回到 css_div.css 文件，为 tel 选择器定义 CSS 规则，代码如下所示。

```
#tel {
    float: left;           /* 设置左浮动 */
    height: 44px;
    width: 184px;
}
#telimg {
    margin-top: 10px;  /* 设置上外边距 */
}
#tel strong {
    margin-top: 14px;
    margin-left: 10px;
    font-size: 20px;
    color: #090;
}
```

（11）此时通过浏览器预览网页，效果如图 3-2-14 所示

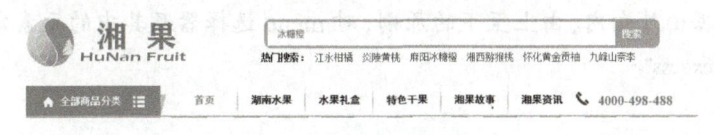

图 3-2-14 当前网页预览效果

五、content 区域中 left 与 right 区域的制作

知识加油站 用项目列表来实现纵向菜单

纵向菜单的实现与横向菜单的实现方法类似，图 3-2-15 是一个用列表元素定义的纵向菜单，其具体操作步骤如下所述。

第一步：打开 Dreamweaver 软件，新建一个 HTML 文档；

第二步：在设计视图，选择"插入"菜单中"布局对象"下的"Div 标签"选项，在网页中插入名为"menu"的 div 选择器。

用项目列表来实现纵向菜单

第三步：在 menu 选择器中插入无序列表，代码如下：

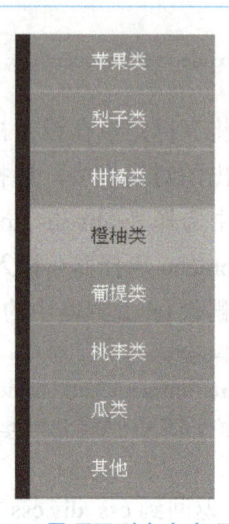

```
<div id="menu">
<ul>
<li> 苹果类 </li>
<li> 梨子类 </li>
<li> 柑橘类 </li>
<li> 橙柚类 </li>
<li> 葡提类 </li>
<li> 桃李类 </li>
<li> 瓜类 </li>
<li> 其他 </li>
</ul>
</div>
```

图 3-2-15　用项目列表来实现纵向菜单

第四步：为每个列表项中的文字添加链接，最后一个链接要设置不同颜色的边框效果，另外对一个 a 元素的分类 last 进行单独设置，代码如下所示。

```
<div id="menu">
<ul>
<li><a href="#"> 苹果类 </a></li>
<li><a href="#"> 梨子类 </a></li>
<li><a href="#"> 柑橘类 </a></li>
<li><a href="#"> 橙柚类 </a></li>
<li><a href="#"> 葡提类 </a></li>
<li><a href="#"> 桃李类 </a></li>
<li><a href="#"> 瓜类 </a></li>
<li><a href="#" class="last"> 其他 </a></li>
</ul>
</div>
```

第五步：根据由外向内、由上至下的原则，对 menu 选择器及其中的元素定义 CSS 规则。

```
<style type="text/css">
<!--
#menu {
    width: 160px;        /* 设置左侧框的宽度 */
}
#menu *{                 /* 清除默认样式 */
    margin: 0;
    padding: 0;
    border: 0;
}
#menu ul {
    list-style: none;    /* 清除默认列表符号 */
}
#menu ul li {
    border-left: 12px solid #030;
}
```

```
#menu a {
    display: block;        /* 块状化 a 元素 */
    width: 100px;          /* 定义链接区域 */
    height: 44px;
    padding-left: 50px;    /* 设置左内边距 50 像素 */
    line-height: 44px;     /* 设置行高 44 像素 */
    color: #FFF;
    background: #4fb101;
    text-decoration: none;
    font-size: 15px;
    border-bottom: 2px solid #3C0;     /* 设置下边框线 */
}
#menu a: hover {                       /* 定义鼠标悬停时的链接效果 */
    background: #63cd0e;
    color: #F00;
}
#menu a.last {                         /* 设置最后一个链接的下边框线 */
    border-bottom: 2px solid #49a003;
}
-->
</style>
```

其中的 li 元素定义了 12 像素的左边框，像类似这种边框效果，也可以直接加到 a 链接元素上，读者可以灵活调整属性参数值，实现更加丰富的纵向菜单效果。

学以致用

若想在竖向菜单的菜单项与菜单项之间添加 1 像素黑色的实线，CSS 代码应该如何设置呢？

_____

_____

（1）将光标定位在设计视图，选择"插入"菜单中"布局对象"下的"Div 标签"选项。在弹出的对话框中，选择"插入"下拉列表框中的"在标签之后"，并在后面标签下拉列表框中选择"<div id="menu">"，在"ID"列表框中输入"content"，单击"确定"按钮，即可在 menu 选择器后插入 ID 选择器 content。

（2）删除 content 选择器中的多余文字，将光标定位在设计视图，选择"插入"菜单中"布局对象"下的"Div 标签"选项。在弹出的对话框中，选择"插入"下拉列表框中的"在开始标签之后"，并在后面标签下拉列表框中选择"<div id="content">"，在"ID"列表框中输入"left"，单击"确定"按钮，即可在 content 选择器中插入 ID 选择器 left。

（3）删除 left 选择器中的多余文字，在其中添加无序列表，代码如下所示。

```
<div id="content">
```

```html
<div id="left">
<ul>
<li><a href="#"> 苹果类 </a></li>
<li><a href="#"> 梨子类 </a></li>
<li><a href="#"> 柑橘类 </a></li>
<li><a href="#"> 橙柚类 </a></li>
<li><a href="#"> 葡提类 </a></li>
<li><a href="#"> 桃李类 </a></li>
<li><a href="#"> 瓜类 </a></li>
<li><a href="#" class="last"> 其他 </a></li>
</ul>
</div>
</div>
```

（4）返回到 css_div.css 文件，为 content 选择器与 left 选择器定义 CSS 规则，代码如下所示。

```css
#content {
    clear: both;           /* 清除浮动 */
    width: 1000px;
}
#left {
    float: left;           /* 设置左浮动 */
    width: 216px;          /* 设置左侧框的宽度 */
}
#left ul {
    list-style: none;      /* 清除默认列表符号 */
}
#left a {
    display: block;        /* 块状化 a 元素 */
    width: 150px;          /* 定义链接区域 */
    height: 44px;
    padding-left: 50px;    /* 设置左内边距 50 像素 */
    line-height: 44px;     /* 设置行高 44 像素 */
    color: #FFF;
    background: #4fb101;
    text-decoration: none;
    font-size: 15px;
    border-bottom: 2px solid #3C0;   /* 设置下边框线 */
}
#left a: hover {                     /* 定义鼠标悬停时的链接效果 */
    background: #63cd0e;
    color: #F00;
}
#left a.last {                       /* 设置最后一个链接的下边框线 */
    border-bottom: 2px solid #49a003;
}
```

（5）将光标定位在设计视图，选择"插入"菜单中"布局对象"下的"Div 标签"选项。在弹出的对话框中，选择"插入"下拉列表框中的"在标签之后"，并在后面标签下拉列表框中选择"<div id="left">"，在"ID"列表框中输入"right"，单击"确定"按钮，即可在 left 选择器后插入 ID 选择器 right。

（6）删除 right 选择器中的多余文字，添加 banner 图片，代码如下所示。

```
<div id="right">
<img src="images/banner.jpg" width="780" height="369" />
</div>
```

（7）返回到 css_div.css 文件，为 right 选择器定义 CSS 规则，代码如下所示。

```
#right {
    float: left; /* 设置左浮动 */
    width: 780px;
    height: 368px;
}
```

此时，网页预览效果如图 3-2-16 所示。

图 3-2-16　当前网页预览效果

六、content 区域中 productshow 区域的制作

（1）将光标定位在设计视图，选择"插入"菜单中"布局对象"中的"Div 标签"选项。在弹出的对话框中，选择"插入"下拉列表框中的"在标签之后"，并在后面标签下拉列表框中选择"<div id="right">"，在"类"列表框中输入"productshow"，单击"确定"按钮，即可在 right 选择器后插入类选择器 productshow，如图 3-2-17 所示。

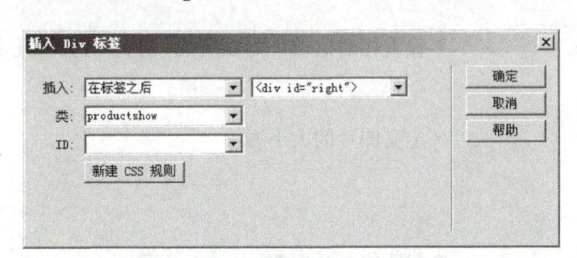

图 3-2-17　在 right 选择器后插入类选择器 productshow

（2）定义 productshow 为类选择器的主要原因，是因为类选择器 productshow 的 CSS 规则可以重复用在多个区域，除"当季新品"外，还可以用到其他同类型的区域中。

（3）删除 productshow 选择器中的多余文字，为其添加图片与无序列表，注意：为不同的内容设置不同的 HTML 标签，如 <strong>、<em> 标签等，是为了更准确地定义内容。

193

productshow 选择器的网页代码及结构如下所示。

```html
<div class="productshow">
    <p><img src="images/201609011146075900.jpg" name="currenttop" width="1000" height="78" id="currenttop" /></p>
    <ul>
    <li><img src="images/fruit1.jpg" width="500" height="500" />
    <a href="#">【麻阳冰糖橙 10 个（约 1kg）】</a> <strong>¥9.90</strong><em>¥17.90</em>
    <a href="#" class="buy">立即购买</a></li>
    <li><img src="images/fruit2.jpg" width="500" height="500" />
    <a href="#">【炎陵黄桃 4 个（约 1kg）】</a> <strong>¥12.80</strong><em>¥24.80</em>
    <a href="#" class="buy">立即购买</a></li>
    <li><img src="images/fruit3.jpg" width="500" height="500" />
    <a href="#">【怀化黄金贡柚 1 箱（2.5~2.7kg）】</a>
    <strong>¥88.80</strong><em>¥138.00</em>
    <a href="#" class="buy">立即购买</a></li>
    <li><img src="images/fruit4.jpg" width="500" height="500" />
    <a href="#">【凤凰猕猴桃 1 箱（4.8~5.1kg）】</a>
    <strong>¥48.00</strong><em>¥66.80</em>
    <a href="#" class="buy">立即购买</a></li>
    </ul>
</div>
```

（4）返回到 css_div.css 文件，为 productshow 选择器及其元素定义 CSS 规则，代码如下所示。

```css
.productshow {
    clear: both;        /* 清除浮动 */
    width: 1000px;
    margin-top: 10px;
    padding-top: 5px;
}
.productshow ul li {
    margin: 5px;
    float: left;              /* 设置左浮动 */
    width: 230px;             /* 设置每个列表项的宽度 */
    list-style: none;
    position: relative;       /* 设置相对定位，为以后的"立即购买"几个字做定位准备 */
}
.productshow li img {
    height: 210px;            /* 定义图片的大小 */
    width: 210px;
}
.productshow ul li a {
    display: block;           /* 块状化 a 元素 */
    text-align: left;         /* 设置文本居左对齐 */
    color: #000;
    text-decoration: none;    /* 取消链接默认下画线效果 */
    margin-top: 5px;
    margin-bottom: 5px;
    width: 210px;             /* 定义链接块区域宽度 */
    font-size: 12px;
}
```

（5）继续为其中商品的现有价格（<strong> 标签）与原有价格（<em> 标签）定义样式，代码如下所示。

```
.productshow ul li strong {          /* 定义现有价格的 CSS 样式 */
    font-size: 22px;
    color: #F00;
    margin-left: 20px;
}
.productshow ul li em {              /* 定义原有价格的 CSS 样式 */
    text-decoration: line-through;   /* 定义下画线效果为删除线 */
    font-size: 12px;
    margin-left: 5px;
}
```

（6）继续为"立即购买"几个字定义 CSS 样式，将"立即购买"几个字固定在商品图片右下角的位置，其 CSS 样式代码如下所示。

```
.productshow ul li a.buy {
    display: block;         /* 块状化 a 元素 */
    height: 40px;           /* 定义链接块区域的宽度与高度 */
    width: 40px;
    background: #F00;       /* 设置背景颜色为红色 */
    color: #FFF;            /* 设置文本颜色为白色 */
    text-align: center;     /* 设置文本居中对齐 */
    position: absolute;     /* 设置绝对定位 */
    right: 20px;
    bottom: 2px;
    font-size: 14px;
    padding-top: 5px;
}
```

（7）当前网页预览效果如图 3-2-18 所示。若想要添加更多类似 productshow 的网页效果，只需要将 <div class="productshow"> 那段代码进行复制，然后修改其中的图片与相关文字信息即可。

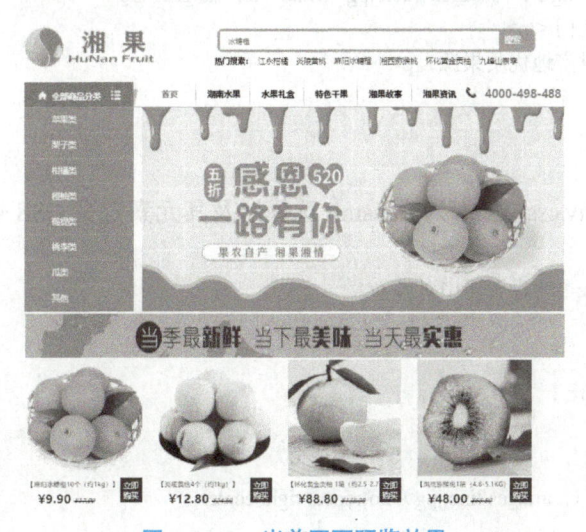

图 3-2-18 当前网页预览效果

195

七、content 区域中 transmit 区域的制作

（1）将光标定位在设计视图，选择"插入"菜单中"布局对象"下的"Div 标签"选项。在弹出的对话框中，选择"插入"下拉列表框中的"在结束标签之前"，并在后面标签下拉列表框中选择"<div id="content">"，在"ID"列表框中输入"transmit"。单击"确定"按钮，即可在 content 选择器结束标签之前插入 ID 选择器 transmit，如图 3-2-19 所示。

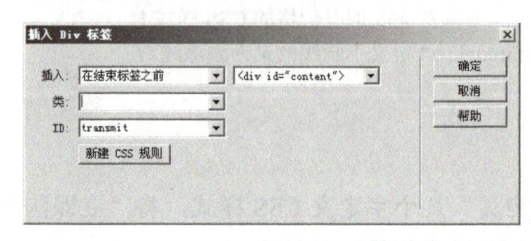

图 3-2-19　在 content 选择器结束标签之前插入 ID 选择器 transmit

（2）删除 transmit 选择器中的多余文字，在其中添加无序列表，并在每个列表框中添加图片与段落信息，代码如下所示。

```
<div id="transmit">
<ul>
<li>
<p class="leftimg"><img src="images/earth.jpg" width="50" height="50" /></p>
<p> 湖南美味新鲜佳果 </p>
<p> 精选湖南各直供产地优质果源 </p>
</li>
<li>
<p class="leftimg"><img src="images/plane.jpg" width="50" height="50" /></p>
<p> 产地直供 冷链运输 </p>
<p> 果品从产地直达，全程冷冻 </p>
</li>
<li>
<p class="leftimg"><img src="images/truck.jpg" width="50" height="50" /></p>
<p> 本地门店送货上门 </p>
<p> 精选湖南各直供产地优质果源 </p>
</li>
</ul>
</div>
```

（3）返回到 css_div.css 文件，为 transmit 选择器及其元素定义 CSS 规则，代码如下所示。

```
#transmit {
    margin: 0px auto;    /* 设置居中对齐 */
    clear: both;         /* 清除浮动 */
    width: 1000px;
    padding-top: 15px;
}
#transmit ul li {
    background: url（../images/line.jpg）no-repeat right center;
```

```css
        /* 为列表项添加背景图像，不重复，水平右居中，垂直右居中 */
        float: left;                /* 设置左浮动 */
        width: 300px;               /* 设置宽度 */
        list-style: none;           /* 设置清除默认的列表符号 */
        margin-right: 20px;
}
#transmit   .leftimg {
        float: left;                /* 定义图片左浮动，实现图文环绕效果 */
        margin: 5px 15px 5px 5px;   /* 定义图片的外边框属性 */
}
#transmit   p {
        font-size: 15px;
        margin-top: 5px;
        margin-bottom: 5px;
        line-height: 1.5;
}
```

（4）此时网页预览效果如图 3-2-20 所示。

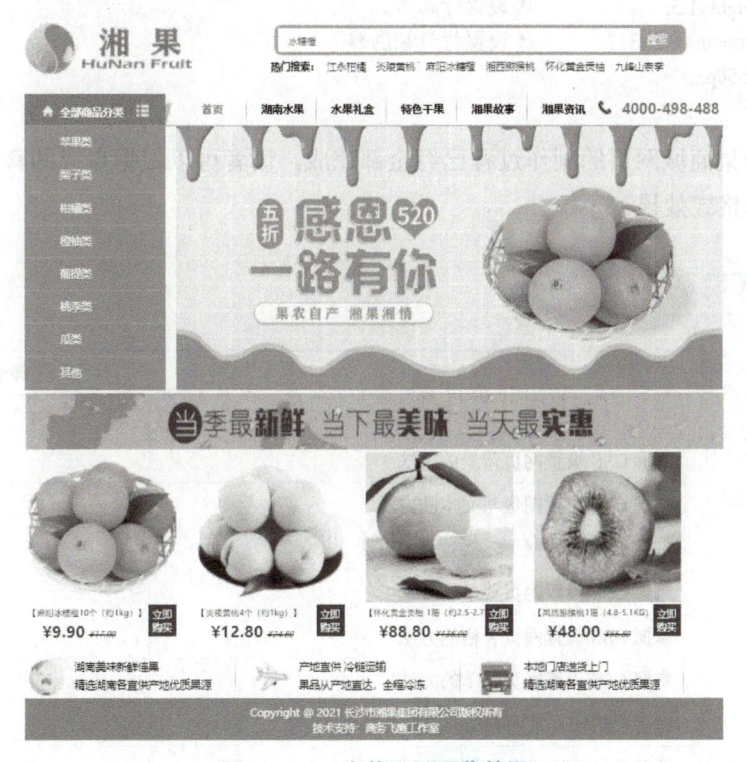

图 3-2-20　当前网页预览效果

八、footer 区域的制作

（1）将光标定位在设计视图，选择"插入"菜单中"布局对象"下的"Div 标签"选项。在弹出的对话框中，选择"插入"下拉列表框中的"在标签之后"，并在后面标签下拉列表框中选择"<div id="content">",在"ID"列表框中输入"footer",单击"确定"按钮,即可在 content 选择器后插入 ID 选择器 footer。

(2) 删除 footer 选择器中的多余文字,在其中输入版权信息,此时页面代码如下所示。

```
<div id="footer">
<p>>Copyright & copy; 2021 长沙市湘果集团有限公司版权所有 </p>
<p> 技术支持：商务飞鹰工作室 </p>
</div>
```

(3) 切换到 css_div.css 文件,创建 footer 选择器的 CSS 规则,代码如下所示。

```
#footer {
    clear: both;                    /* 清除浮动 */
    margin: 20px auto 0px;
    width: 1000px;
    text-align: center;
    padding-top: 10px;
    font-size: 15px;
    color: #FFF;
    line-height: 1.5;               /* 设置行高 */
    background: #31A317;            /* 设置背景颜色 */
    height: 50px;
}
```

至此,湘果商城网页的制作过程已经全部完成,读者可以根据自己的喜好进一步美化其中的文字和格式效果。

任务评价

评价项目	评价内容	评价等级				
		优	良	中	较差	差
知识评价	掌握 CSS 设置网页背景的方法					
	掌握 CSS 设置图像与文本的方法					
	掌握 CSS 设置网页链接效果的方法					
	掌握 CSS 设置网页菜单的方法					
	掌握 CSS 设置网页表格的方法					
	掌握 CSS 设置网页表单的方法					
	理解 CSS+div 页面布局的方法与原理					
能力评价	能够掌握 CSS 美化网页元素的方法					
	能够利用 CSS+div 进行网页布局					
创新素质评价	培养学生清晰、有序的逻辑思维					
	培养学生数据分析与总结的意识					
	培养学生系统分析与解决问题的能力					
	能够进行数据分析与总结					

续表

评价项目	评价内容	评价等级				
		优	良	中	较差	差
思政评价	培养学生认识美、鉴赏美和创造美的能力					
	培养学生利用自己所学为家乡经济助力，为祖国的未来贡献力量					
课后建议及反思						

课后提升

用图片来定义项目列表符号

项目列表中每个列表项的符号可以取三个值，分别为 disc、circle 与 square，分别代表小圆点、空心圆与小正方形。

但在网页设计中，这些符号还不够丰富，经常需要用图片来替换项目列表符号。如图 3-2-21 所示，项目符号的默认小圆点用一张小三角形图片替代，与网页的整体设计融为一体。

用图片来定义项目列表符号，关键在于需要提前准备好图像。若要实现图 3-2-21 所示的效果，可以通过两种方法实现。

（1）设置项目符号 ul 或列表项 li 的 list-style-image 属性为准备好的小图像。

（2）设置列表项 li 的背景图像效果（不重复，水平左对齐，垂直居中对齐），且定义 padding-left 属性的值。

具体制作步骤如下所述。

第一步：用 Photoshop 软件制作好一张名为 icon.jpg 的图像，尺寸为 22px×28px。

第二步：打开 Dreamweaver 软件，新建一个 HTML 文档。

第三步：将光标定位在设计视图，选择"插入"菜单中"布局对象"下的"Div 标签"选项，在网页中插入名为"categories"的 div 选择器。

用图片来定义项目列表符号

图 3-2-21 图像符号效果

CSS 设置背景图像超链接效果

CSS 设置按钮式链接效果

第四步：在 menu 选择器中插入无序列表，代码如下所示。

```
<div id="categories">
<h2> 产品分类 </h2>
<ul>
<li> 苗木百科 </li>
<li> 苗木供应 </li>
<li> 苗木报价 </li>
<li> 产品展示 </li>
<li> 最新供应 </li>
</ul>
</div>
```

第五步：为每个列表项中的文字添加链接，最后一个链接取消下边框线效果，另外定义一个 a 元素的分类 last 进行单独设置，代码如下所示。

```
<div id="categories">
<h2> 产品分类 </h2>
<ul>
<li><a href="#"> 苗木百科 </a></li>
<li><a href="#"> 苗木供应 </a></li>
<li><a href="#"> 苗木报价 </a></li>
<li><a href="#"> 产品展示 </a></li>
<li><a href="#" class="last"> 最新供应 </a></li>
</ul>
</div>
```

第六步：接下来，根据由外向内、由上至下的原则，对 categories 选择器及其中的元素定义 CSS 规则，代码如下所示。

```
<style type="text/css">
<!--
#categories {                /* 定义外层盒子的样式 */
    width: 280px;
    float: left;
}
#categories * {              /* 清除默认样式 */
    margin: 0px;
    padding: 0px;
    border: 0px;
}
#categories h2 {             /* 定义标题样式 */
    height: 35px;
    width: 120px;
    margin-left: 10px;
    padding-left: 20px;
    color: #FFF;
    font: bold 16px/35px " 宋体 ";
    background: url（images/h_bg.jpg）no-repeat left top;
```

```
}
#categories ul {                    /* 定义无序列表整体样式 */
    list-style-type: none;          /* 清除默认项目列表符号 */
    border: 1px solid #328F0B;      /* 设置边框样式 */
}
#categories ul li {                 /* 定义每个列表项样式 */
    background: url（images/icon.jpg）no-repeat left center;
    /* 定义背景图像为准备好的小图像，不重复，水平左对齐，垂直居中对齐 */
    padding-left: 25px;             /* 设置左内边距，以此来调整文字与背景图像之间的距离 */
    height: 40px;
    line-height: 40px;
    width: 230px;
    margin: 5px 0px 5px 5px;        /* 设置每个列表项之间的外边距 */
}
#categories ul li a {               /* 定义每个列表项中链接样式 */
    color: #000;
    text-decoration: none;
    border-bottom: 1px solid #CCC;  /* 为链接项添加下边框线 */
    display: block;                 /* 块状化 a 元素 */
}
#categories ul li a.last {          /* 定义最后一个链接样式 */
    border-style: none;             /* 取消边框线 */
}
-->
</style>
```

> **学以致用**
>
> 小明制作了一张 30px×30px 的小图像，想用该图像替换默认的项目符号，请在网页中帮小明用代码来实现吧!
>
> _____
>
> _____

任务三　CSS 设置网页表格与表单

课前自学

一、CSS 设置网页表格

在 CSS+div 布局被普及之前，网页设计师常用表格进行网页布局，现在主要用表格来呈现数据。

在 CSS 中，可以定义表格 table、标题 caption、表头 th、行 tr、单元格 td 等元素的文本、边框、宽度、高度、对齐、颜色、内外边距、背景等多种属性。具体讲解见课后提升。

二、网页中的表单

在网页设计中，表单的应用范围很广，如邮箱注册、用户登录、资料检索等，图 3-3-1 和图 3-3-2 就是典型的表单应用。

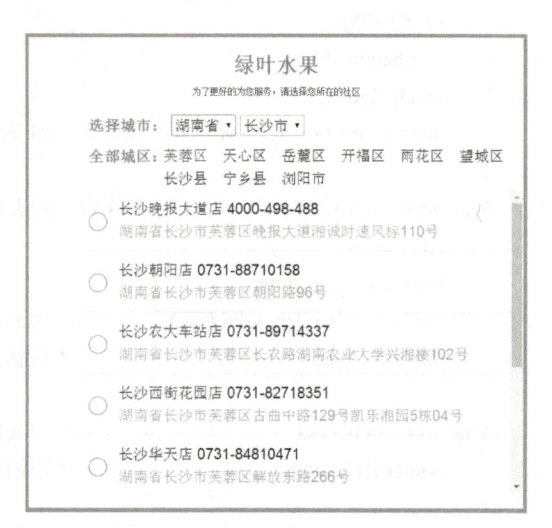

图 3-3-1　邮箱注册表单　　　　图 3-3-2　水果商城地域选择表单

无论哪种表单，其功能都可用来实现访问者与网站之间的交互。在 Dreamweaver 软件中添加表单后，表单元素都有默认的样式，但是默认的样式还不够美观，可以通过 CSS 对表单及元素进行美化。

> **学以致用**
>
> 在网页中，表单能够实现访问者与网站之间很好的互动，所以在用户注册、用户登录、资料检索等方面应用广泛。请问你在网上还见过哪些表单应用，找出 2～3 种不同应用范围的表单页面，并从美观性、实用性和用户体验感等方面进行点评。
>
> _____
> _____

自学自测

一、单项选择题

1. 以下选项中，全部都属于表格标签的是（　　）。

A．<table>、<head>、<tfoot>　　　　B．<table>、<tr>、<td>

C. <table>、<tr>、<tt> D. <thead>、<body>、<tr>

2. 下列各项中，可以使单元格中的内容左排列的正确 HTML 标签是（　　）。

A. <td align="left"> B. <td valign="left">
C. <td leftalign> D. <tdleft>

3. 以下选项中，可产生带有数字列表符号的列表标签是（　　）。

A. <ul>　　　　B. <dl>　　　　C. <ol>　　　　D. <list>

4. 以下选项中，可产生带有圆点列表符号的列表标签是（　　）。

A. <dl>　　　　B. <list>　　　　C. <ol>　　　　D. <ul>

5. 下列的 HTML 标签中，可以产生复选框的是（　　）。

A. <input type="check"> B. <checkbox>
C. <input type="checkbox"> D. <check>

6. 下列的 HTML 标签中，可以产生文本框的是（　　）。

A. <input type="textfield"> B. <textinput type="text">
C. <input type="text"> D. <textfield>

7. 下列的 HTML 标签中，可以产生下拉列表的是（　　）。

A. <list> B. <input type="list">
C. <input type="dropdown"> D. <select>

8. 下列的 HTML 标签中，可以产生文本域的是（　　）。

A. <textarea> B. <input type="textarea">
C. <input type="textbox"> D. <textarea></textarea>

9. 如需在 CSS 中设置表格边框，可以使用的属性的是（　　）。

A. border　　　B. padding　　　C. marign　　　D. position

课中任务

任务导入

小明受学院学生会调研部委托，准备做一个生活垃圾分类现状的调查问卷页面，页面内容要求了解被调查人群所在小区对生活垃圾分类回收和处理的现状，以及被调研对象对国家采取生活垃圾进行分类的管理条例的建议等，为树立良好的垃圾分类观念及提高环保意识起到很好的宣传和引导作用。

任务描述

本任务根据学生会调研部提供的素材，制作一个以"生活垃圾现状调查"为主题的调查问卷页面，网页效果如图 3-3-3 所示。

图 3-3-3　生活垃圾分类现状的调查问卷网页效果

任务实施

一、网页布局规划

从图 3-3-3 所示的网页效果图可以看出，整个页面可以分为头部区域（包括 logo、搜索等）、导航菜单区域、banner 区域、主内容区域（包括左侧表单部分与右侧表格部分），以及页面底部版权区域。页面的布局规划图如图 3-3-4 所示。

思政园地 3-2　带动绿色发展，引领绿色生活

图 3-3-4　布局规划图

二、网页基本设置

（1）创建站点。启动 Dreamweaver CS6，执行"站点"—"新建站点"命令，打开"站点设置对象"对话框，根据情况设置相关信息。在"文件"面板站点根目录下分别创建用于放置图片的 images 文件夹和放置 CSS 文件的 style 文件夹。将所需图片素材复制到站点的 images 文件夹中。

（2）创建 index.html 文档。执行"文件"—"新建"命令，打开"新建文档"对话框，选择对话框左侧的"空白页"选项，从"页面类型"列中选择"HTML"，然后在"布局"列中选择"<无>"。在"文档类型"下拉列表框中选择"XHTML 1.0 Transitional"，单击"创建"按钮，即可创建一个空白文档。将该网页保存在根目录下，并重命名为 index.html。

（3）创建 css_div.css 外部样式文件。执行"文件"—"新建"命令，打开"新建文档"对话框。选择对话框左侧的"空白页"选项，从"页面类型"列中选择"CSS"，然后单击"创建"按钮，即可创建一个 CSS 空白文档。将此外部 CSS 文档保存在 style 文件夹中，并命名为 css_div.css。

（4）将 CSS 外部样式文件 css_div.css 链接至 index.html 文档。打开 index.html 文档，执行"窗口"—"CSS 样式"命令，打开"CSS 样式"面板，单击面板底部的"附加样式表"按钮。此时弹出"链接外部样式表"对话框，单击"浏览"按钮，将外部样式文件 css_div.css 链接到 index.html 页面中。

三、页面初始化

知识加油站　搜索框的美化

搜索框是网页非常重要的一个组成部分，它的美观程度直接影响用户的体验感。图 3-3-5 是某酒店网页中的一个搜索框。

图 3-3-5 所示的搜索框的具体制作步骤如下。

第一步：首先用 Photoshop 软件准备一张表单背景图片，名为 roomsearch_bg.jpg，如图 3-3-6 所示。

CSS 美化表单搜索框

图 3-3-5　搜索框　　　　　图 3-3-6　表单背景图片 roomsearch_bg.jpg

第二步：在 Dreamweaver 软件中新建网页，插入名为"roomsearch"的 div 标签对象。删除 roomsearch 选择器内的文字，在其中插入名为"roomsearchform"的表单，表单中包括一个名为"searchname"的文本输入框和名为"searchbtn"的提交按钮，在表单后插入一个名为"hotsearch"的段落，并添加相应热门关键词。当前网页结构及代码如下所示。

```
<body>
```

```html
<div id="roomsearch">
<form id="roomsearchform">
   <p>
      <input name="searchname" type="text" id="searchname" value=" 经济大床房 " />
      <input type="submit" name="searchbtn" id="searchbtn" value=" 搜索 " />
   </p>
</form>
   <p class="hotsearch"> 热门搜索：
      <a href="#"> 经济大床房 </a>
      <a href="#"> 亲子房 </a>
      <a href="#"> 商务大床房 </a>
   </p>
</div>
</body>
```

第三步：通过由外向内、自上而下的原则，对 roomsearch 选择器定义 CSS 规则，代码如下所示。

```css
<style type="text/css">
<!--
#roomsearch {            /* 设置外层盒子样式 */
     float: left;        /* 设置左浮动 */
     height: 80px;
     width: 420px;
     margin-left: 20px;  /* 设置左外边距 */
}
#roomsearch *{           /* 清除默认样式 */
     padding: 0px;
     margin: 0px;
     border: 0px;
}
#roomsearchform {        /* 设置表单样式 */
     width: 410px;
     height: 50px;
     background: url（images/roomsearch_bg.jpg）no-repeat left center;
     /* 设置背景效果 */
}
#searchname {            /* 设置文本输入框 */
     height: 35px;       /* 设置文本输入框的高度 */
     width: 285px;       /* 设置文本输入框的宽度 */
     float: left;        /* 设置左内边距 */
     color: #960;        /* 设置实线边框 */
     margin: 7px 0px 5px 20px; /* 设置外边距 */
     padding-left: 15px; /* 设置左内边距 */
}
#searchbtn {             /* 设置按钮 */
     height: 35px;       /* 设置按钮的高度 */
     background-color: #06BA13; /* 设置按钮的背景颜色 */
     font-size: 15px;            /* 设置按钮上的文本大小 */
```

```
        color: #FFF;                /* 设置按钮上的文本颜色 */
        text-align: center;         /* 设置按钮上文本居中 */
        float: left;                /* 设置按钮左浮动 */
        width: 60px;                /* 设置宽度 */
        margin-top: 7px;            /* 设置上外边距 */
    }
    .hotsearch {                    /* 设置热门搜索段落样式 */
        clear: both;
        padding-top: 5px;
        margin-top: 10px;
        line-height: 25px;
    }
    .hotsearch a {                  /* 设置热门搜索内链接样式 */
        color: #060;
        text-decoration: none;
        font-weight: bold;
    }
    -->
</style>
```

通过浏览器预览网页效果,即可得到图 3-3-5 所示的搜索框效果了,是不是比默认的样式更漂亮呢!

学以致用

请利用刚刚学过的搜索框美化技术,尝试制作图 3-3-7 所示的搜索框效果。

图 3-3-7 搜索框效果

_____

_____

---

(1)将光标定位在设计视图,选择"插入"菜单中"布局对象"下的"Div 标签"选项。在弹出的对话框中,选择"插入"下拉列表框中的"在插入点",在"ID"列表框中输入"wrapper",单击"确定"按钮,即可在网页中创建名为"wrapper"的 ID 选择器。切换到 css_div.css 文件,创建系列初始化规则,代码如下所示。

```
@charset "utf-8";
*{
    margin: 0px;        /* 清除默认样式 */
    padding: 0px;
    border: 0px;
}
body{
```

```css
        font: 14px;            /* 设置页面文本字体大小 */
        background: #72ccef;   /* 设置页面背景 */
}
#wrapper{
        width: 1000px;         /* 设置最外层盒子的宽度 */
        margin: 0px auto;      /* 设置最外层盒子居中对齐 */
}
```

（2）将光标定位在设计视图，删除 wrapper 选择器中的多余文字。选择"插入"菜单中"布局对象"下的"Div 标签"选项。在弹出的对话框中，选择"插入"下拉列表框中的"在开始标签之后"，并在后面标签下拉列表框中选择"<div id="wrapper">"，在"ID"列表框中输入"header"，单击"确定"按钮，即可在 wrapper 选择器中插入 ID 选择器 header。

（3）将光标定位在设计视图，选择"插入"菜单中"布局对象"下的"Div 标签"选项。在弹出的对话框中，选择"插入"下拉列表框中的"在开始标签之后"，并在后面标签下拉列表框中选择"<div id="header">"，在"ID"列表框中输入"logo"，单击"确定"按钮，即可在 header 选择器中插入 ID 选择器 logo。

（4）将光标定位在设计视图，选择"插入"菜单中"布局对象"下的"Div 标签"选项。在弹出的对话框中，选择"插入"下拉列表框中的"在标签之后"，并在后面标签下拉列表框中选择"<div id="logo">"，在"ID"列表框中输入"infosearch"，单击"确定"按钮，即可在 logo 选择器后插入 ID 选择器 infosearch。

（5）在 logo 选择器中插入 LOGO 图片，在 infosearch 选择器中插入标题、文本输入框与按钮等信息，此时页面结构及代码如下所示。

```html
<div id="wrapper">
<div id="header">
<div id="logo">
<img src="images/logo.jpg" width="297" height="64" />
</div>
<div id="infosearch">
<form action=" method"="get" id="infosearchform">
<select id="lb" name="lb">
<option> 垃圾分类 </option>
<option> 最新动态 </option>
<option> 主题活动 </option>
</select>
<input name="searchname" type="text" id="searchname" value=" 有害垃圾 " />
<input type="submit" name="searchbtn" id="searchbtn" value=" 搜索 " />
</form>
 </div>
  </div>
   </div>
```

（6）返回到 css_div.css 文件，对 header 选择器及其中的 logo 选择器与 infosearch 选择器定义 CSS 规则，代码如下所示。

```css
#header {
        height: 100px;         /* 定义头部高度与宽度 */
```

```css
        width: 1000px;
        margin: 0px auto;
        background: #fff;           /* 设置背景 */
}
#logo {
        float: left;                /* 设置左浮动 */
        height: 64px;
        width: 297px;
        margin: 8px 10px 0px 20px;  /* 设置外边距 */
}
#infosearch {
        float: right;               /* 设置右浮动 */
        width: 650px;
        height: 100px;
}
#lb{
        width: 100px;
        height: 40px;
        border: #72ccef 1px solid;  /* 设置实线边框 */
        margin: 20px 10px 0px;      /* 设置外边距 */
        line-height: 40px;          /* 设置行高 */
        color: #960;                /* 设置文本颜色 */
        padding-left: 10px;         /* 设置左内边距 */
        float: left;
        }
#searchname {                       /* 设置文本输入框 */
        height: 40px;               /* 设置文本输入框的高度 */
        width: 300px;               /* 设置文本输入框的宽度 */
        float: left;                /* 设置左浮动 */
        padding-left: 10px;         /* 设置左内边距 */
        color: #960;                /* 设置文本颜色 */
        border: 1px solid #72ccef;  /* 设置设置实线边框 */
        margin: 20px 0px 5px;       /* 设置外边距 */
        line-height: 40px;
}
#searchbtn {                        /* 设置按钮 */
        height: 40px;               /* 设置按钮的高度 */
        background-color: #72ccef;  /* 设置按钮的背景颜色 */
        font-size: 15px;            /* 设置按钮上的文本大小 */
        color: #FFF;                /* 设置按钮上的文本颜色 */
        text-align: center;         /* 设置按钮上文本居中 */
        float: left;                /* 设置按钮左浮动 */
        width: 70px;                /* 设置按钮的宽度 */
        border: 1px solid #43BA28;  /* 设置按钮的边框 */
        margin: 20px 10px 0px;      /* 设置按钮的外边距 */
}       width: 70px;                /* 设置按钮的宽度 */
        border: 1px solid #43BA28;  /* 设置按钮的边框 */
        margin: 5px 10px;           /* 设置按钮的外边距 */
}
```

（7）通过浏览器查看当前网页预览效果，如图 3-3-8 所示。

图 3-3-8　当前网页预览效果

四、menu 区域的制作

（1）将光标定位在设计视图，选择"插入"菜单中"布局对象"下的"Div 标签"选项。在弹出的对话框中，选择"插入"下拉列表框中的"在标签之后"，并在后面标签下拉列表框中选择"<div id="header">"，在"ID"列表框中输入"menu"，单击"确定"按钮，即可在 header 选择器后插入 ID 选择器 menu。

（2）在 menu 选择器中插入无序列表信息，此时页面结构及代码如下所示。

```
<body>
<div id="wrapper">
<div id="header">
此处省略
</div>
<div id="menu">
<a href="#" target="_blank"> 网站首页 </a>
<a href="#" target="_blank"> 部门简介 </a>
<a href="#" target="_blank"> 部门风采 </a>
<a href="#" target="_blank"> 通知公告 </a>
<a href="#" target="_blank"> 规章制度 </a>
<a href="#" target="_blank"> 权益服务 </a>
<a href="#" target="_blank"> 下载专区 </a>
</div>
</div>
</body>
```

（3）切换到 css_div.css 文件，为 menu 选择器创建系列 CSS 规则，代码如下所示。

```
#menu {
clear: both;              /* 清除浮动 */
height: 44px;
width: 920px;
background-color: #06a7e5;  /* 设置背景色 */
padding-left: 80px;       /* 设置左内边距 */
margin: 0px auto;
}
#menu a {
display: block;           /* 块状化 a 元素 */
float: left;              /* 设置 a 元素左浮动 */
height: 44px;             /* 定义块级 a 元素的高度与宽度 */
width: 120px;
text-align: center;       /* 设置文本居中 */
```

```
color: #FFF;
text-decoration: none;          /* 设置取消默认下画线效果 */
font: 18px/40px " 黑体 ";        /* 设置字号 18 像素,行高 40 像素,字体黑体 */
}
#menu a: hover {
background: #0287bb;            /* 设置当鼠标悬停时更改背景颜色 */
}
```

(4)保存当前文件,通过浏览器查看当前网页预览效果,如图 3-3-9 所示。

图 3-3-9　当前网页预览效果

五、banner 区域的制作

(1)将光标定位在设计视图,选择"插入"菜单中"布局对象"下的"Div 标签"选项。在弹出的对话框中,选择"插入"下拉列表框中的"在标签之后",并在后面标签下拉列表框中选择"<div id="menu">",在"ID"列表框中输入"banner",单击"确定"按钮,即可在 header 选择器后插入 ID 选择器 banner。

(2)在 banner 选择器中插入 banner 图像,此时页面结构及代码如下所示。

```
<body>
<div id="wrapper">
<div id="header">
此处省略
</div>
<div id="menu">
此处省略
</div>
<div id="banner"><img src="images/theme-pic.jpg" width="1000" height="328" />
</div>
</div>
</body>
```

(3)为 banner 选择器设置宽度、高度、清除环绕、居中对齐等 CSS 属性,代码如下所示。

```
#banner {
    clear: both;
    height: 328px;
    width: 1000px;
    margin: 0px auto;
}
```

(4)保存当前文件,通过浏览器查看预览效果,如图 3-3-10 所示。

图 3-3-10　当前网页预览效果

六、content 区域及其 left 区域的制作

知识加油站　按钮的美化

按钮是网页表单中必不可少的一个元素，按钮的美化主要通过两种方式实现：一种是通过 CSS 美化；另一种是借助图像实现美化效果。图 3-3-11 所示的按钮美化效果是利用 CSS 样式与图像相结合的方式实现的。

CSS 美化表单按钮

图 3-3-11 效果的具体制作步骤如下所述。

图 3-3-11　按钮美化效果

第一步：首先用 Photoshop 软件准备两张按钮背景图像，一张为正常状态时的背景图像，另一张为鼠标悬停状态时的背景图像，将两种状态效果图放置在一张图像中，命名为 btn_bg.jpg，如图 3-3-12 所示。

第二步：在 Dreamweaver 软件中新建网页，创建表单域，并将光标定位在表单域中。

第三步：在表单域中插入"提交按钮"，名为 submit_btn。

图 3-3-12　按钮背景图像 btn_bg.jpg

第四步：在网页的 head 区域内，为 input 元素及按钮元素 submit_btns 定义 CSS 规则，代码如下所示。

```
<style type="text/css">
#form1 *{                /*清除默认样式*/
    padding: 0px;
    margin: 0px;
    border: 0px;
}
input{                   /* 设置输入控件的样式 */
    font-family: " 宋体 ";
    color: #FFF;
    font-size: 14px;
    font-weight: bold;
}
```

```
#submit_btn {              /* 设置按钮样式 */
    background: url（images/btn_bg.jpg）no-repeat left top;    /* 设置背景图像 */
    height: 40px;          /* 设置高度 */
    width: 100px;          /* 设置宽度 */
    }
</style>
```

第五步：在代码视图中，为 <input> 标签添加 onmouseover 和 onmouseout 属性，具体代码如下所示。

```
<body>
<form id="form1">
<input type="submit" name="submit_btn" id="submit_btn" value=" 确认注册 " onmouseover="this.style.backgroundPosition='left -40px' " onmouseout="this.style.backgroundPosition='left 0px' "/>
</form>
</body>
```

以上代码表示当鼠标光标停留在按钮上方时，背景图像显示 btn_bg.jpg 图像下方的图像；当鼠标光标移出按钮对象时，背景图像显示的是 btn_bg.jpg 图像上方的图像。

backgroundPosition 是用来设置背景图像位置的，它的语法如下所示。

Object.style.backgroundPosition=position

position 可以取关键词（如 top、center 等）、百分数值（如 0%、0% 等）或具体数值（如 0 ~ 40 等）。

学以致用

请同学们想一想，鼠标悬停变换效果中 backgroundPosition 的作用是什么？Position 有几种取值方法？

_____

_____

（1）将光标定位在设计视图，选择"插入"菜单中"布局对象"下的"Div 标签"选项。在弹出的对话框中，选择"插入"下拉列表框中的"在标签之后"，并在后面标签下拉列表框中选择"<div id="banner">"，在"ID"列表框中输入"content"，单击"确定"按钮，即可在 banner 选择器后插入 ID 选择器 content。

（2）删除 content 选择器中的多余文字，将光标定位在设计视图，选择"插入"菜单中"布局对象"下的"Div 标签"选项。在弹出的对话框中，选择"插入"下拉列表框中的"在开始标签之后"，并在后面标签下拉列表框中选择"<div id="content">"，在"ID"列表框中输入"left"，单击"确定"按钮，即可在 content 选择器中插入 ID 选择器 left。

（3）删除 left 选择器中的多余文字，在其中添加表单标题及表单元素，当前 content 选择器中的网页结构及代码如下所示。

```html
<div id="content">
    <div id="left">
        <div id="content">
            <div id="left">
                <form class="registerform" action="">
                    <img src="images/user.jpg" width="320" height="80" />
                    <p>
                        <label for="username" class="form-label">用户名：</label>
                        <input type="text" value=" 请输入手机号或用户名 " maxlength="100" id="username" class="i-text" />
                    </p>
                    <p>
                        <label for="password" class="form-label">密码：</label>
                        <input type="password"　value=" 请输入 8～16 位密码 " class="i-text" id="password" maxlength="100" />
                    </p>
                    <p class="pos-r">
                        <label for="yzm" class="form-label">验证码：</label>
                        <input type="text" value=" 输入验证码 " maxlength="100" id="yzm" class="i-text yzm" nullmsg=" 请输入验证码！ " />
                        <img src="images/yzm.jpg" class="yzm-img" /></p>
                    <p class="fm-item">
                        <input type="submit" name="btn-login" id="btn-login"value="" onmouseover="this.style.backgroundPosition='left -40px'" onmouseout="this.style.backgroundPosition='left 0px' "/>
                    </p>
                </form>
            </div>
        </div>
    </dir>
</dir>
```

（4）返回到 css_div.css 文件，定义 content 与 left 两个选择器的 CSS 规则，代码如下所示。

```css
#content {                    /* 设置主体部分盒子的样式 */
    clear: both;              /* 清除浮动 */
    margin: 0px auto;
    width: 1000px;
}
#left {                       /* 设置登录表单的外观样式 */
    float: left;              /* 设置左浮动 */
    width: 340px;
    height: 500px;
}
.registerform {               /* 设置表单的样式 */
    margin-bottom: 40px;      /* 设置下外边距 */
    background: #eaeaea;      /* 设置背景颜色 */
    width: 320px;
    height: 420px;
}
```

```css
label.form-label {                    /* 设置表单控件外部文字的样式 */
    display: block;                   /* 以块元素显示 */
    line-height: 14px;                /* 设置行高 */
    text-align: left;                 /* 设置水平左对齐 */
    width: auto;
    font-size: 16px;                  /* 设置字体大小 */
    color: #333;                      /* 设置文本 */
    margin-top: 16px;                 /* 设置上外边距 */
    margin-bottom: 16px;              /* 设置下外边距 */
    margin-left: 30px;                /* 设置左外边距 */
}
.i-text {                             /* 设置文本框表单的外观和里面文字的样式 */

    width: 240px;
    height: 30px;
    line-height: 30px;                /* 设置行高 */
    border: 1px solid #858585;        /* 设置边框样式 */
    background: #FAFAFA;              /* 设置背景颜色 */
    color: #9cb5cd;                   /* 设置文本颜色 */
    font-size: 14px;                  /* 设置字体大小 */
    padding-left: 5px;                /* 设置左内边距 */
    margin-left: 30px;                /* 设置左外边距 */
}
.pos-r {                              /* 设置相对定位 */
    position: relative;
}
.yzm {                                /* 设置验证码表单的宽度 */
    width: 112px;
}
.yzm-img {                            /* 设置验证码图像的位置 */
    position: absolute;               /* 设置绝对定位 */
    left: 160px;                      /* 设置绝对值，左边距离 */
    top: 30px;                        /* 设置绝对值，右边距离 */
    cursor: pointer;                  /* 设置手形鼠标 */
}
#btn-login {                          /* 用图像当做背景，设置登录按钮的外观 */
    width: 240px;
    height: 40px;
    background: url（../images/login-btn.jpg）no-repeat;   /* 设置背景 */
    border: none;                     /* 设置无边框 */
    margin-top: 5px;                  /* 设置上外边距 */
    margin-left: 30px;                /* 设置左外边距 */
}
.fm-item {
    margin-top: 20px;                 /* 设置上外边距 */
}
```

（5）通过浏览器预览当前网页效果，如图 3-3-13 所示。

图 3-3-13　当前网页预览效果

七、content 区域中 main 区域的制作

（1）将光标定位在设计视图，选择"插入"菜单中"布局对象"下的"Div 标签"选项。在弹出的对话框中，选择"插入"下拉列表框中的"在标签之后"，并在后面标签下拉列表框中选择"<div id="left">"，在"ID"列表框中输入"main"，单击"确定"按钮，即可在 left 选择器后插入 ID 选择器 main。

（2）删除 main 选择器中的多余文字，添加标题 2、段落信息、表单等，并在表单中插入宽度为 500 像素的 1 列多行表格，填充相应的问卷题，代码如下所示。

```
<div id="main">
    <h2>生活垃圾分类现状的调查问卷 </h2>
    <p class="qu1">发布者：<a rel="nofollow">青山团学会 </a>有效答卷数：<a href="#" >112 份 </a>
<a href="#" > 收藏 (0)</a> <a href="#"> 举报 </a></p>
    <form id="questionaryform" method="post"action="">
    <div id="questionsDiv">
    <table border="0" cellpadding="0" cellspacing="0" width="500">
    <tr>
    <td valign="top"><strong>
    <p>1. 您对生活垃圾分类了解吗？</p></strong>
    </td>
    </tr>
    <tr>
    <td><input type="radio" id="a1" name="a1" value="" /> 只知道可回收垃圾和不可回收垃圾，其他不了解
    </td>
    </tr>
    <tr>
    <td><input type="radio" id="a1" name="a1" value="" /> 可回收垃圾、厨余垃圾、有害垃圾和其他垃圾
    </td>
    </tr>
```

```html
<tr>
<td><input type="radio" id="a1" name="a1" value="" /> 有害垃圾、有机垃圾、无机垃圾 </td>
</tr>
<tr>
<td><input type="radio" id="a1" name="a1" value="" /> 不了解 </td>
</tr>
<tr>
<td>  </td>
</tr>
<tr>
<td valign="top"><strong>
<p>2. 您是通过何种途径了解城市生活垃圾分类的相关知识的？</p>
</strong></td>
</tr>
<tr>
<td><input type="checkbox" id="b1" name="b1" value="" /> 电视、广播 </td>
</tr>
<tr>
<td><input type="checkbox" id="b2" name="b2" value="" /> 报纸、书籍 </td>
</tr>
<tr>
<td><input type="checkbox" id="b3" name="b4" value="" /> 网络 </td>
</tr>
<tr>
<td><input type="checkbox" id="b4" name="b4" value="" /> 朋友和家人 </td>
</tr>
<tr>
<td><input type="checkbox" id="b5" name="b5" value="" /> 社区居委会 </td>
</tr>
<tr>
<td><input type="checkbox" id="b2" name="b2" value="" /> 从未了解或听说过 </td>
</tr>
<tr>
<td>  </td>
</tr>
<tr>
<td valign="top"><strong>
<p>3. 我国在分类垃圾过程中遇到的问题和困难有哪些？</p>
</strong></td>
</tr>
<tr>
<td><input type="checkbox" id="c1" name="c1" value="" /> 国家出台的相关的法律法规过于原则，并不完善，不利于实施 </td>
</tr>
<tr>
<td><input type="checkbox" id="c2" name="c2" value="" /> 社区没有为垃圾分类提供基本设施保障 </td>
</tr>
```

```html
<tr>
<td><input type="checkbox" id="c3" name="c4" value="" />
垃圾分类系统不完善，无法做到一环扣一环 </td>
</tr>
<tr>
<td><input type="checkbox" id="c4" name="c4" value="" />
居民没有垃圾分类的概念或者概念不清楚 </td>
</tr>
<tr>
<td><input type="checkbox" id="c5" name="c5" value="" />
各地区推进垃圾分类的步伐不平衡 </td>
</tr>
<tr>
<td><input type="checkbox" id="c6" name="c6" value="" />
垃圾分类无利可图，无人愿做 </td>
</tr>
<tr>
<td><input type="checkbox" id="c7" name="c7" value="" />
学校和社会的提倡和教导力度不够高 </td>
</tr>
<tr>
<td><input type="checkbox" id="c8" name="c8" value="" />
其他 </td>
</tr>
<tr>
<td>  </td>
</tr>
<tr>
<td valign="top">
<strong>
<p>4.您认为不对生活垃圾进行分类所引发的问题有哪些？ </p>
</strong>
</td>
</tr>
<tr>
<td><input type="radio" id="d1" name="d1" value="" />
无法实现废物利用而造成资源浪费 </td>
</tr>
<tr>
<td><input type="radio" id="d1" name="d1" value="" />
加大垃圾处理的工作量和成本 </td>
</tr>
<tr>
<td><input type="radio" id="d1" name="d1" value="" />
严重污染环境 </td>
</tr>
<tr>
<td><input type="radio" id="d1" name="d1" value="" /> 其他 </td>
```

```html
</tr>
<tr>
<td>  </td>
</tr>
<tr>
<td valign="top"><strong>
<p>5.您对现在投入使用的分类垃圾箱满意吗？ </p>
<p>   您有什么好的建议或者看法？ </p>
</strong>
</td>
</tr>
<tr>
<td><input type="radio" id="e1" name="e1" value="" />
满意 </td>
</tr>
<tr>
<td><input type="radio" id="e1" name="e1" value="" />
还可以，有待改进 </td>
</tr>
<tr>
<td><input type="radio" id="e1" name="e1" value="" />
不满意 </td>
</tr>
<tr>
<td><input type="radio" id="e1" name="e1" value="" />
建议 <input name="ad" id="ad" type="text" size="30" />
</td>
</tr>
<tr>
<td>  </td>
</tr>
<tr>
<td valign="top"><strong>
<p>6.您的性别？ </p>
</strong>
</td>
</tr>
<tr>
<td><input type="radio" id="f1" name="f1" value="" />
男 </td>
</tr>
<tr>
<td><input type="radio" id="f1" name="f1" value="" />
女 </td>
</tr>
<tr>
<td>  </td>
```

```
</tr>
<tr>
<td valign="top"><strong>
<p>7.您的学历？</p>
</strong>
</td>
</tr>
<tr>
<td><input type="radio" id="e1" name="e1" value="" />
初中以下 </td>
</tr>
<tr>
<td><input type="radio" id="e1" name="e1" value="" />
初中 </td>
</tr>
<tr>
<td><input type="radio" id="e1" name="e1" value="" />
高中 </td>
</tr>
<tr>
<td><input type="radio" id="e1" name="e1" value="" />
大专
</td>
</tr>
<tr>
<td><input type="radio" id="e1" name="e1" value="" />
本科及以上
</td>
</tr>
<tr>
<td>  </td>
</tr>
<tr>
<td valign="top"><strong>
<p>8.您的地区？</p>
</strong>
</td>
</tr>
<tr>
<td><input type="radio" id="e1" name="e1" value="" />
东北地区（包括辽宁、吉林、黑龙江）</td>
</tr>
<tr>
<td><input type="radio" id="e1" name="e1" value="" />
华北地区（包括北京、天津、河北、山西、内蒙古 </td>
</tr>
<tr>
<td><input type="radio" id="e1" name="e1" value="" />
```

```html
华南地区（包括广东、广西、海南）</td>
</tr>
<tr>
<td><input type="radio" id="e1" name="e1" value="" />
华中地区（包括湖北、湖南、河南、江西）
</td>
</tr>
<tr>
<td><input type="radio" id="e1" name="e1" value="" />
华东地区（包括山东、江苏、安徽、浙江、福建、上海）
</td>
</tr>
<tr>
<td class="end1">  </td>
</tr>
<tr>
<td class="bt1"><input name="subbt1" id="subbt1" type="submit" value="" /></td>
</tr>
</table>
</div>

</form>
</div>
</div>
```

（3）返回到 css_div.css 文件，定义 main 选择器的 CSS 规则，代码如下所示。

```css
#main {
    float: right;              /* 设置右浮动 */
    width: 620px;              /* 设置宽度 */
    height: 1500px;
    background: #fff;          /* 设置背景 */
}
#main h2 {                     /* 设置右侧调查问卷标题的样式 */
    font: 24px " 微软雅黑 ";    /* 设置文字样式 */
    color: #09F;               /* 设置文字颜色 */
    text-align: center;        /* 设置水平居中 */
    margin-top: 28px;          /* 设置上外边距 */
    margin-bottom: 15px;       /* 设置下外边距 */
}
#main #questionaryform {       /* 设置主体内容右侧调查问卷的内容样式 */
    color: #333;               /* 设置文字颜色 */
    line-height: 24px;         /* 设置行高 */
    font-size: 14px;           /* 设置字体大小 */
    padding-top: 10px;         /* 设置上内边距 */
    padding-left: 30px;        /* 设置左内边距 */
}
.end1 {
    border-bottom: 1px solid #CCC;    /* 设置单元格下边框样式 */
}
```

```
.bt1 {                          /* 设置提交按钮所在单元格样式 */
    height: 50px;
    text-align: center;         /* 设置水平居中 */
}
#subbt1 {                       /* 设置提交按钮的外观样式 */
    background: url（../images/submit.png）; /* 设置背景 */
    height: 37px;
    width: 142px;
    margin-top: 10px;           /* 设置上外边距 */
    cursor: pointer;            /* 设置手形鼠标 */
}
#main .qu1 {                    /* 设置发布者所在行文字样式 */
    font-size: 12px;            /* 设置字号 */
    color: #999;                /* 设置文本颜色 */
    text-align: center;         /* 设置水平居中 */
}
#main .qu1  a{
    text-decoration: none;      /* 清除下画线 */
}
```

（4）通过浏览器预览当前网页效果，如图 3-3-14 所示。

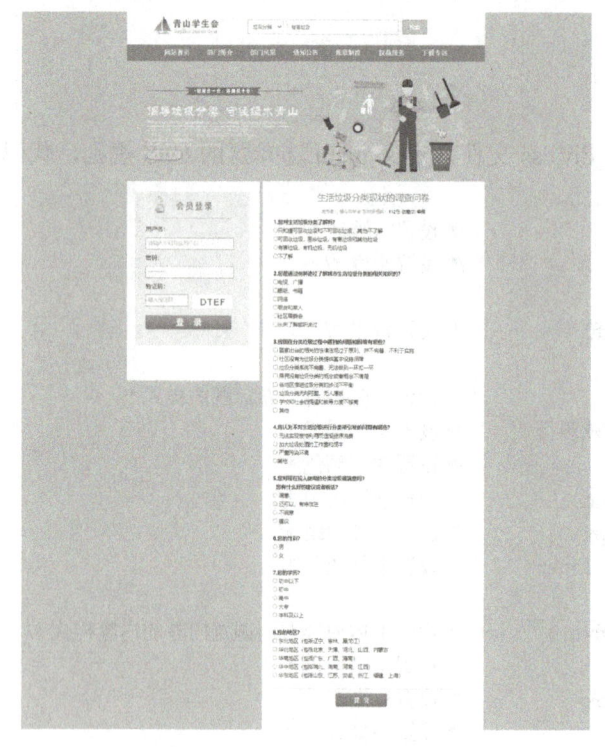

图 3-3-14 当前网页预览效果

八、footer 区域的制作

（1）将光标定位在设计视图，选择"插入"菜单中"布局对象"下的"Div 标签"选项。在弹出的对话框中,选择"插入"下拉列表框中的"在标签之后",并在后面标签下拉列表框中选择"<div id="content">",在"ID"列表框中输入"footer",单击"确定"按钮,即可在 content 选择器后插入 ID 选择器 footer。

(2)删除 footer 选择器中的多余文字,在其中输入底部导航与版权信息,此时页面结构及代码如下所示。

```
<div id="footer">
    <p> 技术支持:商务飞鹰工作室 </p>
</div>
```

(3)返回到 css_div.css 文件,创建 footer 选择器的 CSS 规则,代码如下所示。

```
#footer {
    clear: both;              /* 清除浮动 */
    margin: 20px auto 0px;    /* 设置外边距 */
    width: 1000px;
    text-align: center;       /* 设置水平居中 */
    padding-top: 10px;        /* 设置上外边距 */
    font-size: 15px;
    color: #FFF;
    line-height: 1.5;         /* 设置行高 */
    background: #06a7e5;      /* 设置背景颜色 */
    height: 50px;
}
```

至此,生活垃圾分类现状调查问卷注册页面的制作过程已经全部完成,读者可以根据具体的要求进一步完善网页页面效果。

任务评价

评价项目	评价内容	评价等级				
		优	良	中	较差	差
知识评价	掌握 CSS 设置网页背景的方法					
	掌握 CSS 设置图像与文本的方法					
	掌握 CSS 设置网页链接效果的方法					
	掌握 CSS 设置网页菜单的方法					
	掌握 CSS 设置网页表格的方法					
	掌握 CSS 设置网页表单的方法					
	理解 CSS+div 页面布局的方法与原理					
能力评价	能够掌握 CSS 美化网页元素的方法					
	能够利用 CSS+div 进行网页布局					
创新素质评价	培养学生清晰有序的逻辑思维					
	培养学生数据分析与总结的意识					
	培养学生系统分析与解决问题的能力					
	能够进行数据分析与总结					

续表

评价项目	评价内容	评价等级			
		优	良	中	较差	差
思政评价	培养学生认识美、鉴赏美和创造美的能力					
	增强对自然和人类社会的热爱及责任感，形成创造美好生活的愿望与能力					
课后建议及反思						

课后提升

一、border-collapse 属性

表格中两个相邻单元格若都设置了边框线，就会出现双边框线的效果，使用 border-collapse 属性可以将两条边框线合并为一条边框线。

border-collapse 属性

用 border-collapse 属性设置表格的边框是合并为一个单一的边框，还是像在标准的 HTML 中那样分开显示。border-collapse 属性有如下三种取值。

● separate：默认值，边框会被分开；

● collapse：如果可能，边框会合并为一个单一的边框；

● inherit：规定应该从父元素继承 border-collapse 属性的值。因为任何版本的 Internet Explorer（包括 IE8）都不支持 inherit 属性值，所以不建议使用该值。

注意：

● border-collapse 属性必须放到 table 元素中；

● 使用 border-collapse 属性的网页，一定要规定"!DOCTYPE"，否则可能产生意想不到的结果。

图 3-3-15 所示的表格中，单元格之间呈现细线表格的效果，这里就使用了 border-collapse 属性进行设置。

图 3-3-15 所示表格效果制作的具体步骤如下。

第一步：打开 Dreamweaver 软件，新建一个 HTML 文档。

第二步：将光标定位在设计视图，选择"插入"菜单中的"表格"选项，在网页中插入一个 7 行 3 列的表格，如图 3-3-16 所示。

图 3-3-15 表格效果　　　　　　　　　　　图 3-3-16 插入表格

第三步：在表格中添中相应的文字，并在"属性"面板上设置表格的名称为"products"，如图 3-3-17 所示。

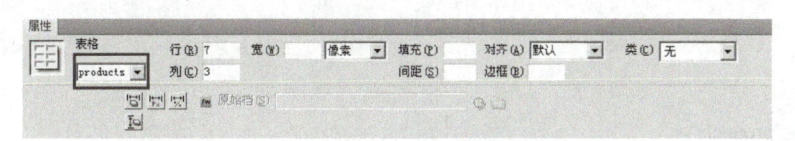

图 3-3-17 设置表格名称

第四步：按照从外向内、自上往下的原则，为 products 选择器定义 CSS 规则，代码如下所示。

```
<!DOCTYPE html PUBLIC "-//W3C//DTD XHTML 1.0 Transitional//EN" "http://www.w3.org/TR/xhtml1/DTD/xhtml1-transitional.dtd">
<html xmlns="http://www.w3.org/1999/xhtml">
<head>
<meta http-equiv="Content-Type" content="text/html; charset=utf-8" />
<title>border-collapse 属性 </title>
<style type="text/css">
#products                                          /* 设置表格整体属性 */
  {
  font-family: "Trebuchet MS"，Arial，Helvetica，sans-serif;   /* 设置字体 */
  width: 100%;          /* 设置表格宽度，采用相对值，随外层盒子的宽度调整宽度 */
  border-collapse: collapse;                       /* 合并表格边框 */
  }
#products caption {     /* 设置表格标题 */
    font-size: 25px;    /* 设置字体大小 */
    color: #F60;       /* 设置文本颜色 */
    font-weight: bold;
    padding: 5px 0px;  /* 设置内边距 */
    margin: 5px 0px;   /* 设置外边距 */
    border-top: 2px solid #A7C942;                /* 设置上边框效果 */
}
#products td，#products th                          /* 设置表格中的表头与单元格属性 */
  {
```

```
        font-size: 1em;         /* 设置字号为相对值，相当于当前字号的 1 倍 */
        border: 1px solid #98bf21;                      /* 设置 1 像素实线边框 */
        padding: 3px 7px 2px 7px;                       /* 设置内边距 */
        text-align: center;                             /* 设置文字水平居中 */
    }
#products th
    {
    font-size: 1.1em;       /* 设置字号为相对值，相当于当前字号的 1.1 倍 */
    background-color: #A7C942;                          /* 设置背景颜色 */
    color: #ffffff;         /* 设置文本颜色 */
    }
#products tr.alt td       /* 设置隔行单元格样式 */
    {
    color: #000000;       /* 设置文本颜色 */
    background-color: #EAF2D3;                          /* 设置背景颜色 */
    }
</style>
</head>
<body>
<table id="products">
<caption>
2021 年第四季度销售情况表（单位：万元）
</caption>
<tr>
<th> 产品类别 </th>
<th> 地区 </th>
<th> 销售额 </th>
</tr>
<tr>
<td> 数码产品 </td>
<td> 湖南 </td>
<td>200</td>
</tr>
<tr class="alt">
<td> 数码产品 </td>
<td> 河南 </td>
<td>150</td>
</tr>
<tr>
<td> 数码产品 </td>
<td> 山东 </td>
<td>180</td>
</tr>
<tr class="alt">
<td> 家居产品 </td>
<td> 湖南 </td>
<td>220</td>
</tr>
```

```
<tr class="alt">
<td> 家居产品 </td>
<td > 河南 </td>
<td>240</td>
</tr>
<tr class="alt">
<td> 家居产品 </td>
<td> 山东 </td>
<td>222</td>
</tr>
</table>
</body>
</html>
```

在上面的代码中，通过 alt 类选择器实现了隔行换色的效果。需要设置不同背景颜色与文本颜色的行元素 tr，使用了 alt 类选择器后，会覆盖父类 <tr> 的颜色，显示 alt 类选择器定义的颜色，从而实现了隔行变色的效果。

CSS 制作带背景的表格

二、制作带背景的表格

在表格中可以设置背景，表头与单元格均设置了不同的背景效果，如图 3-3-18 所示。

图 3-3-18 中表格效果制作的具体步骤如下。

第一步：打开 Dreamweaver 软件，新建一个 HTML 文档。

第二步：将光标定位在设计视图，选择"插入"菜单中的"表格"选项，在网页中插入一个 3 行 3 列的表格。

第三步：添加表格内容，在 table 元素中设置 class 属性为类选择器 imagetable，代码如下所示。

带背景的表格

姓名	籍贯	出生日期
李丽萍	湖南	1995年5月20日
王春华	河南	1994年6月8日

图 3-3-18　带背景的表格效果

```
<body>
<table width="300" border="0" cellpadding="0" cellspacing="0" class="imagetable" >
<caption>
带背景的表格
</caption>
<tr>
<th width="98" scope="col"> 姓名 </th>
<th width="72" scope="col"> 籍贯 </th>
<th width="128" scope="col"> 出生日期 </th>
</tr>
<tr>
<td> 李丽萍 </td>
<td> 湖南 </td>
<td>1995 年 5 月 20 日 </td>
</tr>
<tr>
<td> 王春华 </td>
<td> 河南 </td>
```

```
<td>1994 年 6 月 8 日 </td>
</tr>
</table>
</body>
```

第四步：按照从外向内、自上往下的原则，为 table 元素定义 CSS 规则，代码如下所示。

```
<style type="text/css">
<!--
table.imagetable {                    /* 设置整个表格的样式 */
    color: #333333;
    border-collapse: collapse;        /* 设置合并表格边框 */
    font: 14px verdana，arial，sans-serif;        /* 设置字体样式 */
    text-align: center;               /* 设置文本居中 */
    border: 1px solid #999999;        /* 设置边框样式 */
}
.imagetable caption {                 /* 设置表格标题样式 */
    font-size: 20px;
    padding-top: 5px;
    padding-bottom: 5px;
}
table.imagetable td {                 /* 设置单元格样式 */
    background: #dcddc0 url（images/td_bg_hover.jpg）no-repeat left top;
    /* 设置背景颜色为 #dcddc0，背景图像不重复，水平左对齐，垂直向上对齐 */
    padding: 8px;                     /* 设置内边距 */
    border: 1px solid #999999;        /* 设置边框样式 */
}
table.imagetable th {
    padding: 8px;
    background: #b5cfd2 url（images/td_bg.jpg）no-repeat left top;
    /* 设置背景颜色为 #b5cfd2，背景图像不重复，水平左对齐，垂直向上对齐 */
    border: 1px solid #999999;        /* 设置边框样式 */
}
-->
</style>
```

三、设置鼠标悬停变换效果的表格

还有一种表格，当鼠标悬停到单元格上时，单元格内的背景或文字颜色会变换。如图 3-3-19 所示，鼠标悬停时表头与单元格均设置了不同的背景效果。

CSS 实现鼠标悬停高亮表格

鼠标悬停高亮的CSS样式表格

班级	姓名	特长
20电商1班	李春辉	网页设计
20电商2班	王小丽	网店装修
20电商3班	赵丽萍	网店运营
20电商4班	赵花花	网络营销
20电商5班	汪礼国	电话营销

图 3-3-19　鼠标悬停变换效果的表格

图 3-3-19 中表格效果制作的具体步骤如下。

第一步：打开 Dreamweaver 软件，新建一个 HTML 文档。

第二步：将光标定位在设计视图，选择"插入"菜单中的"表格"选项，在网页中插入一个 6 行 3 列的表格。

第三步：添加表格内容，在 table 元素中设置 class 属性为类选择器 hovertable，并在每个行元素 tr 中设置 onmouseover 与 onmouseout 两个属性，其中 onmouseover 属性表示当鼠标悬停时会触发的动作，onmouseout 属性表示当鼠标移开时会触发的动作，代码如下所示。

```html
<body>
<table class="hovertable">
<caption> 鼠标悬停高亮的 CSS 样式表格 </caption>
<tr>
<th> 班级 </th>
<th> 姓名 </th>
<th> 特长 </th>
</tr>
<tr onmouseover="this.style.backgroundColor='#ffff00';" onmouseout="this.style.backgroundColor='#d4e3e5';">
<td>20 电商 1 班 </td>
<td> 李春辉 </td>
<td> 网页设计 </td>
</tr>
<tr onmouseover="this.style.backgroundColor='#ffff00';" onmouseout="this.style.backgroundColor='#d4e3e5';">
<td>20 电商 2 班 </td>
<td> 王小丽 </td>
<td> 网店装修 </td>
</tr>
<tr onmouseover="this.style.backgroundColor='#ffff00';" onmouseout="this.style.backgroundColor='#d4e3e5';">
<td>20 电商 3 班 </td>
<td> 赵丽萍 </td>
<td> 网店运营 </td>
</tr>
<tr onmouseover="this.style.backgroundColor='#ffff00';" onmouseout="this.style.backgroundColor='#d4e3e5';">
<td>20 电商 4 班 </td>
<td> 赵花花 </td>
<td> 网络营销 </td>
</tr>
<tr onmouseover="this.style.backgroundColor='#ffff00';" onmouseout="this.style.backgroundColor='#d4e3e5';">
<td>20 电商 5 班 </td>
```

```
    <td> 汪礼国 </td>
    <td> 电话营销 </td>
</tr>
</table>
</body>
```

以上代码中的 "onmouseover="this.style.backgroundColor='#ffff00';"" 表示鼠标悬停时背景颜色为 "#ffff00"，"onmouseout="this.style.backgroundColor='#d4e3e5';"" 表示鼠标移开时背景颜色为 "#d4e3e5"。

第四步：按照从外向内、自上往下的原则，为 table 对象定义 CSS 规则，代码如下所示。

```
<style type="text/css">
<!--
table.hovertable {                        /* 定义整个表格样式 */
    color: #333333;
    border-collapse: collapse;            /* 设置合并边框线 */
    width: 400px;                         /* 设置表格宽度 */
    font: 12px verdana, arial, sans-serif; /* 设置字体样式 */
    border: 1px solid #999999;            /* 设置边框样式 */
}
table.hovertable caption {                /* 设置表格标题样式 */
    font-size: 20px;                      /* 设置字体大小 */
    padding-top: 5px;                     /* 设置上内边距 */
    padding-bottom: 5px;                  /* 设置下内边距 */
}
table.hovertable tr {                     /* 设置定义表格行 */
    background-color: #d4e3e5;            /* 设置背景颜色 */
}
table.hovertable th {                     /* 定义表头 */
    background-color: #060;
    padding: 8px;                         /* 设置内边距 */
    font-size: 16px;                      /* 设置字体大小 */
    color: #FFF;                          /* 设置文本颜色 */
    border: 1px solid #a9c6c9;            /* 设置边框样式 */
}
table.hovertable td {                     /* 设置定义单元格 */
    padding: 8px;                         /* 设置内边距 */
    text-align: center;                   /* 设置文本居中 */
    font-size: 14px;                      /* 设置字体大小 */
    border: 1px solid #a9c6c9;            /* 设置边框样式 */
}
-->
</style>
```

学以致用

请制作如图 3-3-20 所示的鼠标悬停变换效果的表格。

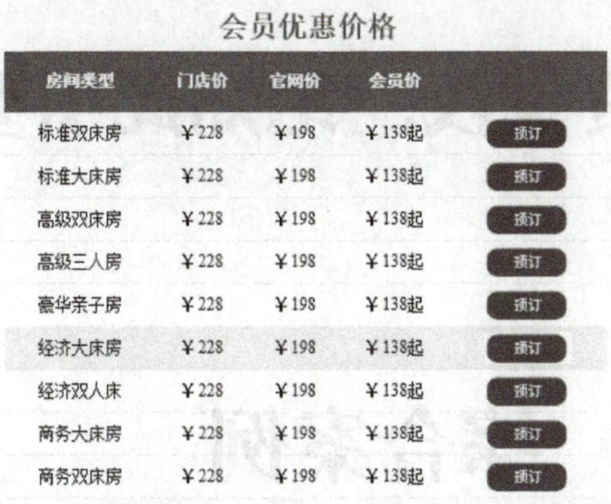

<table>
<tr><th colspan="5">会员优惠价格</th></tr>
<tr><th>房间类型</th><th>门店价</th><th>官网价</th><th>会员价</th><th></th></tr>
<tr><td>标准双床房</td><td>￥228</td><td>￥198</td><td>￥138起</td><td>预订</td></tr>
<tr><td>标准大床房</td><td>￥228</td><td>￥198</td><td>￥138起</td><td>预订</td></tr>
<tr><td>高级双床房</td><td>￥228</td><td>￥198</td><td>￥138起</td><td>预订</td></tr>
<tr><td>高级三人房</td><td>￥228</td><td>￥198</td><td>￥138起</td><td>预订</td></tr>
<tr><td>豪华亲子房</td><td>￥228</td><td>￥198</td><td>￥138起</td><td>预订</td></tr>
<tr><td>经济大床房</td><td>￥228</td><td>￥198</td><td>￥138起</td><td>预订</td></tr>
<tr><td>经济双人床</td><td>￥228</td><td>￥198</td><td>￥138起</td><td>预订</td></tr>
<tr><td>商务大床房</td><td>￥228</td><td>￥198</td><td>￥138起</td><td>预订</td></tr>
<tr><td>商务双床房</td><td>￥228</td><td>￥198</td><td>￥138起</td><td>预订</td></tr>
</table>

图 3-3-20　鼠标悬停变换效果的表格

||| 项目小结 |||

本单元通过 3 个任务，让读者掌握如何利用 CSS 对网页及网页元素进行美化与修饰，认识到 CSS+div 网页布局的方法与原理。希望读者通过这 3 个任务的学习，逐渐体会使用 CSS 布局的一些基本思路与方法；希望通过这些案例的实践操作，帮助读者运用 CSS 与 div 技术制作出更加精彩的网页。

纸上得来终觉浅，绝知此事要躬行——

项目四　综合案例

学习目标

知识目标

了解网站规划设计的流程；
掌握网页布局图和效果图的制作；
掌握网页布局框架的搭建；
掌握网页内容的编辑与美化。

能力目标

具有独立规划设计网站的能力；
能够制作网页布局图和效果图；
能够综合运用所学知识编辑与美化网页。

创新素质目标

良好的沟通能力和严谨细致的工作态度；
不断创新的意识；
能够感受美、鉴赏美和创造美。

思政目标

团队协作和精益求精的职业精神；
养成良好的劳动习惯；
树立职业自信。

思维导图

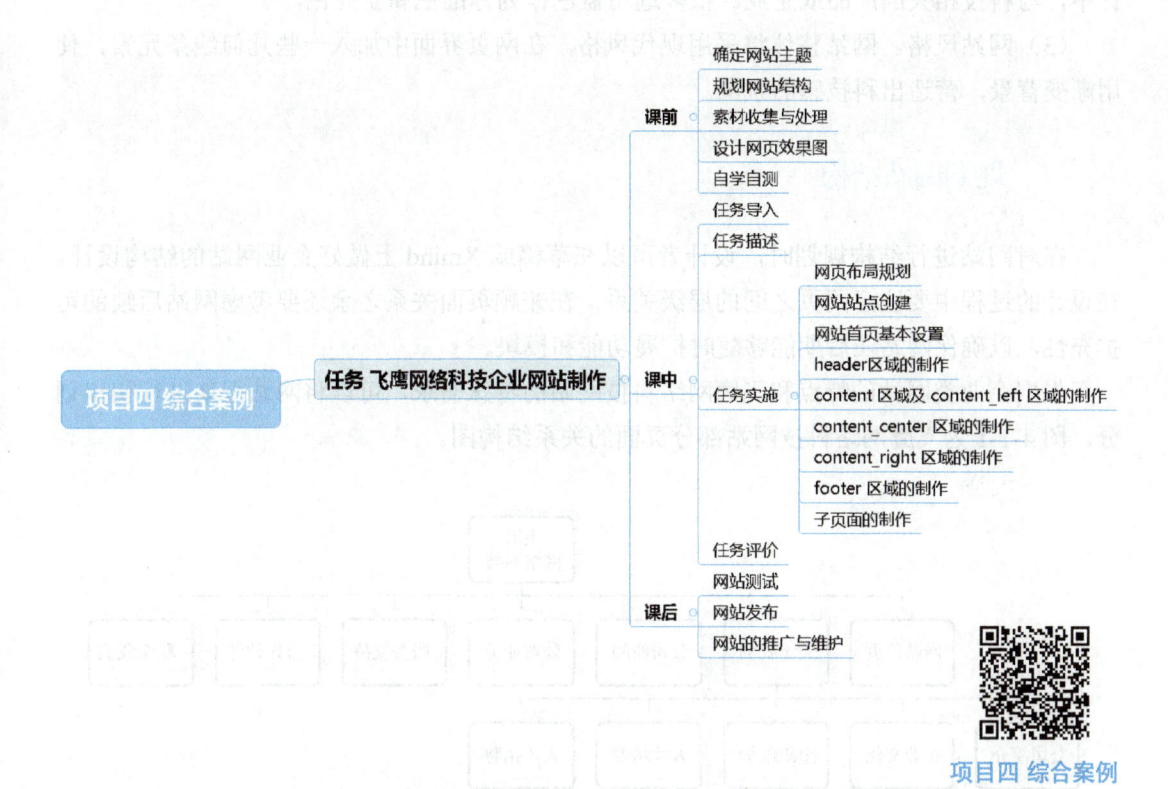

项目四 综合案例 — 任务 飞鹰网络科技企业网站制作

- 课前
  - 确定网站主题
  - 规划网站结构
  - 素材收集与处理
  - 设计网页效果图
  - 自学自测
- 课中
  - 任务导入
  - 任务描述
  - 任务实施
    - 网页布局规划
    - 网站站点创建
    - 网站首页基本设置
    - header区域的制作
    - content 区域及 content_left 区域的制作
    - content_center 区域的制作
    - content_right 区域的制作
    - footer 区域的制作
    - 子页面的制作
  - 任务评价
- 课后
  - 网站测试
  - 网站发布
  - 网站的推广与维护

项目四 综合案例

任务　飞鹰网络科技企业网站制作

课前自学

在搭建网站之前，设计者需要对网站页面进行一个整体的设计规划，以确保网站项目建设的顺利实施。网站设计规划主要包括确定网站主题、规划网站结构、素材搜集与处理、设计网页效果图 4 个步骤，本任务对这 4 个步骤进行详细讲解。

一、确定网站主题

一般企业网站都会根据自己的产品或业务领域来确定网站的主题。飞鹰网络科技是一家网络科技公司，为高校智慧校园提供网络运营服务和解决方案。因此该网站的主题可以从业务领域来确定——科技类企业网站。确定了主题之后，就可以确定一些与网站相关的要素了，具体内容如下。

（1）网站定位。飞鹰网络科技网站是一个科技类企业网站，用于展示企业实力，宣传企业、产品和服务，提升企业的知名度。

233

（2）网站色调。选取蓝色作为网站主色调。由于蓝色体现了理智、准确、沉稳，在设计中，与科技相关的产品或企业，很多选用蓝色作为标准色和企业色。

（3）网站风格。网站整体将采用现代风格。在网页界面中加入一些几何线条元素，使用渐变背景，营造出科技感的氛围。

二、规划网站结构

在对网站进行结构规划时，设计者可以在草稿或 Xmind 上做好企业网站的结构设计。在设计的过程中要注意网页之间的层级关系，在兼顾页面关系之余还要考虑网站后续的可扩充性，以确保网站在后期能够随时扩展功能和模块。

根据企业类网站的特点和飞鹰网络科技网站的特殊需求，可以将网站框架进行初步划分。图 4-1-1 为飞鹰网络科技网站部分页面的关系结构图。

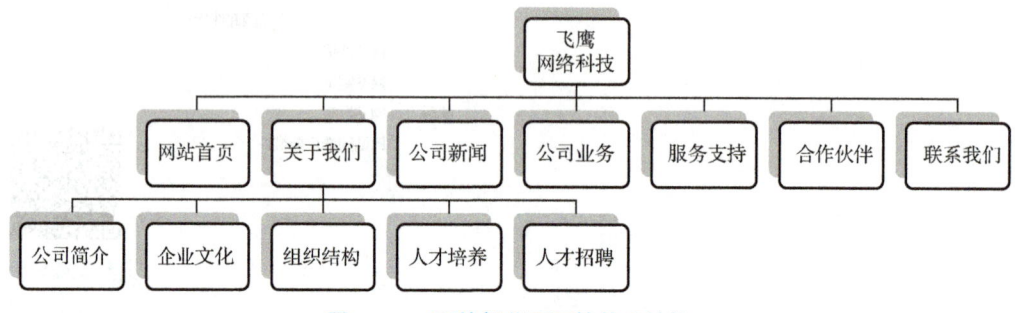

图 4-1-1　网站部分页面的关系结构

从图 4-1-1 中可以看出，首页在整个网站中所占比重较大，因此设计者应该首先规划首页的功能模块。在设计首页时，需要有重点地概述网站内容，使访问者快速了解网站信息资源。在设计子页面时，其风格要和首页保持一致，变化的仅仅是布局和内容模块。

在设计网站界面之前，可以先勾勒网站的布局图。布局图可以帮助设计者快速完成网页结构和模块分布网设计。图 4-1-2 为飞鹰网络科技网站首页的布局图。

三、素材搜集与处理

对网站进行整体规划后，接下来就进入到搜集与处理素材阶段，设计者可以根据设计需要，搜集、制作一些素材，如文本素材、图片素材等。

（1）文本素材。文本素材主要根据企业方提供的资料提取有用的文本内容，将文本内容按照网站结构进行归类。

（2）图片素材。主要从企业方获取相关图片素材，处理图片素材一般包括调色、裁切、扣取、合成等。

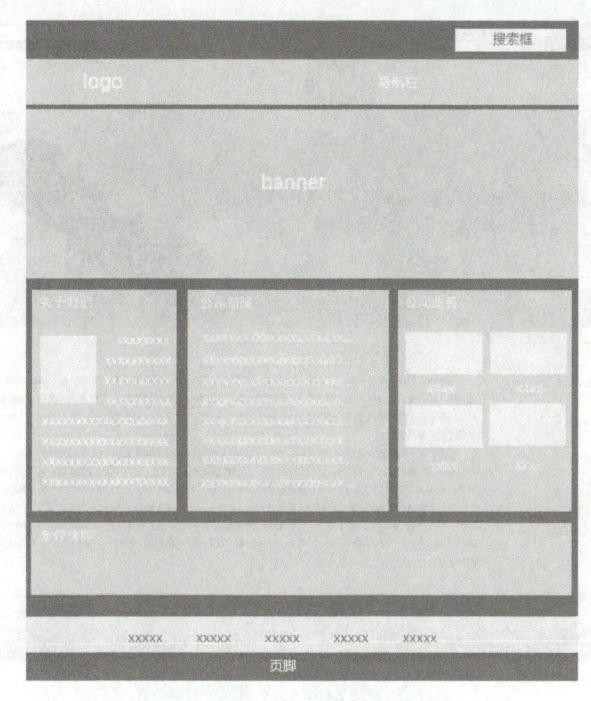

图 4-1-2　网站首页布局图

四、设计网页效果图

根据前期的准备工作，明确项目设计需求后，接下来就可以设计网页效果图了。本任务制作的效果图包括首页和各级子页面。图 4-1-3 为首页效果图，图 4-1-4 为公司简介子页面效果图。

图 4-1-3　首页效果图

图 4-1-4　公司简介子页面效果图

学以致用

请根据飞鹰网络科技网站的主题和结构，为网站首页设计出不同的布局图和效果图。

自学自测

一、单项选择题

1. 关于网站的设计和制作，下列说法错误的是（　　）。
   A. 设计是一个思考的过程，而制作只是将思考的结果表现出来
   B. 设计是网站的核心和灵魂
   C. 一个相同的设计可以有多种制作表现形式
   D. 设计与制作是同步进行的

2. 影响网站风格的最重要因素是（　　）。
   A. 色彩和窗口　　　　　　　　　　B. 特效和架构
   C. 色彩和布局　　　　　　　　　　D. 内容和布局

3. 规划网站的目录结构时，下列说法正确的是（　　）。
   A. 尽量用中文名来命名目录　　　　B. 整个网站只需要一个 images 目录
   C. 目录层次不要太深　　　　　　　D. 使用长的名称命名目录

4. 为突出重点，产生强烈的视觉效果，可以使用的颜色是（　　）。

A．邻近色　　　　B．同一种色彩　　　C．对比色　　　　D．黑色
5. 下列颜色中，属于互补色的是（　　）。
A．红、橙　　　　B．黄、绿　　　　　C．红、绿　　　　D．蓝、紫
6. 不同的颜色会给人不同的心理感受，一般绿色给人的心理感受是（　　）。
A．热情、奔放、庄严、喜庆　　　　　B．高贵、富有、灿烂、活泼
C．严肃、神秘、沉着、寂静　　　　　D．宁静、希望、生机、自然
7. 和任何颜色搭配都比较恰当的颜色是（　　）。
A．粉色　　　　　B．黄色　　　　　　C．白色　　　　　D．灰色
8. 在设计网页时，为了避免色彩杂乱，实现页面和谐统一，下面方法正确的是（　　）。
A．使用邻近色　　　　　　　　　　　B．使用对比色
C．使用互补色　　　　　　　　　　　D．使用黑色
9. 非彩色是指（　　）。
A．黑色　　　　　　　　　　　　　　B．白色
C．黑色、白色　　　　　　　　　　　D．黑色、白色、灰色
10. 获取网站空间的主要方法有三种，下列（　　）不是。
A．申请免费主页空间　　　　　　　　B．申请付费空间
C．申请虚拟主机　　　　　　　　　　D．自己架设服务器
11. 关于免费域名的申请及网页空间的获得，下列说法正确的是（　　）。
A．只要申请了免费域名，就获得了相应的网页空间
B．免费域名其实就是免费网页空间
C．当网站地址发生变化时，只须修改免费域名转向地址，就可以访问新的网站地址
D．可以申请任何名称的免费域名
12. 以下文件名不能作为首页的是（　　）。
A．default.html　　B．index.html　　C．index.aspx　　D．first.html

课中任务

任务导入

小明所在的工作室承接了飞鹰网络科技有限公司网站建设业务，通过前期的需求分析，项目团队完成了对网站的整体规划与设计，接下来的任务是根据效果图使用 CSS+div 的技术制作网站的前台页面。

任务描述

本任务根据网页效果图，使用 div 来规划并实现页面的整体布局，主页效果如图 4-1-5 所示，子页效果如图 4-1-6 所示。

图 4-1-5　飞鹰网络科技网站主页效果

图 4-1-6　飞鹰网络科技网站子页效果

思政园地 4-1　成功网页设计师的七大必备技能

任务实施

一、网页布局规划

从图 4-1-5 与图 4-1-6 所示的网页效果可以看出，网站首页可以分为头部 logo、主导航、banner 区域、正文区（包括左侧内容区域、中间内容区域、右侧内容区域、中下部图片列表区域等），以及页面底部导航和版权区域。子页面效果基本一致，可以分为头部 logo、主导航、banner 区域、正文区（包括左侧子导航区域、右侧内容区域等），以及页面底部导航和版权区域。通过对页面的仔细观察与思考，将页面的布局框架展示出来，如图 4-1-7 和图 4-1-8 所示。

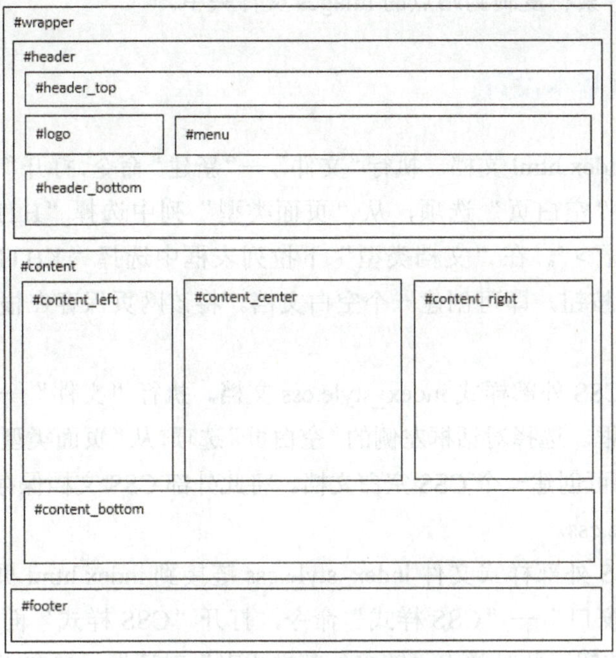

图 4-1-7　主页布局规划图

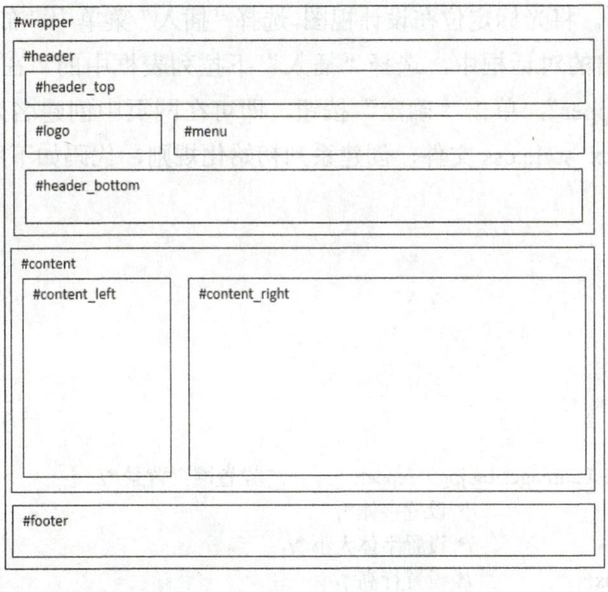

图 4-1-8　子页布局规划图

二、网站站点创建

（1）启动 Dreamweaver CS6，执行"站点"—"新建站点"命令，打开"站点设置对象"

239

对话框，创建名为"飞鹰网络科技网站"的站点，与 E 盘的 eagle 文件夹相互映射。

（2）在"文件"面板站点根目录下规划目录结构，分别创建用于放置图片的 images 文件夹、放置 CSS 文件的 style 文件夹及放置网页的 HTML 文件夹。

（3）将所需图片素材复制到站点的 images 文件夹中。

三、网站首页基本设置

（1）创建首页 index.html 文档。执行"文件"—"新建"命令，打开"新建文档"对话框。选择对话框左侧的"空白页"选项，从"页面类型"列中选择"HTML"，然后在"布局"列中选择"<无>"。在"文档类型"下拉列表框中选择"XHTML 1.0 Transitional"，单击"创建"按钮，即可创建一个空白文档。将该网页保存在根目录下，并重命名为 index.html。

（2）创建首页 CSS 外部样式 index_style.css 文档。执行"文件"—"新建"命令，打开"新建文档"对话框。选择对话框左侧的"空白页"选项，从"页面类型"列中选择"CSS"，单击"创建"按钮，即可创建一个 CSS 空白文档。将此外部 CSS 文档保存在 style 文件夹中，并命名为 index_style.css。

（3）将首页 CSS 外部样式文件 index_style.css 链接到 index.html 页面中。打开 index.html 文档，执行"窗口"—"CSS 样式"命令，打开"CSS 样式"面板，单击面板底部的"附加样式表"按钮。此时弹出"链接外部样式表"对话框，单击"浏览"按钮，将外部样式文件 index_style.css 链接到 index.html 页面中。

（4）初始化页面。将光标定位在设计视图，选择"插入"菜单中"布局对象"下的"Div 标签"选项。在弹出的对话框中，选择"插入"下拉列表框中的"在插入点"，在"ID"列表框中输入"wrapper"，单击"确定"按钮，即可在网页中创建名为"wrapper"的 ID 选择器。返回到 index_style.css 文件，创建系列初始化规则，代码如下所示。

```
@charset "utf-8";
*{
    padding: 0px;
    margin: 0px;
}

/* 设置页面主体属性 */
body {
    background: url（../images/bg.jpg）repeat;     /* 设置网页背景 */
    font: " 宋体 ";              /* 设置字体 */
    font-size: 14px;             /* 设置字体大小 */
    line-height: 20px;           /* 设置行高 */
}

/* 设置网页中超级链接样式 */
a {
    text-decoration: none;       /* 取消超级链接的下画线 */
```

```
        color: #000;              /* 设置超级链接文字颜色 */
}
a: hover {
        color: #6CF;              /* 设置鼠标悬停时超链接文字颜色 */
}

/* 设置网页中列表项的样式 */
li {
        list-style: none;         /* 清除列表样式 */
}

/* 设置外层盒子样式 */
#wrapper {
        background: #FFF;         /* 设置外层盒子背景色 */
        width: 1000px;            /* 设置外层盒子宽度 */
        margin: 0px auto;         /* 设置外层盒子居中 */
}
```

四、header 区域的制作

(1)将光标定位在设计视图,删除 wrapper 选择器中的多余文字。选择"插入"菜单中"布局对象"下的"Div 标签"选项。在弹出的对话框中,选择"插入"下拉列表框中的"在开始标签之后",并在后面标签下拉列表框中选择"<div id="wrapper">",在"ID"列表框中输入"header",单击"确定"按钮,即可在 wrapper 选择器中插入 ID 选择器 header。

(2)将光标定位在设计视图,选择"插入"菜单中"布局对象"下的"Div 标签"选项。在弹出的对话框中,选择"插入"下拉列表框中的"在开始标签之后",并在后面标签下拉列表框中选择"<div id="header">",在"ID"列表框中输入"header_top",单击"确定"按钮,即可在 header 选择器中插入 ID 选择器 header_top,如图 4-1-9 所示。接着依次插入 ID 选择器 logo、menu、header_bottom。

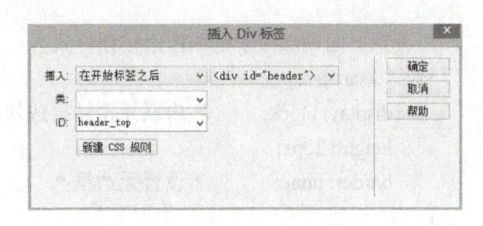

图 4-1-9 在 header 选择器中插入 ID 选择器 header_top

(3)在 header_top、logo、menu、header_bottom 选择器中插入文字、文本框、按钮和图像,此时页面结构及代码如下所示。

```
<body>
<div id="wrapper">
<div id="header">
    <div id="header_top">
        <span> 你好,欢迎访问飞鹰网络科技有限公司! </span>
        <input name="textfield" type="text"    class="ssk" id="textfield" />
        <input name="input"    class="ssan" type="button" value=" 搜索 " />
    </div>
    <div id="logo">
```

```html
                <img src="images/logo1.jpg" width="300" height="80" />
            </div>
            <div id="menu">
            </div>
            <div id="header_bottom">
                <img src="images/banner.gif" width="1000" height="300" />
            </div>
        </div>
    </div>
</body>
```

（4）返回到 index_style.css 文件，分别创建系列 CSS 规则，代码如下所示。

```css
/* 设置页面头部顶部样式 */
#header_top {
    height: 30px;
    background: url（../images/bg.jpg）repeat;     /* 设置页面头部顶部背景 */
    color: #FFF;
    font-size: 12px;
    padding-top: 10px;                              /* 设置边距 */
    padding-bottom: 5px;
}

/* 设置页面头部顶部 span 标签样式 */
#header_top span {
    display: block;     /* 内联元素转换成块级元素 */
    float: left;        /* 设置元素左浮动 */
    width: 740px;
}

/* 设置页面顶部搜索框和搜索按钮样式 */
.ssk, .ssan {
    display: block;     /* 内联元素转换成块级元素 */
    height: 20px;
    border: none;       /* 设置无边框 */
}
.ssk {
    width: 210px;
    float: left
}
.ssan {
    width: 40px;
}

/* 设置页面头部 logo 样式 */
#logo {
    float: left;        /* 设置左浮动 */
}
```

```css
/* 设置页面头部、底部样式 */
#header_bottom {
    clear: both;    /* 清除浮动 */
    height: 300px;
}
```

（5）保存当前文件，通过浏览器查看当前网页预览效果，如图 4-1-10 所示。

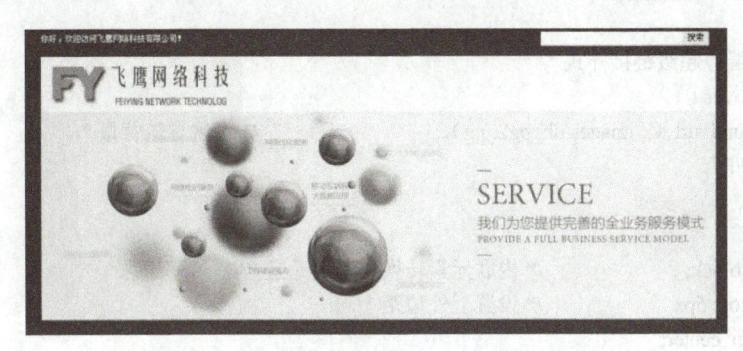

图 4-1-10　网页预览效果

（6）制作导航，在 menu 选择器中插入无序列表，此时页面结构及代码如下所示。

```html
<body>
<div id="wrapper">
<div id="header">
    此处省略
    <div id="menu">
      <ul>
        <li><a href="#"> 网站首页 <span>HOME</span></a></li>
        <li><a href="html/gywm.html"> 关于我们 <span>ABOUT US</span></a></li>
        <li><a href="html/gsxw.html"> 公司新闻 <span>NEWS</span></a></li>
        <li><a href="html/gsyw.html"> 公司业务 <span>BUSINESS</span></a></li>
        <li><a href="html/fwzc.html"> 服务支持 <span>SUPPORT</span></a></li>
        <li><a href="#"> 合作伙伴 <span>PARTNER</span></a></li>
        <li><a href="html/lxwm.html"> 联系我们 <span>CONTACT US</span></a></li>
      </ul>
    </div>
    此处省略
</div>
</div>
</body>
```

（7）返回到 index_style.css 文件，分别创建系列 CSS 规则，代码如下所示。

```css
/* 设置页面头部导航样式 */
#menu li {
    float: left;             /* 设置左浮动 */
}
/* 设置鼠标超级链接样式 */
#menu li a {
    display: block;          /* 内联元素转换成块级元素 */
```

```css
        width: 100px;
        height: 60px;
        padding-top: 20px;          /* 设置上内边距 */
        text-align: center;         /* 设置文本居中对齐 */
        background: url（../images/dh_bg1.jpg）no-repeat;    /* 设置导航背景 */
        color: #666;
        font: 16px " 方正姚体 ";
}
/* 设置鼠标悬停超级链接样式 */
#menu li a: hover {
        background: url（../images/dh_bg2.jpg）;              /* 设置导航背景 */
        color: #FFF;
}
#menu li span {
        display: block;             /* 内联元素转换成块级元素 */
        margin-top: 5px;            /* 设置上外边距 */
        text-align: center;
        font-size: 12px;
}
```

（8）保存当前文件，通过浏览器查看当前网页预览效果，如图 4-1-11 所示。

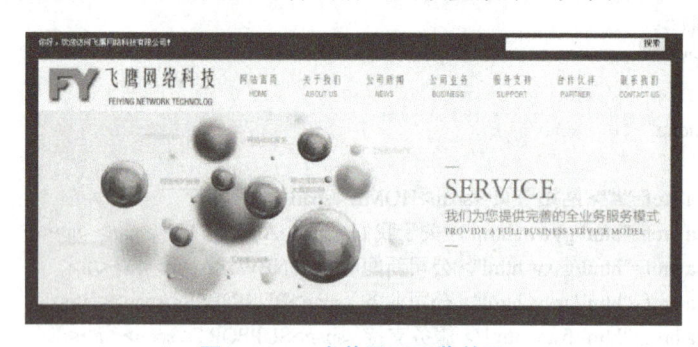

图 4-1-11 当前网页预览效果

五、content 区域及 content_left 区域的制作

（1）将光标定位在设计视图,选择"插入"菜单中"布局对象"下的"Div 标签"选项。在弹出的对话框中，选择"插入"下拉列表框中的"在标签之后"，并在后面标签下拉列表框中选择"<div id="header">"，在"ID"列表框中输入"content"，单击"确定"按钮，即可在 header 选择器后插入 ID 选择器 content。

（2）删除 content 选择器中的多余文字，将光标定位在设计视图，选择"插入"菜单中"布局对象"下的"Div 标签"选项。在弹出的对话框中，选择"插入"下拉列表框中的"在开始标签之后"，并在后面标签下拉列表框中选择"<div id="content">"，在"ID"列表框中输入"content_left"，单击"确定"按钮，即可在 content 选择器中插入 ID 选择器 content_left。

(3) 返回到 index_style.css 文件，定义系列 CSS 规则，代码如下所示。

```css
/* 设置页面主体内容区域样式 */
#content {
    height: 450px;
}
/* 设置页面主体 left 区域样式 */
#content_left {
    width: 290px;
    float: left;          /* 设置左浮动 */
    margin-right: 20px;
}
```

（4）删除 content_left 选择器中的多余文字，将光标定位在设计视图，选择"插入"菜单中"布局对象"下的"Div 标签"选项。在弹出的对话框中，选择"插入"下拉列表框中的"在开始标签之后"，并在后面标签下拉列表框中选择"<div id="content_left">"，在"ID"列表框中输入"gywm"，单击"确定"按钮，即可在 content_left 选择器中插入 ID 选择器 gywm。

（5）输入标题文字，插入图像，当前的网页结构及代码如下所示。

```html
<div id="content">
    <div id="content_left">
        <h4> 关于我们 </h4>
        <div id="gywm">
            <img src="images/gs.jpg" width="100" height="120" />
            <h3> 飞鹰网络科技有限公司 </h3>
            <p> 飞鹰网络科技有限公司成立于 2020 年，是高校智慧校园网络运营服务商和解决方案供应商。飞鹰以互联网与移动互联网、物联网、大数据等技术为核心，扎根智慧教育，以智慧校园网络投资建设、运营服务及教育生态云解决方案为抓手，联合相关领域优质资源，构建大生态。截至目前，飞鹰投资建设百余所高校网络，为超过数万名师生提供服务，与院校共同打造智慧教育生态。</p>
        </div>
    </div>
</div>
```

（6）返回到 index_style.css 文件，定义系列 CSS 规则，设置文字截断效果，代码如下所示。

```css
/* 设置页面主体 content 区域 h4 样式 */
#content h4 {
    padding-left: 15px;
    display: block;              /* 内联元素转换成块级元素 */
    height: 45px;
    line-height: 45px;           /* 设置行高 */
    background: url（../images/sx.png）5px center no-repeat;   /* 设置背景 */
    border-bottom: #CCC solid 1px;                              /* 设置边框 */
}
/* 设置页面主体 left 区域 gywm 样式 */
#gywm {
    padding-left: 5px;
}
```

```css
#gywm img {
    float: left;      /* 设置左浮动 */
    margin-top: 10px;
    margin-right: 5px;
}
#gywm h3 {
    margin-top: 10px;
    margin-bottom: 10px;
}
```

（7）用浏览器查看当前网页预览效果，如图 4-1-12 所示。

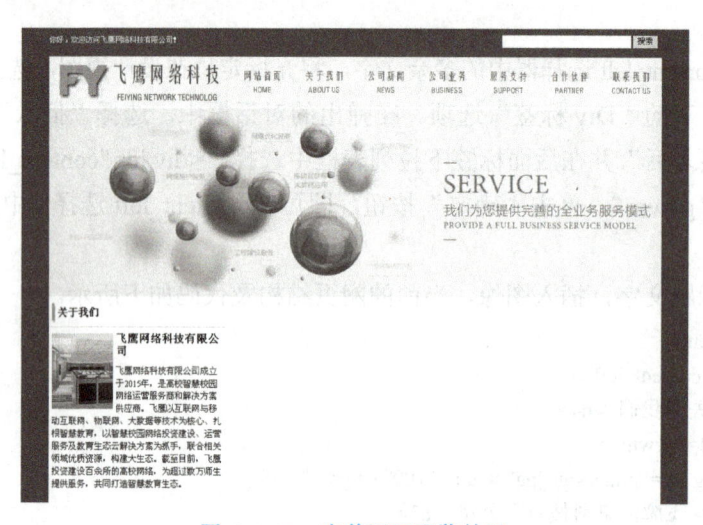

图 4-1-12　当前网页预览效果

六、content_center 区域的制作

（1）将光标定位在设计视图，选择"插入"菜单中"布局对象"下的"Div 标签"选项。在弹出的对话框中，选择"插入"下拉列表框中的"在标签之后"，并在后面标签下拉列表框中选择"<div id="content_left">"，在"ID"列表框中输入"content_center"，单击"确定"按钮，即可在 content_left 选择器后插入 ID 选择器 content_center。

（2）删除 content_center 选择器中的多余文字，在其中添加标题与无序列表，当前网页结构及代码如下所示。

```html
<div id="content_center">
        <h4> 公司新闻 </h4><span>><a href="#">MORE</a></span>
        <ul>
            <li><a href="#">飞鹰华南地区合作伙伴大会成功举行 </a><span>2021.05.30</span></li>
            <li><a href="#">" 心手相连 "——老客户答谢会 </a><span>2021.05.14</span></li>
            <li><a href="#">" 营销加速度 "——百度营销专家培训会 </a><span>2021.05.08</span></li>
            <li><a href="#">2020 年第一场 " 直通周边好生意 "</a><span>2021.03.24</span></li>
            <li><a href="#">飞鹰网络科技有限公司年度晚宴圆满成功 </a><span>2021.01.06</span></li>
            <li><a href="#">加速智慧教育战略布局，飞鹰与长沙高新区签署战略合作协议 </a><span>
```

```html
2020.10.30</span></li>
            <li><a href="#"> 探索智慧校园建设新模式 </a><span>2020.08.15</span></li>
        </ul>
    </div>
```

(3) 返回到 index_style.css 文件，添加系列 CSS 规则，代码如下所示。

```css
/* 设置页面主体 center 区域的样式 */
#content_center {
    width: 380px;
    float: left;
    margin-right: 20px;
}
/* 设置页面主体 center 区域 h4 样式 */
#content_center h4 {
    width: 280px;
    float: left;                /* 设置左浮动 */
}
/* 设置页面主体 center 区域 span 样式 */
#content_center span {
    display: block;             /* 内联元素转换成块级元素 */
    text-align: center;
    float: left;                /* 设置左浮动 */
    width: 85px;
    height: 45px;
    line-height: 45px;
    border-bottom: #CCC solid 1px;   /* 设置下边框样式 */
}
/* 设置页面主体 center 区域超链接样式 */
#content_center li a {
    display: block;             /* 内联元素转换成块级元素 */
    float: left;                /* 设置左浮动 */
    width: 280px;
    height: 35px;
    border-bottom: #CCC 1px dashed;   /* 设置下边框样式 */
    line-height: 35px;          /* 设置行高 */
    padding-left: 15px;
    background: url（../images/ico1.png）no-repeat 5px center;   /* 设置超链接背景 */
    overflow: hidden;           /* 设置溢出内容为隐藏 */
    text-overflow: ellipsis;    /* 设置文本溢出时显示省略标记(...)*/
    white-space: nowrap;        /* 强制文字在一行内显示 */
}
/* 设置页面主体 center 区域超链接鼠标悬停样式 */
#content_center li a: hover {
    color: #6CF;
}
#content_center li span {
    border-bottom: #CCC 1px dashed;   /* 设置下边框样式 */
    height: 35px;
```

```
    line-height: 35px;                    /* 设置行高 */
}
```

（4）用浏览器查看当前网页预览效果，如图 4-1-13 所示。

图 4-1-13　当前网页预览效果

七、content_right 区域的制作

（1）将光标定位在设计视图，选择"插入"菜单中"布局对象"下的"Div 标签"选项。在弹出的对话框中，选择"插入"下拉列表框中的"在标签之后"，并在后面标签下拉列表框中选择"<div id="content_center">"，在"ID"列表框中输入"content_right"，单击"确定"按钮，即可在 content_center 选择器后插入 ID 选择器 content_right。

（2）删除 content_right 选择器中的多余文字，在其中添加标题与无序列表，网页结构及代码如下所示。

```
<div id="content_right">
    <h4> 公司业务 </h4>
        <ul>
            <li><img src="images/tp1.jpg" width="140" height="75" /><a href="#"> 网络优化与维护服务 </a></li>
            <li><img src="images/tp2.jpg" width="140" height="75" /><a href="#"> 通信仪器仪表产品 </a></li>
            <li><img src="images/tp3.jpg" width="140" height="75" /><a href="#"> 校园网络工程建设与运维服务 </a></li>
            <li><img src="images/tp4.jpg" width="140" height="75" /><a href="#"> 移动互联网大数据应用平台产品 </a></li>
        </ul>
</div>
```

（3）返回到 index_style.css 文件，添加 CSS 规则，代码如下所示。

```
/* 设置页面主体 right 区域样式 */
#content_right {
    width: 290px;
```

```
        float: right;                    /* 设置右浮动 */
}
/* 设置 right 区域无序列表项的样式 */
#content_right li {
        float: left;                     /* 设置左浮动 */
        margin-left: 3px;
        margin-top: 10px;
        margin-bottom: 10px;
}
/* 设置 right 区域无序列表项中超链接的样式 */
#content_right li a {
        display: block;                  /* 内联元素转换成块级元素 */
        width: 130px;
        margin-top: 5px;
        text-align: center;              /* 设置文本居中对齐 */
        padding-left: 5px;
        padding-right: 5px;
}
```

（4）在浏览器中查看当前网页预览效果，如图 4-1-14 所示。

图 4-1-14　当前网页预览效果

（5）将光标定位在设计视图,选择"插入"菜单中"布局对象"下的"Div 标签"选项。在弹出的对话框中，选择"插入"下拉列表框中的"在标签之后"，并在后面标签下拉列表框中选择"<div id="content_right">"，在"ID"列表框中输入"content_bottom"，单击"确定"按钮，即可在 content_right 选择器后插入 ID 选择器 content_bottom。

（6）删除 content_bottom 选择器中的多余文字，添加标题与无序列表，网页结构及代码如下所示。

```
<div id="content_bottom">
        <h4> 合作伙伴 </h4>
        <ul>
            <li><img src="images/tp5.jpg" /></li>
```

```html
        <li><img src="images/tp6.jpg" /></li>
        <li><img src="images/tp7.jpg" /></li>
        <li><img src="images/tp8.jpg" /></li>
        <li><img src="images/tp9.jpg" /></li>
    </ul>
</div>
```

(7)返回到 index_style.css 文件,添加 CSS 规则,代码如下所示。

```css
/* 设置页面主体 bottom 区域的样式 */
#content_bottom {
    clear: both;                /* 清除浮动 */
    height: 150px;
}
#content_bottom li {
    float: left;                /* 设置左浮动 */
    margin-left: 36px;
}
#content_bottom img {
    border: solid #CCC 1px;     /* 设置边框样式 */
    margin-top: 10px;
}
```

(8)通过浏览器浏览当前网页效果,如图 4-1-15 所示。

图 4-1-15 当前网页预览效果

八、footer 区域的制作

(1)将光标定位在设计视图,选择"插入"菜单中"布局对象"下的"Div 标签"选项。在弹出的对话框中,选择"插入"下拉列表框中的"在标签之后",并在后面标签下拉列表框中选择"<div id="content">",在"ID"列表框中输入"footer",单击"确定"按钮,即可在 content 选择器后插入 ID 选择器 footer。

(2) 删除 footer 选择器中的多余文字,制作底部导航和输入版权信息,此时页面结构及代码如下所示。

```html
<div id="footer">
    <ul>
        <li><a href="#"> 网站首页 </a></li>
        <li><a href="#"> 关于我们 </a></li>
        <li><a href="#"> 公司新闻 </a></li>
        <li><a href="#"> 公司业务 </a></li>
        <li><a href="#"> 服务支持 </a></li>
        <li><a href="#"> 合作伙伴 </a></li>
        <li><a href="#"> 联系我们 </a></li>
    </ul>
    <p> 飞鹰网络科技有限公司 © 版权所有 </p>
</div>
```

(3) 返回到 index_style.css 文件,创建 footer 选择器的 CSS 规则,代码如下所示。

```css
/* 设置页脚 footer 区域样式 */
#footer {
    clear: both;                              /* 清除浮动 */
    height: 100px;
    background: url(../images/bg.jpg) repeat; /* 设置背景 */
    color: #FFF;
}
#footer ul {
    width: 700px;
    background: #1aa5e8;                      /* 设置背景 */
    height: 50px;
    padding-left: 150px;
    padding-right: 150px;
}
#footer li {
    float: left;                              /* 设置左浮动 */
}
#footer li a {
    display: block;                           /* 内联元素转换成块级元素 */
    width: 100px;
    height: 50px;
    line-height: 50px;                        /* 设置行高 */
    color: #FFF;
    text-align: center;                       /* 设置文本居中对齐 */
}
#footer li a: hover {
```

```
        color: #666;
    }
    #footer p {
        margin-top: 15px;
        text-align: center;            /* 设置文本居中对齐 */
        font-size: 12px;
    }
```

（4）通过浏览器预览当前网页效果，如图 4-1-16 所示。

图 4-1-16　当前网页预览效果

至此，飞鹰网络科技有限公司的主页制作过程已经全部完毕，读者可以根据自己的喜好，进一步美化其中的文字和格式效果。

九、子页面的制作

子页面与主页面最大的不同在 content 区域，其余部分相同，下面以"关于我们"子页面（网页命名为 gywm.html，外部样式文件命名为 gywm_style.css）为例讲解一下 content 区域的制作。

（1）将光标定位在设计视图，选择"插入"菜单中"布局对象"下的"Div 标签"选项。在弹出的对话框中，选择"插入"下拉列表框中的"在标签之后"，并在后面标签下拉列表框中选择"\<div id="header"\>"，在"ID"列表框中输入"content"，单击"确定"按钮，即可在 header 选择器后插入 ID 选择器 content。

（2）删除 content 对象中的多余文字。将光标定位在设计视图，选择"插入"菜单中"布局对象"下的"Div 标签"选项。在弹出的对话框中，选择"插入"下拉列表框中的"在插入点"，在"ID"列表框中输入"content_left"，单击"确定"按钮，即可在 content 选择器后插入 ID 选择器 content_left，采用同样的方法插入 ID 选择器 content_right。

（3）删除 content_left 和 content_right 选择器中的多余文字，输入标题、无序列表和相应的段落文字，此时页面结构及代码如下所示。

```
<div id="content">
    <h4> 当前位置：首页»　公司简介 </h4>
    <div id="content_left">
```

```
            <ul>
                <li><a href="#"> 公司简介 </a></li>
                <li><a href="#"> 企业文化 </a></li>
                <li><a href="#"> 组织结构 </a></li>
                <li><a href="#"> 人才培养 </a></li>
                <li><a href="#"> 人才招募 </a></li>
            </ul>
            <img src="../images/phone.jpg" width="250" height="60" />
        </div>
        <div id="content_right">
            <p> 飞鹰网络科技有限公司成立于 2020 年，是高校智慧校园网络运营服务商和解决方案供应商。飞鹰以互联网与移动互联网、物联网、大数据等技术为核心，扎根智慧教育，以智慧校园网络投资建设、运营服务及教育生态云解决方案为抓手，联合相关领域优质资源，构建大生态。截至目前，飞鹰投资建设百余所高校网络，为超过数万师生提供服务，与院校共同打造智慧教育生态。</p>
            <p> 公司是国家高新技术企业，长沙市软件企业，国家工业和信息化部通信信息网络系统集成甲级资质单位，华为、中兴、爱立信的长期战略合作伙伴，通过了 ISO9001: 2008 质量管理体系认证、GB/T24001-2004idtISO14001: 2004 环境管理体系认证、GB/T28001-2011 职业健康安全管理体系认证，拥有对外承包工程业务资质、境外派遣各类劳务人员资质、第二类基础电信增值业务中的网络托管业务资质、计算机信息系统集成企业资质（三级）等，以及多项发明专利和软件著作权，多次荣获各级政府、三大通信运营商和华为、中兴、爱立信等服务供应商大奖。公司业务遍及国内湖南、四川、云南、贵州、湖北、海南、广东等地，以及海外马来西亚、尼泊尔、缅甸、印尼、印度等东南亚地区并建立了分支机构。</p>
        </div>
    </div>
```

（4）返回到 gywm_style.css 文件，定义系列 CSS 规则，代码如下所示。

```
/* 设置 content 区域样式 */
#content {
    height: 365px;
}
#content h4 {
    background: url（../images/ico2.png）no-repeat 5px center;    /* 设置背景 */
    height: 50px;
    padding-left: 25px;
    color: #999;
    line-height: 50px;           /* 设置行高 */
}
/* 设置 content 区域中 left 区域样式 */
#content_left {
    width: 250px;
    height: 315px;
    float: left;                 /* 设置左浮动 */
    background: #F5F5F5;         /* 设置背景 */
}
#content li a {
    display: block;              /* 内联元素转换成块级元素 */
    height: 50px;
    text-align: center;
    line-height: 50px;           /* 设置行高 */
    border-bottom: #CCC dashed 1px;    /* 设置边框 */
```

```
}
#content li a: hover {
    color: #FFF;
    background: #666;          /* 设置背景 */
}
/* 设置 content 区域中 right 区域样式 */
#content_right {
    width: 730px;
    float: right;              /* 设置右浮动 */
    padding: 10px;
    text-indent: 2em;          /* 设置文字缩进 */
    line-height: 25px;         /* 设置行高 */
}
```

至此，飞鹰网络科技有限公司网站的主页和子页布局已经基本完成了，后期还需根据实际情况增加文字链接，受篇幅所限，这里不再赘述，请自行练习。

任务评价

评价项目	评价内容	评价等级				
		优	良	中	较差	差
知识评价	了解网站规划设计的流程					
	掌握网页布局图和效果图的制作					
	掌握网页布局框架的搭建					
	掌握网页内容的编辑与美化					
能力评价	具有独立规划设计网站的能力					
	能够制作网页布局图和效果图					
	能够综合运用所学知识编辑与美化网页					
创新素质评价	良好的沟通能力和严谨细致的工作态度					
	不断创新的意识					
	能够感受美、鉴赏美和创造美					
思政评价	团队协作和精益求精职业精神					
	养成良好的劳动习惯					
	树立职业自信					
课后建议及反思						

课后提升

一、网站测试

设计开发人员完成网站的设计开发工作之后，必须保证网站系统的所有组成部分能够配合起来，能够协调有序地正常工作。因此，网站系统的测试工作十分重要。

1. 浏览器兼容性测试

对不同浏览器的测试，就是在不同浏览器和其不同的版本下，测试网页的运行和显示状况。

Dreamweaver CS6 提供的"浏览器兼容性检查"功能可以帮助设计者在浏览器中查找有问题的 HTML 和 CSS 部分，并提示设计者有哪些标签属性在浏览器中可能出现问题，以便对文档进行修改。具体步骤如下所述。

（1）在 Dreamweaver CS6 中打开待检查的网页文档，然后选择"窗口"—"结果"—"浏览器兼容性"选项，打开"结果"面板。

（2）在"结果"面板中，选择"浏览器兼容性检查"选项卡，然后单击"结果"面板左上角的绿色箭头，在弹出的二级菜单中选择"设置"选项，此时弹出如图 4-1-17 所示的对话框。

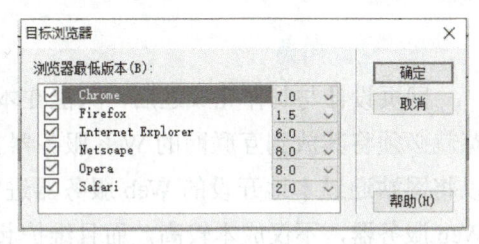

图 4-1-17 "目标浏览器"对话框

（3）根据实际情况勾选目标浏览器，并设置该浏览器最低版本，单击"确定"按钮，即可检查出潜在的问题，如图 4-1-18 所示。

图 4-1-18 浏览器兼容性问题

（4）在图 4-1-18 中，每个潜在问题前面都有一个填充的圆，用于表示当前错误发生的可能性，填充的越多表示错误发生的可能性就越大。双击该问题，系统将自动定位到该问题所在位置，供设计人员修改。

2. 链接测试

在浏览网页的时候，通常会遇到"无法找到网页"的信息提示，为了避免此现象发生，发布网页之前需要进行链接测试。

利用 Dreamweaver CS6 提供的"链接检查器"功能检查错误链接,检查方法如下所述。

（1）在"文件"面板中选择需要检查链接的站点。

（2）选择"站点"—"检查站点范围的链接"选项，将显示如图 4-1-19 所示的检查结果。

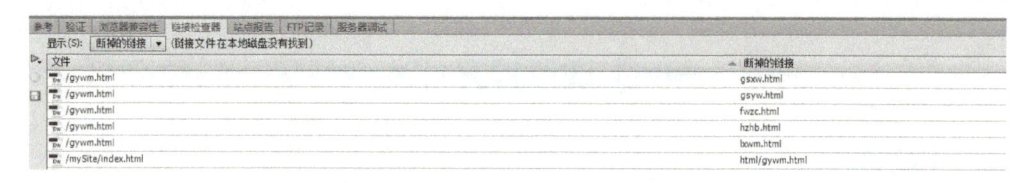

文件	断掉的链接
/gywm.html	gsxv.html
/gywm.html	gsyw.html
/gywm.html	fwzc.html
/gywm.html	hzhb.html
/gywm.html	bxwm.html
/mySite/index.html	html/gywm.html

图 4-1-19　链接检查器检查结果

在图 4-1-19 所示面板的"显示"下拉列表框中选择要检查链接的方式。

① 断掉的链接：检查文档中是否存在断掉的链接，这是默认选项。

② 外部链接：检查站点中的外部链接是否有效。

③ 孤立文件：检查站点中是否存在孤立文件。

修改错误链接的方法是：在"链接检查器"面板中选择要修改的链接文件，单击 按钮，然后选择正确的链接即可。

二、网站发布

1. 空间申请

网页设计与制作完成之后，只能在本地计算机上用浏览器浏览。若要允许更多的人浏览就必须将其放到互联网的 Web 服务器上。如果本地计算机就是一个 Web 服务器，则可以将网站通过本地开设的 Web 服务器进行发布。但是对于大多数用户来说，在本地开设 Web 服务器，不仅成本较高，而且维护起来比较麻烦，所以大多数用户都在网络上寻找网站空间。

目前，网络上提供的网站空间有两种形式：收费的网站空间和免费的网站空间。通过百度网站搜索网站空间申请，可以找到很多收费和免费的网站空间申请链接，选择一个合适的链接申请即可。

2. 网站发布

当网页制作与测试完成并拥有网站空间后，就可以将网站传送到远程的服务器上了。通常网页上传方式有三种。

（1）直接复制文件。利用磁盘、网络共享文件的形式将网页直接复制到服务器上的相应目录下，或者直接在服务器上制作完成。这种方式不适合远程管理。

（2）使用 Dreamweaver 上传文件。Dreamweaver 本身附带文件传输协议的上传和下载功能，可以通过软件方便地进行网站的上传、下载和文件管理。具体操作步骤如下。

① 在 Dreamweaver 中单击"文件"面板中的 按钮上传文件，弹出如图 4-1-20 所示的对话框。

② 单击"是"按钮，打开"站点内设置对象"对话框，在对话框"服务区"选项卡中单击 按钮增加服务器，再根据具体情况设置服务器，设置完成后便可以向服务器上上传文件了，如图 4-1-21 所示。

（3）使用 CuteFTP 上传文件。CuteFTP 是一款非常优秀的商业级 FTP 客户端程序，国内许多软件下载网站上都有 CuteFTP 软件的下载链接。该软件安装与使用都非常方便，只需根据提示进行操作即可，由于篇幅的限制，本书不予介绍。

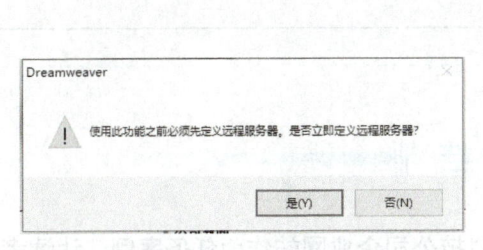

图 4-1-20　提示定义远程服务器的对话框

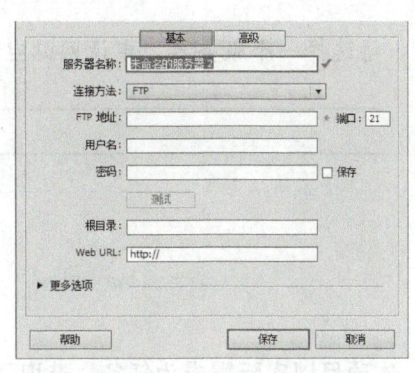

图 4-1-21　填写上传文件的远程信息

三、网站的推广与维护

1. 网站推广

（1）注册到搜索引擎。搜索引擎是指一些用来为用户提供搜索功能的网站。用户通常通过搜索引擎查找自己所需要的网站或信息，然后根据搜索到的结果选择所需要的网站。所以，网站如果可以出现在搜索引擎的结果中，就可以使大量的人访问自己的网站。注册到搜索引擎是一种极为方便的宣传方式。

（2）登录到导航网站。现在国内有大量的网址导航类网站，在这些网站的导航栏中添加超链接也能带来高访问量。

（3）友情链接。在别的网站上设置友情链接指向自己的网站，也可带来一定的访问量。

（4）网络广告。在一些知名的网站上投放网络广告，可以起到很好的宣传作用。

（5）发布信息推广。在一些人气较旺的新媒体平台上发布帖子，可引人注意。

（6）传统广告和户外广告。可采用电视、广播、杂志等传统媒介进行宣传。

2. 网站维护

网站正常运行以后，需要定期对网站内容进行更新。网站中的网页通常包括静态网页和动态网页，静态网页的更新就是增加新的网页内容，动态网页的更新可以在网站后台直接进行操作。

静态网页制作完成后，维护和更新时需要重新设计制作新网页，或者在原有网页的基础上进行修改，添加相应的内容。设计制作新网页时应该注意与网站的风格保持一致。最后，将新建的网页和已经更新的网页上传到服务器覆盖原网页即可。

（1）网页更新。如果需要更新网页的具体内容和网页效果，则需要重新设计网页。这时可以重新设计网页效果图和网页布局，更新后重新上传到网站的服务器即可。

（2）资源文件更新。如果只更新资源文件而不更新其他内容，如只更新图片、动画或视频文件等，可以将修改后的资源文件重命名为与原来一样的文件名，然后上传到服务器覆盖以前的文件即可。

> **学以致用**
>
> 请选择一个服务器，申请网站空间，将所制作的网站上传，并通过浏览器查看吧！
> _____
> _____

项目小结

　　本项目以实际需求为任务，选取飞鹰网络科技公司企业网站作为任务案例，让读者了解网站从设计到实现的全过程。最后进行综合实训练习，以巩固网页设计知识与技能。

参考文献

[1] 吴丰，丁欣．Dreamweaver CS5 网页设计与制作 [M]．北京：清华大学出版社，2012．

[2] 温谦，周建国，练源．网页设计与布局项目化教程 [M]．北京：人民邮电出版社，2013．

[3] 方玲玉，陈炜．商务网页设计与制作 [M]．北京：高等教育出版社，2014．

[4] 前沿科技，曾顺．精通 CSS+DIV 网页样式与布局 [M]．北京：人民邮电出版社，2011．

[5] 前沿科技，温谦．CSS 设计彻底研究 [M]．北京：人民邮电出版社，2011．

反侵权盗版声明

电子工业出版社依法对本作品享有专有出版权。任何未经权利人书面许可，复制、销售或通过信息网络传播本作品的行为，歪曲、篡改、剽窃本作品的行为，均违反《中华人民共和国著作权法》，其行为人应承担相应的民事责任和行政责任，构成犯罪的，将被依法追究刑事责任。

为了维护市场秩序，保护权利人的合法权益，我社将依法查处和打击侵权盗版的单位和个人。欢迎社会各界人士积极举报侵权盗版行为，本社将奖励举报有功人员，并保证举报人的信息不被泄露。

举报电话：（010）88254396；（010）88258888
传　　真：（010）88254397
E-mail：　dbqq@phei.com.cn
通信地址：北京市海淀区万寿路 173 信箱
　　　　　电子工业出版社总编办公室
邮　　编：100036